国家社科基金青年项目"基于语义方法的汉语文本情感自动分析研究"（11CYY032）
河北省社会科学基金项目"英语同义词语体对比研究及平台建设"（HB14YY026）
2016 年度河北省社会科学发展研究课题 （201603010103）
华北理工大学博士科研启动项目

话语标记概貌分析与情感倾向探索

阚明刚　杨　江　著

图书在版编目（CIP）数据

话语标记概貌分析与情感倾向探索 / 阚明刚，杨江著.
-- 长春：吉林文史出版社，2016.9
ISBN 978-7-5472-3457-0

Ⅰ.①话… Ⅱ.①阚… ②杨… Ⅲ.①话语语言学
Ⅳ.① H0

中国版本图书馆 CIP 数据核字 (2016) 第 220891 号

话语标记概貌分析与情感倾向探索
HUAYU BIAOJI GAIMAO FENXI YU QINGGAN QINGXIANG TANSUO

著者 / 阚明刚　杨江
责任编辑 / 李相梅
责任校对 / 赵丹瑜
封面设计 / 西子
出版发行 / 吉林文史出版社有限责任公司
（长春市人民大街 4646 号，电话：0431-86037501）
www.jlws.com.cn
印刷 / 北京兴湘印务有限公司
出版日期 / 2017 年 3 月第 1 版　2017 年 3 月第 1 次印刷
开本 /710mm×1000mm　1/16
字数 /200 千字
印张 /18
书号 /ISBN 978-7-5472-3457-0
定价 / 38.00 元

浩歌一曲酒千钟。男儿行处是，未要论穷通。

作者简介

阚明刚，男，汉族，现任教于华北理工大学外国语学院英语系，文学博士，毕业于中国传媒大学文学院，主攻语言学及应用语言学专业，中国人工智能学会会员。教学中主要负责讲授本科段《高级英语》《英汉翻译》《高级听力》《词汇学》等课程；研究生阶段的《研究生英语》以及《应用语言学》等课程。到目前为止，已在《计算机工程与应用》《语言教学与研究》等杂志上发表学术论文二十余篇，参编著作两部，出版学术专著一部，译著两部，合著专著一部，合译译著一部，独立主持完成教育部人文社科项目、河北省社科基金项目、河北省社科联项目各一项，现主持河北省社科联项目一项，获发明专利两项。

杨江，男，汉族，现任教于湖南科技大学外国语学院，文学博士，副教授，硕士生导师。毕业于中国传媒大学文学院，主攻语言学及应用语言学专业，中国人工智能学会会员。教学中主要负责讲授本科段《语言学概论》《语言信息处理》等课程；研究生阶段的《计算机辅助翻译》等课程。科研目前专注于语言主观性的计算、文本语义倾向的计算、文学内容计算和语言计量对比研究，侧重基于协同语言学的英汉语词汇语义对比分析。到目前为止，主持国家社科基金、省级社科基金、教育厅优秀青年基金等科研项目五项，在《当代语言学》《中文信息学报》等刊物上发表论文二十余篇，参编著作多部。

前　　言

　　话语标记，即标记话语的话语，体现着人的思维过程、说话角度、说话方式、语篇构建的模式。汉语中有多少个话语标记、其功能状态如何都是需要研究的问题。同时，这些方面又是话语主观倾向性的体现。因此，在研究整体面貌的基础上，对话语标记进行情感分析就是研究的一个重要延伸方向。

　　本书首先对话语标记研究历史进行了追述，并对整体的研究意义和方法进行了阐述。接着构建语体语料库，从中提取全部规定的话语标记和实例。然后对话语标记系统进行整体对比分析和研究。这中间我们构建了功能标注体系，从数量上进行了统计。在对全部话语标记做了质和量的仔细研究后，我们又构建了主观倾向性体系，运用该体系进行了语料库的标注和计算实验。在测定其有效性后，我们对200个活跃的话语标记进行了主观倾向性分析，并以实例说明了分析过程。本书最后对研究内容做了总结，并对未来研究工作做了展望。

　　本书的第一章和最后一章，可以让读者了解话语标记研究的来龙去脉。这对理解本书对话语标记研究的角度和方法起到了导向作用。由于话语标记的复杂性，我们在第二章对性质和定义进行了仔细分析，并针对性地从计算语言学角度对本书的研究范围进行了限定。这是我们研究的出发点，也为我们的研究指明了方向。第三章是动手的第一步。本章中记录了语料库的建构原则和过程，并对前面的研究假设进行实验验证。结果表明：我们的设想是可行的。第四章就是对话语标记的全面提取，即看清整个话语标记体系，并对该体系进行分析研究。研究内容涉及到话语标记的语体分布、使用频率、功能类型、话语语篇位置等等。

　　看清话语标记概貌后，第五章就展开了对话语标记的主观倾向性研究。本章中，构建语言主观倾向性体系是第一部分的内容。主观情感的描述使用了六个维度，考虑了类别、形式、程度、模式、成分和关联。

在这个体系的基础上，本章第三部分建立了语义倾向语料库，为后续计算建立了工具箱系统。第六章是对主观性体系和语义倾向性计算的具体运用。为实现对话语标记主管倾向的研究，本章首先研究了基于句子规则的情感计算。第二部分是基于浅层篇章结构对评论文进行了情感倾向计算，指出了话语标记在主观倾向计算上各个层面的功能。第三部分是结合第四章的研究，运用主观倾向性体系，对200个活跃话语标记进行六维度倾向性分析。然后举例来说明分析过程和结果。这一章是话语标记整体研究的重要延伸，虽然只是初步探索，但也可以看出它们在语言体系中的重要性。

第七章是全书的总结。本章首先说明了研究的重要成果，然后分析了这些成果的应用价值，指出了研究的不足，并对进一步研究做出了展望。

本书的两位作者都是研究计算语言学的。使用语料库也是两位作者熟悉的研究手段和方法。不管是前期的话语标记系统的获得，还是后期主观倾向性的标注，都是在一定规模的语料库中进行的。这是本书的一个特色。另外，除了使用已有软件外，两位作者还自编了几个适用于本研究的软件，以解决必要的相关问题来推进我们的研究，比如话语标记提取软件、语体计算软件、评论文主观倾向性计算软件、词语新义自动发现软件等等。因此本书不只是语言类型的研究，还有工科的学科内容。这是本书的另外一个特色。

本书两位作者分担了不同章节的撰写，其中第一、二、三、四、七章由第一作者撰写，第五章由第二作者撰写，第六章由两位作者合作完成。

由于作者水平有限，在研究和撰写过程中，可能会存在着这样那样的问题，请各位专家学者不吝指正。

2016 年 7 月

目　　录

第一章 概 论

本章内容提要：本章对话语标记研究进行了综述，然后对研究的切入点、研究的意义和方法进行了简明介绍。

1.1 话语标记研究历程回顾①

话语标记是一种常见的语言现象。它在话语中使用的频率很高，形式较为固定，一般没有实际意义，是话语交际中的润滑剂。话语标记的研究是话语分析中的一部分，是在话语分析兴起之后近 20 年逐渐发展起来的，最近几年备受语言学界关注。国内外对话语标记的研究进程不十分相同，但却有很多相同的研究视角。国内外学界对话语标记从最初开始关注到目前多角度研究已经走过了 60 年，对话语标记的认识也从先前的"可有可无的语言成分"转变为"语言建构的重要手段"再到"主观虚化的结果"。在认识到话语标记重要性的同时，研究也呈跨领域、跨学科的势头。

1.1.1 国外研究回顾

从话语标记开始被留意到目前多角度研究经历了 60 年时间，我们将这段时间划分为四个阶段。

第一阶段：孕育期（50 年代初—70 年代中期）

1953 年，Randolph Quirk 在他的《随意的交谈——日常口语的一些特征》讲座中，首次提到口语中常出现一种无用而且毫无意义的成分，比如 you know，you see，Well 等，Quirk 把这些成分称之为"修饰语"，并认为对这些成分进行研究应该具有相当重要的价值。Quirk 的这一看法在当时并没有引起人们的注意。在同一时代，认识到话语标记的独特之处的还有 Fries。Fries 在其著作 *The Structure of English*（1952）中，没有像许多传统

---

① 本节内容参见：阚明刚. 话语标记研究综述［J］. 现代语文（语言研究版），2012，05：103 – 107.

语法作者那样简单地划分出一类"感叹词",而是基于频率分布分析法编成更加详细的语法。Fries 将功能词划分为 15 类。其中 well,oh,now,why 频繁出现在"回答部分"(response utterance uni)的起始部位;更多情况下是在连续(continuing)交谈的句子开头处。(黄大网 2001)这是首次用话语概念对它们进行描述,但由于当时的理论限制,以后 20 年鲜见有人对这类话语成分进行研究。

第二阶段:萌芽期(70 年代中期—80 年代中期)

话语分析逐渐兴起的 20 世纪 70 年代,当学者把目光转向日常口语之时,特别是那些直接蕴含话语间关系的语言要素的时候,这些似乎毫无价值的"修饰语"才得到真正的关注,成为语言学家研究的热点对象。语言学家意识到,就是这些成分,才使得人类自身言谈显得自然并合乎语法,才可以把人类语言和机器语言分辨开来。但是,这一时期专家学者多是把这些"修饰语"当成话语分析的手段,因此没有形成专门的领域来研究。

具有语用学奠基之作的 *Pragmatics*(Levinson 1983)一书,提出了需要研究"用来标记某一话语与前面话语之间存在的某种关系"的成分这一课题。在随后的语言学发展过程中,人们对话语标记的语用地位和研究价值有了更深的认识。尤其是功能语言学、语用学、篇章语言学、认知语言学的渐次兴起,推动了话语分析向纵深发展。话语标记作为人们交际过程中的语用手段,已经不再是可有可无的装饰成分,而是非常重要的语言建构机制。

第三阶段:成长期(80 年代中期—90 年代末)

当认识到话语标记的重要性之后,许多学者都从自身的研究领域出发,对这一成分进行探讨。如:Polanyi and Scha(1983)的 *The Syntax of Discourse*,最初把话语标记命名为话语标记机制(discourse signaling devices),后来 Polanyi 运用语言的话语模型将框架内的基础话语单元分成两种类型:一种是携带命题内容的基本话语构成单元(the elementary discourse constituent unit),一种是不携带命题内容的话语操作符(discourse operators),即我们所说的话语标记;Quirk 等人(1985)的 *A Comprehensive Grammar of the English Language*,从语义角度看待话语标记,认为它们是语义连接词(semantic conjuncts);Schiffrin(1987)的 *Discourse Markers* 是集大成之作,在该书中,Schiffrin 创立了局部连贯说(local coherence),认为话语标记是话语的语境坐标;Erman(1987)的 *Pragmatic Expressions in*

English：*A study of you know*，*you see and I mean in face – to – face conversation*
首次在考察大量对话实例的基础上对此类表达法进行系统描写的；Blake-
more（1987，1992）的 *Semantic Constraints on Relevance* 和 *Understanding Ut-
terances* 是运用关联理论对话语标记所做的研究，认为话语标记可以起到明
示话语和（认知）语境关系的作用；Fraser（1990）的 *An Approach to Dis-
course Markers*，认为话语标记是当前基本信息和先前话语之间的序列关系
的体现，每一个话语标记都有一个最小的语用核心意义；Redeker（1990，
1991）的 *Ideational and Pragmatic Markers of Discourse Structure* 和 *Review arti-
cle*：*Linguistic Markers of Discourse Structure*，是 Redeker 对话语标记更全面和
细致的研究，她认为 Schiffrin 的谈话五层面并不能对语篇连贯起到平等的
作用；Knott & Dale（1994）的 *Using Linguistic Phenomena to Motivate a Set of
Coherence Relations*，讨论了对提示短语（cue phrases）收集和分类，角度
采用的是修辞结构理论；Ostman（1995）在著作 *Pragmatic Particles Twenty
Years After* 中提醒说，"现在对语用标记研究有升温势头，实际上此类研究
是要回溯到 60 年代末和 70 年代初，当然更早些的里程碑式的文献有 Den-
niston 的 *The Greek Particles* 和 Arndt 的文章 'Modal Particles in Russian and
German'，而真正的语用标记或语用小品词研究上的突破则是 Weydt 的
Abtönungspartikel，等等。这些学术论著，由于研究的角度不同，因此对整
个话语标记的研究都做出了应有的贡献。其中，Schiffrin 的影响最大，后
来学者也都采用该著作中对这种成分的命名，即话语标记，来进行研究。
本研究也采用"话语标记"这一术语。

从 1986 年国际语用学杂志 *Journal of Pragmatics* 专刊登载话语标记系
列研究文章开始到 1998 年该刊再次出专刊，话语标记研究逐渐成熟起来。
这个时期也是话语标记本体研究的深化和发展。

这个时期对"话语标记"的不同称谓也是个很有意思的现象。冉永平
（2000）对称谓进行了总结归纳，列出了包括萌芽期开始使用的 25 个不同
的名称。我们按照出现时间对它们重新排序：语句联系语（sentence con-
nectives）（Halliday & Hasan 1976）、暗示词（clue words）（Reichman
1978）、外加语标记（disjunct markers）（Jefferson 1978）、语义联系语（se-
mantic connectives）（van Dijk 1979）、话语策略语（gambits）（Keller
1981）、逻辑联系语（logical connectors）（Celce – Murcia，et al. 1983）、话
语标记手段（discourse signaling devices）（Polanyi & Scha 1983）、导语

（prefaces）（Stubbs 1983）、语用联系语（pragmatic connectives）（Stubbs 1983；van Dijk 1985）、话语小品词（discourse particles）（Schourup 1985）、语义联加语（semantic conjuncts）（Quirk，et al. 1985）、语用标记手段（pragmatic devices）（Vande Kopple 1985）、语用表达语（pragmatic expressions）（B. Erman 1987）、语用构成语（pragmatic formatives）（Fraser 1987）、句外连接语（extrasentential links）（Fuentes 1987）、表意联系语（phatic connectives）（Bazanella 1990）、话语操作语（discourse operators）（Redeker 1991）、指示手段（indicating devices）（Katriel & Dascal 1992）、超命题表达式（hyperpropositional expressions）（Moon 1992）、提示短语（cue phrase）（Hovy 1994；Knott & Dale 1994）、语用操作语（pragmatic operators）（Ariel 1994）、提示词（cue words）（Rouchota 1996）、会话常规语（conversational routines）（Aijmer 1996）、语用标记语（pragmatic markers）（Schiffrin 1987；Fraser 1988，1990，1997）、语用功能语（pragmatic function words）（Risselada & Spooren 1998）。从这些名称上我们可以依稀看出话语分析的兴起和语用学诞生痕迹，也可以看出对话语标记研究的不同层面和不同取向。

第四阶段：扩张期（21 世纪初—）

国外话语标记的研究在二十世纪末期已经如火如荼地展开了，文章著述越来越多。进入 21 世纪后，话语标记研究采用的角度和方法也越来越丰富。Fox Tree（2001）的 *Listener's Uses of um and uh in Speech Comprehension* 和 Clark & Fox Tree（2002）的 *Using uh and um in Spontaneous Speaking* 两篇文章，都是从认知心理学的角度对话语标记进行研究；Simone Müller（2005）的 *Discourse Markers in Native and Non - native English Discourse*，探讨了话语标记在二语习得中的应用和语料库驱动的话语标记研究，并对 so，well，you know，like 四个话语标记进行了定量分析；Kerstin Fischer（2006）的 *Approaches to Discourse Particles* 一书展现了话语标记研究在方法上的广泛性和丰富性，手段是通过问询不同背景的专家学者并请他们对一些关键问题给出自己的看法，如：定义、功能和模型框架等等；Mariam Urgelles - Col 博士（英国 Middlesex 大学的副讲师）出版了他的专著 *The Syntax and Semantics of Discourse Markers*（2010），该书研究了话语标记的句法和语义。句法方面的讨论是在头驱动短语结构语法（Head - driven Phrase Structure Grammar）框架下进行的；由于话语标记是在语篇层面运作的，需要有完整的理论，因此作者采用了分段语篇表征理论（Segmented Discourse Representation Theory）。作者还综述了话语标记研究，范围覆盖从话语分析角度到关联理论的应用再到计算语言学的方法等诸多领域。

同样的话语标记研究热潮很快扩散到其他语言。例如，Noriko O. Onodera（2004）的 *Japanese Discourse Markers*，从共时和历时角度对日语的连词"でも"和"だけど"、感叹词"ね"和"な"进行了研究，Schiffrin 认为作者创建了理论语言学和传统历时语言学未来研究的重要指导原则；Montserrat González（2004）的 *Pragmatic Markers in Oral Narrative*：*the Case of English and Catalan* 一书，首先探讨了叙事框架，然后对比了 Schiffrin 和 Redeker 在话语标记研究上的不同，分析了话语标记在叙事结构中的作用；Catherine E. Travis（2005）的 *Discourse Markers in Colombian Spanish*：*a study in polysemy* 从话语标记的多义性出发，提出了话语标记使用上的社会变体，并通过建立语料库的方式，在讨论了什么是话语标记和前人如 Schiffrin 和 Fraser 的研究等之后，分析了话语标记的韵律独立性、句法独立性、语义独立性，指明了话语标记的三个功能：构建主要发话人的话轮的功能、语境功能和互动功能。作者构建了自然语义元话语方法，并将该方法运用到话语标记研究之中，分析了西班牙语中的 bueno、O sea、Entonces 和 Pues，等等。

总之，对话语标记的研究从无到有、从弱到强，经历了一个比较漫长的时期。开始是有专家学者的注意，然后是随着话语分析和语用学的发展而诞生，接着是对话语标记理论上的深入探讨，最后发展为多角度、多模式、跨学科的研究。

1.1.2　国内研究回顾

我们对国内话语标记研究按名实隐显也划分成了四个阶段。

第一阶段：有实无名期（19 世纪末—20 世纪 70 年代末）

汉语中对话语标记这类成分的讨论早已有之，是语言学家长期讨论的对象。最早是马建忠（1983）在《马氏文通》中的分析。他把起连接作用的词称为"虚字"，并将连接词通称为"连字"。以后许多语言学家都从语法—语义角度对这些词语进行性质与分类上的研究。赵元任（2001）指出，汉语中的连词和介词或副词难以区分；连词的位置具有不确定性。他把连词分为四类：a. 介词性连词，如"跟""和""同"等；b. 连词的超句子用法；c. 成套的连词，如"不是……就是……"等；d. 弱化了的主句，比如"我想……""据说""换言之"等。吕叔湘（1999）把连词和有连接作用的副词和短语统称为关联词语，并认为，其用途是在连接小句构成大句。连接时，可以用一个连词，也可以用相互呼应的两个连词。另外，一些副词和短语也有连接功能，可以相互配合或跟连词配合。

20 世纪 70 年代后，出现了许多连接词或连接结构的研究成果。张谊生（2000）总结了三个方面：一是出现了一些词典，如戴木金等的《关联词语词典》；二是结合复句研究连词或关联现象，如范开泰的《关联词语》、邢福义的《复句与关系词语》等；三是理论和研究方法的改进，动态与静态相结合、关系与句式相结合、句法与语用相结合。但是，从整体上说，语篇分析结合较少。

第二阶段：萌芽期（20 世纪 80 年代初—90 年代中期）

我国较早研究介绍话语分析的有廖秋忠和王福祥。王福祥（1981）的著作《俄语话语结构分析》介绍了早期俄语语篇分析的情况。廖秋忠自 1978 年回国以后，就开始介绍国外语篇分析的语用研究的最新理论和方法，然后以汉语为语料进行篇章结构研究。从 1983 年开始，他连续在《中国语文》《语言教学与研究》《语言研究》等刊物上发表了多篇有关语篇分析论文，而后收入到《廖秋忠文集》（1992）之中。比较有代表性的文章如：现代汉语篇章中的连接成分；篇章中的管界问题；篇章中的论证结构；等等。从话语标记角度而言，廖秋忠所研究的连接成分包含着话语标记，比如他所指的逻辑关系连接成分，尤其是其中的纪效连接成分（像"无论如何"）和总结连接成分（像"总而言之"）等就是话语标记，只不过他没有使用话语标记这个术语而已。

湖南教育出版社在 20 世纪 80 年代后期出版了一套《语言学系列教材》，其中一本是黄国文（1987）编著的《语篇分析概要》。该书探讨了作为篇章联结手段的逻辑联系语，列举了大量英语实例，并介绍了韩礼德和哈桑（1976）的分类模式以及默西亚和弗里曼（Marianne Celce – Murcia & Diane Larsen Freeman）所进行的调整。当然，该书也只是将这些词语看成是语篇连贯的有效手段，并没有做进一步探讨。

从上世纪 80 年代末期到 90 年代末期，国内对话语标记的专门研究很少见，我们所能见到的话语标记研究文献，只有刘凤霞（1995）发表在《宁夏农学院学报》上的文章《话语标记——句间的韧带》和冉永平

（1995）发表在《四川外语学院学报》上的文章"试析话语中 well 的语用功能"（文章中使用的是"逻辑联系语"）。实际上这一阶段国内处于引进语用学和话语分析理论状态，对话语标记不管是从句法、语义还是语用方面都没有太大的突破。

第三阶段：破土成长期（20 世纪末—2003）

何自然、冉永平（1999）的文章《话语标记语的语用制约性》，是我国学者开始对话语标记多角度研究的标志。冉永平（2000）的《话语标记语的语用学研究综述》详细地介绍了话语标记的语义—语用、认知—语用研究的主要内容。随后，黄大网（2001）的综述性文章"《〈语用学〉杂志话语标记专辑（1998）介绍》和《话语标记研究综述》比较全面地介绍了话语标记在国外研究的历史轨迹和发展方向，对理论介绍做出了突出贡献。随即，关于某一单个话语标记的研究也迅速展开，如方梅（2000）的《自然口语中弱化连词的话语标记功能》；冉永平（2002，2003）的《话语标记与 y'know 的语用增量辨析》和《话语标记语 well 的语用功能》，等等。也有一些原创性的话语标记意义与功能的研究，如何自然、莫爱萍（2002）的"话语标记语与语用照应"；李勇忠（2003）的"论话语标记在话语生成和理解中的作用"；李佐文（2003）的"话语联系语对连贯关系的标示"。也有研究其他语种的。赵刚（2003）的"日语的话语标记及其功能和特征"一文，从话语分析和语用学理论的视点出发，探讨了日语话语标记的话语衔接功能、会话管理功能、语境构建功能、话题提示功能，并分析了话语标记对于话语表达和理解所产生的关联和制约作用。

第四阶段：快速发展期（2004—）

2004 年之后，学者们多角度、多层次地对话语标记进行了研究。有研究英语中的话语标记的，如衡仁权（2005）的"话语标记与 and 在会话互动中的语用功能"；缪素琴（2005）的"话语标记语 why 的语用功能分析"；王零（2006）的"话语标记 you know 的语用功能"；陈安慧（2007）的"话语标记语 so 的语用功能辨析"；周莹（2009）的"话语标记 you know 的话语功能探析"；毛浩然、吉灵娟（2009）的"well、now、then 的话语标记功能"，等等。这类研究以"well"和"you know"的研究最多。有的学者研究探讨了汉语中的单个话语标记，如董秀芳（2007）的"汉语书面语中的话语标记'只见'"；刘永华、高建平（2007）的"汉语口语中的话语标记'别说'"；李宗江（2009）的"'看你'类话语标记分析"；

高华（2009）的"'好不好'附加问的话语情态研究"；郭风岚（2009）的"北京话语标记'这个'、'那个'的社会语言学分析"；李咸菊（2009）的"北京话话语标记'是不是'、'是吧'探析"；郝琳（2009）的"语用标记语'不是我说你'"，等等。其他讨论的汉语话语标记还有"吧""嘛""其实""然后""你知道吗"之类。还有的学者从二语学习和二语教学角度来研究，如李民、陈新仁（2007）的文章"英语专业学生习得话语标记语 WELL 语用功能之实证研究"对如何使用话语标记 well 的各种语用功能，采用定量和定性相结合的方法，并运用语料库和调查问卷进行了研究；徐丽欣（2009）的"基于语料库的对中国学生英语口语中话语标记语使用的研究"表明中国学生使用话语标记与母语学生差异很大；龚玲莉（2008）的"基于语料库的中国学生使用话语标记 well 的跟踪调查"发现英语专业大二学生比大一时候 well 的使用有所提升，而大三和大四使用提升则只停留在一些功能上；袁咏（2008）的"英语专业学生朗读中话语标记语的韵律模式——一项基于语料库的纵深研究"则从韵律着手研究了英语专业大学生在不同阶段对话语标记掌握的不同程度和类型差异。

刘丽艳（2005）考察了大量汉语口语语料，指出了话语标记存在的直接动因：口语交际的特点和交际所要达到的目标之间的矛盾；明确了话语标记的形成条件：互动性口语交际中的广泛使用。她在考察第二语言话语标记习得过程和使用情况的基础上对话语标记的误用原因进行了分析，认为误用与母语的负迁移效应和语码转换规则的过度泛化有关。最后她结合大量实例对汉语中的话语标记"这个"和"那个""不是""你知道"进行了研究。

于海飞（2006）以话轮转换中的话语标记为研究对象，讨论了话语标记在话轮获得、话轮保持、话轮放弃中的应用。在她的研究中，首先对首话轮获得、接应话轮获得和抢夺话轮获得中的话语标记出现的条件、功能、频率等进行了考察。然后以"对不对"为个案进行了分析，并将话轮保持中的话语标记分为话语未结束类话语标记、有声停顿类话语标记和非疑问类话语标记。最后，她分析了话轮放弃中的话语标记，并对模式和功能进行了分类。

许家金（2009c）研究了即席会话中的话语标记。他所使用的语料是时长为 8.22 小时的现场即席青少年自然口语语料库，转写成文本后是 141,619 字。他对 18 个话语标记（包括变体，如"那"和"那个"）进行了频率统计，并对频率最高的四个话语标记进行了细致的功能分析。这四个话语标记是"嗯、好、那（个）、然后"。他的分析显示话语标记和功能间是一对多的关系。比如"嗯"这个话语标记，在他的语料中共出现1390次，对应的功能主要的就有9大类。

安娜（2008）利用中国传媒大学传媒语言语料库对话语标记的自动提取和标注进行了研究。她的研究具有开创性意义。首先她从语用功能角度将话语标记分为12类，然后分析了话语标记韵律和书写形式上的特征，制订了话语标记自动提取规则，利用自动提取程序确定了137个话语标记，并进一步确立了话语标记集。然后作者开发了话语标记自动标注系统，在封闭测试和开放测试中正确率都很高。最后，作者对兼用话语标记进行了消歧研究，采用的方法是基本词表和规则库互动以及机器学习的方法。

总之，话语标记的研究浪潮一波比一波猛烈。研究队伍不断壮大。在新理论和新方法层出的今天，对话语标记的认识也必将进一步深化。

1.2 话语标记研究角度总结

话语标记的研究，根据 Jucker 和 Ziv（1998：4）观点，有三个方面，一个是"篇章的"方面；一个是"观点的"方面；一个是"认知互动的"方面。篇章的角度，就是从篇章的结构角度来研究，如话语开头和结尾。观点的角度，就是从表达观点的角度来研究，如听说者的意图和关系。认知互动角度，就是从听说过程的角度来研究，如听说者的认知努力和效果。我们的总结，主要是从语法、语义、语用、认知这几个角度来进行，然后总结和自然语言处理最相关的研究。

1.2.1 句法语义视角

从句法语义角度研究话语标记的早期学者是 Zwicky（1985）。他主要围绕什么是话语标记、话语标记有哪些韵律上的或者词汇句法上的特征、如何进行分类等问题进行研究。Zwicky 发现，话语标记在韵律音质上是独立的，可以通过重音、停顿从上下文语境中分辨出来；这些话语标记不同于其他功能词，可以单独看成是一个语法类别；这些话语标记和以前人们研究的话语小品词和感叹词有一定的重叠。我国早期学者廖秋忠也是从句法语义角度来探讨话语标记的，他从句子、超句以及语篇的连贯角度分析了语篇连接词并进行了细致的分类研究。对话语标记从句法语义角度研究的另一位代表人物是 Schiffrin，代表著述是 *Discourse Markers*。Schiffrin 的研究围绕的话题是：连贯是语篇得以形成和理解的重要特性，话语标记对连贯特性起的作用到底是形成还是体现；话语标记到底有没有意义，如果有意义，那到底是什么样的意义；话语标记是如何影响交际效果的；话语标记有哪些功能，作用在话语的哪个层面。她认为每个话语标记都有一个核心意义，并强调该意义不是话语标记本身的意义，而是其所在的位置赋予它的意义（1987：330）。这个位置可能处在五个层面的交界处：交换结构（exchange structure）、行为结构（action structure）、概念结构（ideational structure）、参与结构（participation framework）和信息状态（information state）。另一位从语义角度研究话语标记的是 Redeker（1991）。她认为，话语标记不仅连接相邻的句子，而且也连接句子和其所处的具体语境。话语标记的主要功能，是将受众的注意力引到将要说出来的话语和直接语境间的关系上。

1.2.2　语义语用视角

从语义语用角度研究话语标记的代表人物是 Fraser，代表著述是 *Pragmatics Markers* 和 *What Are Discourse Markers* 两篇文章。Fraser 认为，话语标记常出现在句子首位；它们是从连词、副词和介词短语等句法类别中抽取出来的功能类别，没有语法功能；它们具有程序意义，而且程序意义是核心意义。Fraser 和 Schiffrin 相同之处在于，他们都认为话语标记显示着相邻话语的连贯关系。话语标记在前述话语片段（S1）与后续话语片段（S2）之间起联系作用，而且常位于 S2 之内。带有话语标记的语言典型就是：S1 + DM + S2。在后来的研究中，Fraser 又指明话语标记的位置会很灵活，除了典型形式外，还有 "S1，DM + S2" "S1. DM + S2" 和 "DM + S1，S2" 这几种形式。当然，Fraser 更多的是从语用角度分析研究。他把不表示命题意义的情态和表达式都称为 "语用标记"，话语标记只是语用标记之中的一个子类。从国内看，语用角度是话语标记研究最热的方面，论文著述颇丰。在 413 篇以 "话语标记" 为主题的期刊文献当中，有 "语用" 的是 228 篇，占 55%。最有影响的有：冉永平（2000；2002；2003）；冯光武（2004）的 "汉语语用标记语的语义、语用分析"，等等。

1.2.3 认知视角

这一研究视角的代表人物是 Blakemore，代表著作 Understanding Utter-ances（1987）和 Semantic Constraints on Relevance（1992）。Blakemore 从关联理论出发，认为话语标记具有连接功能和非真值条件，后又将非真值条件改为程序性意义（procedural）。话语标记是对于话语所在的和对理解话语起作用的特殊语境起着连接功能的语言表达，通过语境和语境效果的某些具体特征引导话语理解与诠释。使用话语标记，就是说话人做出的明示，目的是最大限度地减少听话人理解和加工话语所需付出的努力，从而获得最大的语境效果。有明示的话语标记参与后，话语的隐含意义受到了制约或加强。Jucker（1993）早期也从认知角度研究话语标记。他的文章运用关联理论对 well 进行了分析，剖析了 well 的四种用法，认为基于认知原则的关联理论是人类交际的通用理论，该理论为广泛的实例提供了统一的解释。我国学者从认知角度研究话语标记的热情也非常高，尤其是这几年认知语言学在国内的兴起也推动了话语标记的认知研究。在知网上以"话语标记"和"认知"为主题的文献有 92 篇。比较有影响的有：莫爱萍（2004）的"话语标记语的关联认知研究"；李勇忠的"论话语标记在话语生成和理解中的作用"，等等。

1.2.4 自然语言处理视角

从自然语言处理的角度对话语标记进行研究从 20 世纪 90 年代也已经开始。1998 年在加拿大蒙特利尔举行了 Coling – ACL'98 会议。该会议的后续研讨会有 12 个主题，其中之一就是"话语联系语与话语标记"。大会发言论文的内容是：话语标记的确认；自然语言生成；科技类文章中的 META – DMs；话语标记与话语联系；利用语料库研究日英两种语言日常对话中的 DMs；机器语言学习中的话语标记选择；计算语言学中的自动消除话语标记歧义。可以看出，话语标记已经引起了自然语言处理专家的特别关注。另外，对语料库中话语标记进行自动提取和标注也日益壮大起来。安娜（2008）总结了国外几家研究成果，如 Hirchberg 和 Litman（1993）通过韵律和语调信息建立了话语标记的识别模型；Siegel 和 Mckeown（1994）利用决策树分类的方法进行自动识别话语标记；Litman（1996）利用 C4.5 算法和 CGRENDEL 算法对话语标记进行了自动识别；Heeman 和

Allen（1999）利用结合词性知识的语言模型来识别话语标记；Andrei 和 Sandrine（2006）也利用 C4.5 决策树分类算法对话语标记 like 和 well 进行了自动识别研究。汉语话语标记识别研究只有东北大学计算机科学研究所和香港城市大学语言资讯科学研究中心合作研究的"机器学习在汉语关联词语识别中的应用"（2000）。安娜看到了汉语话语标记识别研究的不足，她对话语标记的自动提取和标注进行了开拓性的研究，并设计了自动消歧模型。

1.2.5　其他角度

跨学科多角度的研究还体现在其他学者对话语标记的探讨上，如张丽萍（2009）的"论法庭情境中话语标记语——从法庭话语的'我（们）认为'谈起"从语言语域的独特视角进行分析；徐捷（2009）的"中国英语学习者话语标记语 you know 习得实证研究"从二语习得和认知角度结合分析；马萧（2003）的"话语标记语的语用功能与翻译"从语用功能和翻译的视角进行分析，等等。

1.2.6　中外研究视角比较

比较而言，国内对话语标记这一语言成分关注较早，形成专门研究晚于国外，但近十年发展速度较快。早期的研究大多采用句法——语义视角，而后从语篇角度进行研究。从 20 世纪末专项研究开始，语用角度研究成为主流，代表人物如冉永平。我国学者从认知角度研究话语标记的也很多，有影响的学者如莫爱萍（2004）、李勇忠。在自然语言处理方面，国内研究除学者安娜外，还有东北大学计算机科学研究所和香港城市大学语言资讯科学研究中心合作研究的"机器学习在汉语关联词语识别中的应用"。我们看到，无论是语用还是认知角度，都滞后于国外，人工智能角度不如国外广泛。而跨学科、跨领域的角度有马萧（2003）从语用功能和翻译的视角进行的分析；张丽萍（2009）从法庭语域的独特视角进行的研究。这些研究是国内对话语标记研究的进一步扩展和深化。现在国内研究也呈百花齐放之势。

1.3　本研究的突破点与思路

我们的话语标记研究，主要是采用新的方法手段，即用计算机辅助提取话语标记、基于语料库做定量分析，然后以语体为研究视角，对话语标记进行全面梳理。

对口语中的话语标记，近年来也有一些研究，如许家金（2009a；2009b）、安娜（2008），孟晓亮（2009）。但从不同语体语料库中获得话语标记集合然后进行对比分析话语标记的类型和分布并标注口语语体度，此类研究还不多见。话语标记既然是话语生成和理解、话语连贯和建构、语境点明和共享、话题引导和变化必不可少的手段，那么在不同的语体中，说话人必定会采取不同的策略来使用话语标记去完成交际任务。话语标记使用的量、使用的种、使用的类，都会体现出该语体自身的特征和要求。例如 Ostman（1982）曾认为，书面体以文字符号为媒介，通过视觉途径进行交流，语言通常要求精确正式，句式完整，话语标记性词语运用则较省。Erman（1987：131）甚至说语用标记（pragmatic markers）不仅"大量存在于口语之中"，而且还"仅限于口语之内"。这多少与 Schiffrin 的研究中把 and 和 or 包括进来有些冲突。就连 McCarthy（1993：180）在看到书面语中的话语标记时也说："这是存在于书面语中的口语话语标记"并争辩说"这些话语标记在判断一个文本的口语度上起着重要作用"。这无疑给我们提出了要进一步研究的课题，就是书面语体中到底有没有话语标记，在哪些书面语体中话语标记"较省"，到底"省"到什么程度，哪些可以"省"、哪些必须"省"，而哪些又不能"省"等等。

徐赳赳（2010：272）在总结汉语话语标记研究现状与成果后列举了几个待研究课题：①汉语话语标记的定义是什么？②汉语话语标记的判断标准是什么，也就是说，汉语中哪些语言成分是属于话语标记，根据是什么？③汉语话语标记到底有哪些主要类别？④汉语话语标记的主要功能有哪些？对功能的判断标准是什么？⑤是否需要研究书面语中的话语标记和口语中出现的话语标记的频率、分布、功能等有什么区别？

我们的研究取向，正和徐赳赳第五项所提出的待研究课题不谋而合。

从语体角度研究话语标记，目前还很少见，就作者本人所能了解到的，只有《话语标记的语体特征研究及应用》（孟晓亮、侯敏，2009）一文。该文不仅提出了语体度的概念及计算公式，还论证了带有语体特征的话语标记完全可以作为文本分类的参数。与之不同的是，本研究避开语体分类不在一个平面上的困扰，从对话与独白的对立进行两分，将访谈对话处理为口语语体，将新闻独白处理为书面语体，将其他类型看作归属于这两者的大范畴之内的语体或它们之间的过渡类型。另外，我们在得到话语标记的语体度之后，也不是完全抛弃共用的话语标记，而是同样测量出口语度，从而判断一个文本的语体倾向性。

当然，由于语体的多样性，加之话语标记的复杂性，要想一个课题解决所有问题并一劳永逸是不大现实的。我们的研究，是要从中国传媒大学国家语言资源监测与研究中心有声媒体分中心的广播电视语料库中选取两个不同语体的材料，运用已有的或自己研制开发的软件对材料进行过滤，构建两个不同语体的语料库；收集话语标记，并在建成的两个语体语料库中对各个话语标记进行定量分析，判断每一个话语标记的口语度和具体概率；我们也可以采用前人完成的软件或者采取机器学习的方法建模，自动对数据进行提取；测定每一种语体的话语标记使用量和使用类，在获得带有口语度的话语标记集合的基础上，尝试运用该集合和参数对文本进行两种语体分类。

具体来说，我们的思路是：从语体入手，先取访谈对话语料，并观察语料转写形式，剔除非对话内容，获得纯度较高的口语语体语料库；再取新闻独白语料，观察语料转写形式，剔除非独白内容（包括同期声），获得纯度较高的书面语体语料库；对语料库中的话语标记进行提取，或是根据我们自己对话语标记的界定规定话语标记范围，检索并比较两种语料库中使用话语标记的数量和种类，分析哪些话语标记是共用的，哪些是各个语体单独使用的，然后测算出每一个话语标记的口语语体度；建立带有口语度标记的话语标记集，利用该标记集，对任意一个语篇进行话语标记的检索和统计，并根据话语标记的口语度值，来测算该语篇的语体度，即在多大程度上靠近口语语体。

最终，我们的研究要做这样几件事情：

第一，建立新闻独白和访谈对话语料库；

第二，得到口语语体用话语标记集；

第三，得到书面语体用话语标记集，验证话语标记并非口语语体中独用；

第四，建立话语标记例句库；

第五，进一步得到各语体专用集合和共用集合即交集；从话语标记种类和实例数量上分析话语标记在两种语体中使用的情况；

第六，按照语体对话语标记再分类，并观察使用功能类别和位置分布上的差异；

第七，对话语标记进行口语度标记，并运用带口语度的话语标记集合对语篇语体度进行测量。

第八，话语标记除了语篇功能外，还有人际功能。因此，话语标记自身体现着一种情感态度。情感倾向的分析探索是本研究的另一个重要方面。本书作者在国家社科课题研究的基础上，对话语标记的情感倾向进行初步分析探索。

一句话，我们的研究，就是从语体出发，自顶向下的对话语标记进行梳理，获得话语标记集合，研究话语标记的语体色彩和表现，然后回到语体，利用话语标记进行文本的语体度测量。最后对话语标记的情感倾向进行判断。

1.4 本研究的意义

本研究的意义在于：

第一，从语体角度对话语标记进行全方位的研究，并分析话语标记的情感倾向，应该属于语言研究体系中话语分析这一较高位置层面上的研究，是在话语标记理论上的突破。前人研究多在语用认知上，探讨语用功能和认知功能。但就话语分析而言，我们首先遇到的，还是语体问题。因为不管是不是自觉的，我们交际时都在遵照语体模式，即都在同一语体范围内进行交际。因此，从语体角度研究话语标记，对话语标记进行全面梳理，具有重要理论意义。

第二，利用大型语料库对话语标记进行自顶向下的提取和梳理，与前人研究在方法上不同。前人研究多是理论探讨然后以举例的方式进行个案研究，或者是总结前人研究过的话语标记进行归纳、总结和应用，而我们的研究，是依据给出的定义和标准，对语料库中七字串以内的话语片段进行过滤筛选，提取出话语标记。这样我们就可能进一步看清我们研究范围的话语标记的全貌。因此，整个研究也具有方法论上的意义。

第三，话语标记在词汇、语法层面是没有作用的，语篇层面的语体标注，有助于解决自然语言处理中语用处理方面的问题。自然语言理解与生成可以是"自底向上"的，从音素到词到短语到句子到篇章；当然也可以是"自顶向下"的，从篇章开始向下进行。但无论采取哪个方向，话语生成和理解，都会涉及语体，也都会涉及话语标记。那么，从语体角度对话语标记进行研究，就更具有现实意义。

第四，语体特征表现在词汇、句子和修辞上，而话语标记在三个层面都表现出了自己的特色，本研究将为文本的语体分类提供技术参数。而这一参数又有助于文本自动聚类参数的选择与设定，从而进一步提高文本聚类的准确性。另外，我们通过对文本的口语语体度进行测量，可以判断被检测文本的语体倾向。因此，本研究具有实用价值。

第五，为全面从各个语体入手研究话语标记提供范式。口语语体与书面语体是整个语体在一种标准下划分出来的两极。但是我们看到语体的分类在标准不同的情况下会得到不同的结果。我们的研究无疑为其他语体研究提供了范式。

1.5 本研究使用的语言资源和研究工具

1.5.1 语料来源

本研究所使用的语料均来自中国传媒大学国家资源监测与研究中心有声媒体语言分中心所建立的传媒语言语料库。所选取内容分为访谈对话类口语语体语料和新闻独白类书面语体语料。传媒语言语料库中这两种类型的文本极为丰富，能为本研究提供最基础的数据支持。初步观察，要建立初始语料容量各为1亿字左右的语料库也是可能的。

1.5.2 语料预处理工具

UltraEdit（C）－v16.10：是一款功能强大的编辑器。使用它可以编辑文字、Hex、ASCII 码、内建英文单词检查、C＋＋以及 VB 指令高亮等，具有多标签式的多文件编辑功能。该软件内置多种编辑环境，可以定义所有的工具栏，支持众多文件格式编辑，修改编辑程序文件也很方便。

Editplus3.0：本软件是一套可以取代记事本的文字编辑器。它的功能很多，可以无限制地 Undo/Redo，进行英文的拼写检查，自动换行，进行列数标记、搜寻取代，而且可以同时编辑多个文本。此外，它还有监视剪贴簿的功能，能够同步于剪贴簿自动将文字贴进编辑窗口。在编辑 HTML 文件时，可以颜色标记 Tag（同时支持 C/C＋＋、Perl、Java），内建完整的 HTML 和 CSS1 指令。

两款软件的主要区别在于，UltraEdit 可以进行代码进制间的转换，而 Editplus 支持的编辑语言较多。本研究中，这两款软件将主要用在语料的过滤提取建库工作中。另外，UltraEdit 也用在统计大规模话语标记实例上，Editplus 的去除重复项功能也在统计头字等方面起到了重要作用。

1.5.3 语料切分标注工具

CUCBst1.0.0.1：软件的全称是 Communication University of China Basic Segmentation Tagging of（version：1.0.0.1）。该软件是中国传媒大学国家资源与监测中心有声媒体分中心在北京大学开发的软件 Bst（Basic Segmentation Tagging）基础上经过多次修订、反复试验完成的。该软件可以同时处理文件夹下的子文件夹内的文件，并可以处理通用文件类型；在处理完成后可以保留中间结果，如果需要，也可以保持原来的文件目录；同时，该软件还可以切分标注方式和切分结果进行选择。本研究中，该软件主要用来对话语标记进行切分标注，进而统计用字用词特征，并将这些特征用于话语标记的判断和对比研究中。

1.5.4 语料检索工具

RCRS：软件的全称是 R Corpus Retrieve System（version：1.0.0.1）。该软件是中国传媒大学国家语言资源监测与研究中心有声媒体语言分中心开发的检索工具。它可以对标注过词性的语料进行检索、统计。其最大的优势在于能够检索各种词串，包括混合串。该软件不仅实现了检索结果排序、二次检索和窗口大小限定等功能，而且还具有多种重叠模式的词串检索功能，并且可以让用户根据需要自己编辑词串模式进行匹配。在本研究中，该软件主要用来对提取的话语标记进行原文核查，对判断其功能类型起了重要作用。

1.5.5 实例建库和数据统计工具

Access2003：是小型桌面关系型数据库。它有着强大的数据处理功能，在建库、查询等方面可以不用程序来实现，直观性强。它单表的处理数据量大，安全性高，能够方便地关联多个表格，使之成为一个整体，构成数据关系网。另外，它还可以对信息进行分类储存，同一条信息的不同信息点可以分别储存，形成表与表之间的关联，排除冗余信息，使数据库的信息储存更简捷、准确。

Excel：是优秀的电子表格软件，具有强大的计算功能，所以又叫"电算软件"。它自身带有广泛的运算函数，可以解决数学、统计、财务、货币、文本、数据库、逻辑、工程等等领域范围内的运算问题。另外，它的一个很好的功能是添加插入功能，在添加或插入新的条目后，可以自动排序编号。

我们之所以要用两个软件，主要是在处理比较小的数据时 Excel 比较方便，对数据的计算快捷，而且排序功能高于 Access，因此主要应用在话语标记的统计研究中。而 Access 的容量要远大于 Excel，还可以进行连表查询、筛选等功能，在我们的研究中主要用在实例库的构建中。

1.5.6 话语标记过滤提取、实例库建库、语篇语体度测量工具

为了进行研究，我们编写了一些适用于自己的研究目的和方法的软件。首先以话语标记用字用词特征编制话语标记过滤提取程序，然后编制了实例库建库程序，使得每一个实例都按照要求格式化输出，并自动统计数量、标记位置。在获得带口语度的话语标记集合的基础上，我们还编制了基于话语标记的语篇语体度测量软件。该软件主要功能是对任意一篇待测量文本的预处理、对语篇内话语标记进行识别和赋值、运用公式进行计算，最后得到整个语篇语体度。

1.7 论文的结构

论文共分七章：

第一章：话语标记研究综述。本章概述了话语标记的研究历程及研究成果，总结了前贤研究的视角和方法，说明了本研究在研究视角以及研究方法上的独特性和意义，最后列出了涉及到的软件工具。

第二章：语体理论和话语标记语体分类。本章首先概述了语体的研究内容，然后探讨了语体分类及存在的问题和我们的见解，分析了我们语料选取和语体选择的理论依据，接着总结了以往的话语标记的定义和分类，并对本研究范围内的话语标记进行了界定，最后讨论了话语标记的语体分类，并对两种语体内话语标记的使用情况进行理论预测。

第三章：语体语料库建设和话语标记提取。这一章首先说明选择两种语体语料的出发点和构建两种语体语料库的思路，接下来说明了处理所使用的工具以及处理的方法和结果，提出了话语标记如何选取和确定的问题。为验证我们的思想，给后续研究提供范式，本章中进行了小规模试验。实验证明了我们的研究思路是可行的，数据上对研究设想是支持的。本研究在实验过程中还分析了话语标记的其他特性。本章最后在实验的基础上对话语标记进行全面提取。

第四章是话语标记的语体研究。我们根据提取的话语标记构建了实例库，统计话语标记类型和功能，并对两种语体语料库中的话语标记进行计量研究。本章首先以话语标记用字用词特征为依据自编程序，用 7 字串检验有效性，同时说明了把研究范围限定在 7 字串以内的原因。然后再自编程序对总库中其他话语标记进行过滤提取，并构建了带有各种数据的实例库。在说明对兼用类型、功能类型判断规则后，我们构建了数据详实的话语标记种类库。接下来依据这些数据，对两种语体用话语标记从质（种类）和量（实例）、字串分布、使用频率、功能分布、位置分布、用字差异、创造性体现和多样性差异这些方面进行了对比。在对比过程中，再次观察了集合关系，并重构了话语标记按语体分类体系。此外，本章还进行了基于话语标记的语体自动判定研究。这一部分首先提出了话语标记口语度的计算公式和语篇口语度的测量公式，对话语标记的并集进行口语语体度的测算并给每一个话语标记赋值。运用这个赋值的话语标记集，对任意语篇进行口语语体度的测量，计算分值，判断该语篇的口语语体倾向，实现文本自动按语体分类。

第五章构建了语言主观性的多维度描述体系。第一部分作者概述了语言主观性的以往研究，指出了主观性系统构建的复杂性。在第二部分，作者从六个维度对语言主观性进行了描述，即类别、程度、形式、成分、关联、模式，并对每一个维度进行了阐明，说明了在颗粒度方面的可选择性。运用构建的主观性体系，作者建设了语义倾向语料库。这部分中，作者以自己的思路，从定义出发，设计了标注体系和标注方法，按照设想来收集语料、进行预处理、标注，最终形成了专用工具箱系统。整个这一章，是在语言主观倾向性上的创新研究，并利用语料库进行了很好的验证。

第六章利用第五章建构的语言主观性体系和语义倾向语料库，对句子和篇章的情感倾向的计算进行研究。过程中作者构建了情感倾向词典，为计算句子的情感意义倾向提供了条件。在句子语义倾向计算的基础上，在本章第二部分展开了评论文的情感倾向分析。这部分的计算是以篇章结构为计算的突破口，结合主题情感句的寻找，进行篇章情感分析。实验显示，这种方法很有效，正确率也很高。在第三部分，利用我们对各种计算程序软件的编制，作者进行了词语新义的发现研究。经过数据分析和实验验证，证明了设计程序的合理性。最后，作者将话语标记功能体系和话语主观性体系相结合，对高频使用的 200 个话语标记进行了倾向性分析，并举例说明了话语标记的主观倾向性的具体标注和性质。这部分是一项重要探索，为以后话语标记参与情感计算奠定了基础。

　　第七章：结语。这一章是对整个论文的总结并对进一步的研究予以展望。本章中分析了本研究的应用价值和局限与不足，并提出了下一步研究的设想。

第二章 语体理论和话语标记语体分类

本章内容提要：本章对语体理论和话语标记以往研究进行了总结，归纳了话语标记的定义，构建了话语标记语体分类体系。

语体是本研究所取的视角，因此就必须澄清语体和语体分类。取得大致的共识并以此为基础对话语标记进行语体分类，就是本章的目的。

2.1 语体研究

2.1.1 历时发展

语体学是一门新兴的学科。国外语体学的出现一般认为是 20 世纪初。1909 年，瑞士语言学家夏尔巴利出版了语体学专著《法语语体学》，标志着语体学科的建立。我国最早提出"语体"概念的是陈望道 1932 年所著《修辞学发凡》（2008）。但是该概念的提出主要是从风格学的角度，使用的表达形式为"语文的体类""辞体"与"辞类"，并没有使用"语体"。"语文的体类"作为该书的一篇涉及到了语体问题，但没有做系统深入的探讨。

我国对"语体"研究的真正开始是在 20 世纪 50 年代。这也主要受苏联当时语体风格大讨论的影响。从五十年代到六十年代初，我国对语体学的研究主要是探讨语体学自身内部的基本概念、基本理论，如语体的性质、定义和分类等等。这段时期语体研究的代表人物有高名凯、林裕文、周迟明、张弓等人。从六十年代中期到七十年代中期，由于众所周知的原因，语体学也陷入了停滞状态。七十年代末到八十年代初，语体学伴随着修辞学的研究又重新恢复起来。八十年代中期召开了两次比较重要的学术会议，即 1985 年 6 月华东修辞学会和复旦大学两所机构联合在上海召开的语体学术讨论会，1986 年召开的华东修辞学会第四次年会，标志着我国语体学研究逐步深入，对语体的理论和描写研究进一步得到深化。从著述角度来看，主要表现在：对语体的研究已经突破最初与修辞一起或者算作修辞学的一部分的做法，出现了大量的语体学专著，比如王德春《语体略论》（1987），黎运汉主编《现代汉语语体修辞学》（1989），莫彭玲、王政红主编的《现代汉语语体教程》（1992），王德春、陈瑞端的《语体论》（2000），袁晖、李熙宗主编的《汉语语体概论》（2005），丁金国的《语体风格分析纲要》（2009），郑颐寿的《辞章体裁风格学》（2008），黎运汉、盛永生的《汉语语体修辞》（2009）等等。

经过半个多世纪的发展，我国语言学界关于现代汉语语体达成了六点共识：①语体是语言运用的结果，是语言在反复使用中稳定下来的语言体式；②说话行文要"语体先行"，无论是把语体当作风格的一种，还是把它看作独立的概念，语体在语言运用的过程中总是领先的，也就是说，一个人说话或写文章时，在表达意旨、收集材料、确定表达方式、选用修辞方式等过程中，都要受到语体的"支配"，语体总是"先行"的，而且是笼罩全局的；③语体分类有四个原则：整体性、系统性、层次性、一般性（或典型性），这四个原则也是语体系统的基本性质；④语体分类的标准只能以语体形成的内部因素即语言特征为标准，外部因素如语境等，虽然对语体的使用有影响，但不能作为分类的标准；⑤语体的封闭性与开放性是对立统一的，语体的封闭性使不同的语体能够明析地区别开来，语体的开放性使语体能够发展；⑥语体习得有终生性，就是说语体的习得对于一个人来说是需要终生都进行学习的。（盛永生，2004）

李熙宗（2004）对语体做了全面的汇总和较为透辟的辨析，将语体分为六大类：①语言特点的体系（综合）；②语言风格类型；③功能变体；④词语类别；⑤语文式式；⑥言语行为类型。丁金国（2009：77）又将这六大类概括为三种情况：一是从语言的物质材料角度切入，如①④；一是从语体的功能角度切入，如②③⑤；一是从语体的外位——言语行为角度切入，如⑥。语体的多角度体现了语体划分的难度和复杂度。

对语体的研究也逐渐延伸到计算语言学的领域。吴礼权（2003）的"基于计算分析的法律语体修辞特征研究"从统计角度分析了《中华人民共和国国籍法》的修辞特征及所要遵循的修辞基本原则，为汉语语体研究的科学化奠下了一块基石。梁奇等（2006）的"基于 trigram 语体特征分类的语言模型自适应方法"从书面语和口语存在的差异出发，提出了语体自适应方法。丁金国（2009）的"基于语料库的语体风格研究"一文先对语体量化研究进行简单回顾，然后论述了语体标记的提取原则（共时性、普遍性和层次性）及标记体系（228 个，分语言平面、语义平面和语用平面），最后讨论了量化与质化的关系。黄伟、刘海涛（2009）的"汉语语体的计量特征在文本聚类中的应用"一文，通过 50 万的语料样本发现了在现代汉语口语语体和书面语体中具有显著分布差异的 16 个语言结构特征，并说明以语料库和统计方法进行语体特征计量研究是汉语语体描写研究的重要方法。

2.1.2 语体定义与分类

语体分类一直是学界探讨和争论的问题。盛永生（2004）总结的语体分类四原则是高度概括的。但由于专家学者审视语体的角度不同，因此分法各异。李熙宗（2005）在讨论语体定义的时候归纳出五种角度："语言特点体系（综合）说""语言风格类型说""功能变体说""词语类别说"和"语文体式说"。正是这些视角的不同，造成了定义与分类上的千差万别。即使我们遵照盛永生的总结，只按照"语体形成的内部因素即语言特征为标准"进行分类，在真正操作时，也会得到不同结果。

在定义上，李熙宗（2005）给出的比较概括。他认为：语体是在语言长期的运用过程中历史地形成的与由场合、目的、对象等因素所组成的功能分化的语境类型形成适应关系的全民语言的功能变异类型，具体表现为受语境类型制约选择语音、词语、句式、辞式等语言材料、手段所构成的语言运用特点体系及其所表现的风格基调。我们这里采用这一定义。

在分类上，能够为大多数所接受的，是比较传统的分类方法，即把语体先分为口头语体和书面语体两大类，然后书面语体又可分为文艺语体、科学语体、政论语体和公文语体等等。但是，也有专家学者提出不同意见。

陶虹印（1999）认为，语体分类从任何一个单一角度都是不可能穷尽的。传统的口语语体与书面语体的二分只是着重与交际的传媒或工具来给言谈进行分类，虽然有一定的根据，但是从语言特征方面来看，光从传媒的角度来分类是远远不够的。语体间的不同与其说是传媒的不同，倒不如说是表达方式的不同。口语和书面语的区别很必要，但线条比较粗糙。将"媒体"和"方式"对立起来，不但帮助我们进一步划分语体，还可以帮助我们看清语体划分的典型性和非典型性。语体分类的方法和角度，在很大程度上取决于分类目的和语料的实际情况。

邓骏捷（2000）主张将现代汉语语体划分为基本语体和专业语体两大类。传统的语体分类方法与语体的定义相矛盾，没有反应语体的功能。而基本语体和专业语体的划分则考虑了语体使用的层级性。基本语体是基础，专业语体建立在基本语体之上。基本语体是指一般日常生活交际形成的语体，专业语体是指社会各领域因其专业需要形成的语体，可以进一步划分为法律语体、广告语体、新闻语体、科学语体、宗教语体、政治语体、商业语体、文艺语体等。

袁晖、李熙宗（2005：26）是将现代汉语按照语体构成要素的不同进行了六分：谈话语体（包括随意谈话语体和专题谈话语体）、公文语体（包括通报体、法规体、条据体、函电体）、科技语体（包括论证体、报告体、辞书体、科普体、科技新闻体）、新闻语体（包括报道体、时评体）、文艺语体（包括散言体、韵文体、对白体）、融合语体（包括演讲体、广告体）。

郑颐寿（2008：88）认为，语体既然具有系统性，那么对语体的划分就应该分层次，并且是多序列的。口头语体与书卷语体处在第一层次，具有差异性、排斥性、统一性和渗透性。从口头语体到书面语体应该是一个连续统。在这个连续统的两端，是差异性极大、互相排斥的口头口语体和书面书卷体。从口头口语体向书面书卷体靠近的过程中，会出现口头语体、书面口语体等情况；从书面书卷体向口头口语体靠近的过程中，会存在书卷语体、口头书卷语体等情况。连续统的中间地带具有统一性、是相互渗透的，可以看成是一种"融合体"、"过渡体"。在对语体的其他层次上，也存在着这四个特性。

郑颐寿（1992）较早的提出了和口语体与书面语体形成三足鼎立的另外一种语体：电语体，并认为这种语体介于口语语体和书面语体之间。电语体又可以分为家常电语、文化电语、经济电语、政治电语等下位语体。盛永生（2000）认为广播电视语体是电语体的下位语体。而广播电视语体又直接可以分为广播语体和电视语体。（李佐丰，2007）

从以上可以看出，各家的观点都有合理成分。借鉴各位专家学者观点，我们认为：

第一，口语语体和书面语体的划分是根本。这一划分是从语言本身的风格和特征上得出来的，因此是本质上的。

第二，对语体进一步划分就必须采用其他标准。而采用的其他标准，应该是能泾渭分明地划分语体的，比如独白与对话。如果不能泾渭分明，或者是标准本身是可以自由切分的，就势必会造成分类上的混乱。另外，进一步对口语和书面语体划分采用的各自标准不能重叠交叉，也就是说，对口语语体进一步划分的标准独立于书面语体再划分的标准，比如段落与话轮。

第三，口语语体与书面语体存在中间状态。所谓语体间相互渗透，实际上是我们在判断一段话语或语篇的语体时，无论从内容到形式到功能，都很难做到一刀切。我们的标准是清晰的，但实际的语言交际却不会完全遵守这种规约，更不用说语体总是变化发展的。

因此，虽然从原则和标准上要求对语体的定义和分类清晰明了、自成一体、系统而又次第分明，真正达到要求是有一定的困难的。

本研究拟考察的两种语体，即新闻独白语体和访谈对话语体，是从国家语言资源监测与研究中心有声媒体语言分中心的语料库中选取的。我们之所以选取这样的语料来构建两个语料库，主要是基于如下四点原因：

第一，语料获取的便捷性。有声媒体语言分中心有大量的语言资源可以供我们挑选，而且资源在随着时间推移不断增加，这样，不但地理位置上的优势其他资源无法比拟，而且一旦资源不够，可以在研究过程中不断予以补充；

第二，语体纯度的可控性。从上面对语体总结讨论可知，对语体的分类众说纷纭。这不单单反映出专家学者研究角度的不同，而且也反映出语体自身的模糊性。既然语体的分类有一个"度"的问题，那么很难说别人建立的语体语料库就是某种语体纯净的语料库。为了保证我们研究的科学性，我们拟全程监控自己语料库的建设，保证两种语料库文本在语体上的典型性；

第三，语料库之间的平衡性。应该说，书面语体语料库还是比较容易找也比较容易建的。但是，真正纯口语语料库是比较难建立的，更不用说有点规模的口语语体语料库。有声媒体语言分中心在这方面的资源优势是领先的，因为在中心数据库中保有大量的电视访谈对话、自由交流节目的转写文本。这无疑能够满足我们的研究需求。

第四，两种语体的可比性。首先说明的是，我们对两个语体语料的选取，是按照两个对立进行的：一个是口语与书面语的对立，一个是独白与对话的对立。既然口语与书面语的对立是根本，那么从这个区分入手划一条泾渭分明的线是我们构建两个语料库的基准。在有声媒体语言分中心的语料库中，最典型的口语与书面语的对立是中央电视台的《新闻联播》和凤凰卫视的《鲁豫有约》。前者是报纸新闻的再现，新闻是通过专业受训的播音员口头播报出来的。这样的话语没有改变其书面语体本质，因为播报中的语言都是事先反复推敲、选词严肃精准、逻辑严密、结构正规的。《鲁豫有约》所使用的语言，属于即时聊天类型的语言，是纯粹用来口头交际的。虽然谈话所用的语言也讲求技巧，但是对语言本身的语体色彩没有影响。当然，这种节目中的口语跟我们现实生活中的口语还是有些差异，因为要面对观众以节目的形式出现，所以话语都经过精心准备，而且节目录制完后都要经过编辑，那些太随意、太原生态的话语一般不会出现。但不管怎么说，这是我们所能迅速拿来使用、并能满足研究要求的语料。另一个重要的对立即独白和对话的对立在这两个节目形成的话语中也是毋庸讳言的，因为广播电视语言本身可以分为独白和对话两大类。（侯敏等，2006）。这也是我们在最根本的基准上所增加的对比条件。

2.2　话语标记语体分类

2.2.1　话语标记性质研究追溯

关于话语标记的定义与分类，众家学者说法不一。最早的是 Halliday 和 Hasan（1976：238）衔接纽带。作为衔接类型的一种，连接是用来表示两个语段之间的联系的。他们认为，连接不是表示直接的衔接关系，而是间接的衔接关系，通过表示两个语段之间的关系来预示另一个语段的存在。在他们的研究中，将这种连接归为四个类型：添加（additive）、转折（adversative）、因果（causal）和时空（temporal）。Quirk 等（1985：635）将连接作用分成了七类，即列举（listing）、总结（summative）、同位（appositional）、结果（resultive）、推断（inferential）、对比（contrastive）和转折（transitional）。

Schiffrin（1987：31）认为，话语标记是在社会互动的行为中、在语篇层面话语单位间建立连贯互动关系的语言成分。话语标记就是依存于前言后语、划分说话单位的界标。界标不论处于语句开头还是语句末尾都可以是前指或后指的标志。这一定义是从社会互动角度的大框架出发，固定语言交际中的次框架——语篇，然后从更小的话语单位——命题、行为或诗行——间关系的建立、彼此间的划界着眼的。语言交际是信息的传递，而信息的传递更多地取决于语篇生成者的意图。在语篇信息流动过程中，信息并不总是以线性的顺序一字一词的推进，而是以信息块（chunk）的形式推进的。这些信息块就是概念包。连贯的概念包就是信息流。概念包与概念包之间的联系可能靠内部，如词汇重复、语法类似或者语义关联等。而另外的一种方式就是用一种不表达概念意义、只表征概念间的逻辑程序意义的语言进行标记，这种手段即是话语标记语。因此，话语标记具有界标功能，从而体现了话语结构；话语标记的使用，也体现了话语单位间的连贯关系；话语标记的使用，更多的应该是满足话语本身特征所提出的功能要求。在 Schiffrin 的研究中，并没有对话语标记自顶向下进行分类，而是针对单个话语标记研究提出了类别：信息处理标记 oh；应答标记 well；话语连接标记 and、but、or；原因和结果标记 so 和 because；信息与参与标记 y'know 和 I mean；副词 now 和 then 做话语标记等。话语标记的功能是话语特征和表达式的语言特征共同赋予的，并且所有的话语标记都具有指别功能。指别功能为生成和理解语句提示语境坐标。

Blakemore（1992：138）将话语标记按照对语境意义的贡献分为产生语境隐含的话语标记、加强原语境假设的话语标记和否定原语境假设的话语标记。她认为，如果说听话人假定说话人所说话语具有最佳关联性，那么听话人就会假定这段话语是该段话语语篇的一部分，是跟随在先前话语之后的。话语理解不仅仅是辨识命题表达，而且是要恢复话语的预期语境效果。话语标记的使用，是在隐含意义难以被听话人捕捉时，说话人通过明示表达来限制对话语的解释，让听话人作出正确语境假设。如对 Barbara isn't in town. 和 David isn't here. 两个句子：

Barbara isn't in town. So David isn't here.

Barbara isn't in town. After all, David isn't here.

Barbara isn't in town. Moreover, David isn't here.

Barbara isn't in town. However, David isn't here.

在加入了话语标记语（Blakemore 在她的著作中称为 discourse connectives，即"话语联系语"）后，这种句间关系受到了有效限制，为理解话语提供了语境坐标。当然，Blakemore 也指出，这种限制手段不限于这些连接成分，有时也用语调等手段。另外，这种分类不是穷尽性的。例如，像 anyway、incidentally、by the way、finally 等，表达所说的话本身在该话语语篇中的角色；还有的表达了说话人希望听话人推出的语境隐含的类型。在她（2002）的另一本著作中，Blakemore 使用了关联理论的"程序意义"来表示话语标记的非真实条件性。她进一步认为，话语标记只对认知关联发生作用，对话语标记的研究可以放弃"话语语段间的联系"的观点。在对语境的功能上，她认为话语标记不但可以激活语境假设，而且可以激活推理路线。这个观点和 Schiffrin 的语境坐标观点有相似之处。

Fraser（1996）将语用标记分为四类，对应着四种信息类别。第一类是基本标记（basic markers）对应基本信息，大致都明确地表示基本信息的力度，包括句子情态和词汇表达。

（1）a) **I regret** that he is still there. （表达"遗憾"）

b) **Admittedly**, I was taken in. （表达"认可"）

c) The cat is very sick. （没有词汇基本标记，但是宣告语气表示对后续内容的相信）

第二类是评论标记（commentary markers），对应着评论信息，是可选的。带有此类标记的句子，信息都有概括性，一个词既表示信息力度，也表示信息内容。如：

（2）a) **Stupidly**, Sara didn't fax the right form in no time. （说话人认为后续内容是"傻的"）

b) **Frankly**, we should be there by now. （说话人认为后续基本信息"不大好接受"）

第三类平行语用标记（parallel markers）对应平行信息，也是可选的。如：

（3）a) **John**, you are very noisy. （表示说话的对象）

b) **In God's name**, what are you doing now? （表示说话人的愤怒）

第四类话语标记（discourse markers）对应着话语信息，也是可选的。这类话语标记表示的信息是说明基本信息是如何和先前的话语相关联。如：

(4) a) Jacob was very tired. **So**, he left early. （表示后续是结果）
b) Martha's party is tomorrow. **Incidentally**, when is your party? （表示话题转移）

Fraser 认为，在一个特定的句子中，一个既定的词语表达在功能方面不会重叠。也就是说，如果一个表达是语用标记，那它就不会是命题内容的一部分，反之亦然；如果一个表达行使着某种语用标记功能，它就不会同时行使其他的语用标记功能。语用标记携带意义，前三种具有表征意义，本质上表示概念；后一种具有程序意义（procedural meaning）。很明显，Fraser 的语用标记比我们现在讨论的话语标记范围要广得多。实际上在他看来，话语标记只是语用标记中的一个小类。只有那些链接两个或以上小句的，才是话语标记。Fraser 又进一步给话语标记分成了四个类别：话题转换标记（topic change markers），如 by the way、incidentally、to return to my point；对比标记（contrastive markers），如 though、but、on the other hand、on the contrary；阐释标记（elaborative markers），如 for another thing、furthermore、in addition、moreover；推论标记（inferential markers），如 as a result、so、then、therefore。

Lenk（1998）在 Redeker 定义的话语操作语（discourse operators）的基础上，从微观与宏观意义连贯这一角度出发对话语标记语在口语中的功能进行了深入研究。她认为，话语标记是一种连贯指示语（coherence indicators），对话语的整体连贯起着重要作用。话语标记语不涉及话语的命题意义，而在语用层次上起作用，所以又称为语用项目（pragmatic items）。在语篇中，话语标记语不仅可以起到局部的连贯作用，也即表示相邻语对或两个语句之间的连接关系，还可以在语篇的整个范围起连贯作用，来表示与前后话语语篇之间的某种关系。她也认为话语标记会对听话者的话语理解产生制约。说话者希望使用这样的标记来表明话语各部分之间的语用关系，以此对听话者的话语理解进行引导，达到理解说话者意图的目的。

Lenk 的话语标记分类是依据其所标记的关系进行两分：一类是指前话语标记，表示与话语标记前面的话语语篇之间有所指关系，即指前关系，如 as I said before、anyway、still；另一类是指后话语标记，表示与话语标记后面的话语语篇之间的所指关系，即后续关系，如 what else、by the way、furthermore 等。

何自然（2006：147）总结了话语标记的本质属性：从狭义的角度来说，话语标记语是在互动言语交际中从不同层面上帮助构建持续性互动行为的自然语言表达式；从广义角度说，话语标记语指书面交际和口语交际中表示话语结构以及连贯关系、语用关系的表达式。话语结构从句子级而言，有主题和述题、旧知与新知的区分等，话语标记在两者之间起到了划界作用；从篇章级而言，有前述和后述、新旧话题的交替等，话语标记在前后之间起到了转乘作用，话语分析的学者常从这个角度出发；从交际形式上看，有话语的起始和收尾、询问与应答等，话语标记起到了起合作用。连贯关系可以指一句话和在其之前的话语或该话语的一部分与另一部分之间的修辞或语义上的关系，包括转折、总括等等。篇章上的连贯有时候会采用词汇或语法手段，但更多情况下连贯是语义上的连续，即概念包之间的接续顺畅发展。对话语标记句法语义研究学者多采用这一角度。语用关系是指话语标记所表达的语用作用，即前言后语之间的语用联系。在言语交际中，话语标记所起的作用就是通过多种方式调控话语和言语交际的互动性。何自然还指出，在日常交际中，话语标记语出现的高频率与所具有的多功能性是无可争议的事实，它们不直接构成话语的命题内容，而且也不受句法结构的限制。话语标记有时相当于书面语中的标点符号或段落切分，包括部分连词、副词、感叹词以及某些短语或小句。

以上学者的定义与分类基本上涉及三个关键思想，即"连贯"、"语用"和"语境"。这三个思想代表了不同层面和不同的认识。"连贯"是外在功能，"语用"是内在功能，而"语境"则基于认知，三者都是话语标记存在的理据。

关于话语标记的特点，Hölker（1991：78）进行了总结：①它们不改变话语的语义真值条件；②它们不增加话语命题的内容；③它们和话语发生的情景相关，而和话语言及的情景无关；④除了具有指称、暗示或认知功能外，它们还具有表情达义的功能。（转引自唐青叶，2009：168）

Schourup（1999：232）认为虽然对话语标记的术语和分类的基本问题没有一致观点，但是有些句法语义特征已经得到共识：①连接性，②可选择性，③非真值条件性。可选择性是指话语标记在句法层上是可选的，拿掉话语标记也不改变主句的句法性。当然这不是说话语标记在它们出现的句子中一点作用都没有。多数学者认为话语标记强化了说话人所要传达的意图。非真值条件性是指话语标记在它们出现的句子中对命题内容没有贡献，这点将它们和那些被称为"实义词"的词语区分开来。其他的特性Schourup认为还有句首位置性、口语使用性、与主句的弱联系性、以及多范畴性。冯光武（2004）也总结认为：学者普遍的共识是，话语标记的共同特点是对话语的命题真假不产生影响，在话语中的作用主要是语用的。

2.2.2　本研究定义和研究范围限定

通过分析对比并总结话语标记的特性，我们认为，话语标记共有八个特性：

①话语标记在语音韵律层有自己的独立于前言后语的韵律节奏。它们读音较轻，一般有停顿。Brinton（1996：33）在分析话语标记的功能时指出，从语音角度看，话语标记语音较弱，本身是独立的语音组。调群的实现在书面语篇中往往靠逗号或分号分隔信息单元（Halliday，2000）。安娜（2008）通过实验证明了采用韵律模型来提取话语标记是比较好的。

②话语标记不但表现为词，还可以是短语，或者是小句。这一性质决定了话语标记不能从词法、句法上归类，而只能在话语层次上进行统一命名和分析。从词级上看，话语标记主要来自副词、介词、连词、叹词；从短语级上说，话语标记主要是一些介词短语；而从小句层级上来说，则来自插入语和部分习语。

③话语标记在和其他表达概念意义的结构组成句子时具有独立性，在句子中不担当句子成分。这一点也说明了为什么话语标记构成独立的韵律单元的原因。Chalker（2001）指出了话语标记的句法特征，即话语标记与所在句之间通常由逗号或分号隔开。话语标记是可取消的，即从句子中拿掉对所在结构也不产生任何影响。

④话语标记有自己的核心意义，而这个核心意义就是程序意义。这种程序意义体现在话语中，由前言和后语及相互关系决定。一个话语标记可以具有多种程序意义；一种程序意义可以有多个话语标记进行选择来表

达。所有话语标记的语义都有共同点，这一共同点被 Wierzbicka（1992）称为"局部语义恒值"。

⑤话语标记隶属于语用标记，它们的功能主要是语用功能，对语境的构建起路标作用。话语标记不表达命题意义，只在语用和语篇层面起作用。在对听话人的语境构建中，话语标记的使用与解读更多的涉及到了语境中的各种因素，如交谈双方的身份、交谈的方式等等。因此，话语标记体现了人际功能。

⑥话语标记存在于话语语篇层面，具有语篇功能。话语标记连接的是句与句、段与段，甚至有时连接的是本文以外的内容，该部分内容属于交际双方所共享的讲话场合或背景知识。因此，话语标记处于语篇之中，体现着较高层面的语篇功能。脱离话语语篇就谈不上话语标记，研究话语标记也必须从话语语篇分析角度出发。

⑦话语标记休现着语言产生的意念结构。意念的表达靠话语，意念与意念间具有三种关系：衔接关系、话题关系和功能关系（Schiffrin，1987：26），这种关系实际就是程序意义，体现着说话人的认知过程和认知目的。这些关系，比如衔接关系中的预设、小话题构成大话题、话语和话语之间的因果、互证等关系，就必须靠话语标记来体现。

⑧话语标记的位置比较灵活，但任何位置都体现了它的指前和指后的连贯功能。不管是对话还是独白，说话人在确认、请求等的表达中对前述话语的指认，对后续话语的引入，都要靠话语标记。而对话中的问话与应答，更是靠话语标记确立话轮的承接与转移。在表达思想时，说话人通过话语标记表达自己的思路轨迹。

因此，我们认为，所谓话语标记，是指不用其概念意义，只用其程序意义，在话语语篇层面上表达话语接续关系、体现人际功能、指引语境构建、反映认知思维过程的具有单独韵律单元的独立话语单位。

根据以上界定，并结合现有技术能力，我们对本文研究的话语标记范围予以限定。本文所研究的话语标记，是指在语篇层面上的连接成分，即语篇连接成分。语篇是大于句子的单位，语篇连接成分应该是连接句子与句子、句群与句群、段落与段落、话语与语境的那一些成分。因此，本文只讨论那些在句子到段落这个话语单位层面以上起连接作用的连接项。段落与段落间的连接，主要是一个意群与另一个意群间的联系，形式上表现为一个段落的开头使用话语标记来连接上一个段落的结尾，或者是一个段落的结尾使用话语标记来连接下一个段落的开头。所谓句群，指在语义上有逻辑联系，在语法上有结构关系，在语流中衔接连贯的一组句子的组合。是大于句子、小于段落的语言单位。（吴为章、田小琳，2002：84）而句子间指小句之间。这里的小句指单句，也包括结构上相当于或大体相当于单句的分句。由于小句在汉语语法系统中居于中枢地位（邢福义，1995），因此小句间用的话语标记是我们考察的最低层面。

从词的形式上看，我们研究的对象包括：

①部分连词。像"和"、"跟"、"同"等这些只用来连接词和短语的连接词不在我们研究范围之内。使用于句子内部的连词也不在我们考察范围之内，如"他来了，并且带来了三个人"中的"并且"。方梅（2000）认为，对语义弱化的连词，在先事与后事、条件与判断、原因与结果等几对关系中，只有表示后事、推断、结果的连词具有非真值语义的表达功能，也只有这些连词才能用作组织言谈的话语标记。因此，像"因为"、"要是"等连词我们也不考察。

②部分副词。我们只考察用于评价整个命题的副词，如"其实"、"原来"、"的确"。张中行认为，放在句首的"据说"、"可见"、"看起来"、以及"例如……"、"特别是……"分别看作评论性状语和关联性状语。（叶南熏，1983：48）王力、赵元任都不这样认为。我们同意王力和赵元任的观点，因为张中行所举的例子，并没有对命题进行评价。因此，它们属于我们研究的话语标记。

③部分叹词。叹词如"嗯（呃）"、"啊"等有自己的感叹功能，这种用法不属于话语标记。在功能上这种区别主要体现在韵律上。比如"嗯"在应答使用和做话语标记的话轮接续功能时的语音的长度差别明显。但是在书面形式的语料中无法体现。因此，我们只能限定考察他们在话轮间不做回答语时候的话语标记功能和话轮内部使用的话语标记用法。

④个别代词、形容词。如"这个"、"那个"、"好了"等的话语标记用法。

从短语和小句角度看，我们只考察形式凝固、不使用其概念意义、不做语法成分的话语标记，如"据报道"、"你想想"、"实际上"等。邢福义（1997：127）也曾指出，"这就是说"，"换句话讲"之类，起的是承接上句引出下句的作用。它们在句与句之间起关联作用，不属于某一小句。

其次，鉴于话语标记的独立性非常之强，那么所考察的话语标记都必须是独立单元，在形式上就是必须有标点符号同主句分隔开来。从这点上可以看出为什么插入语大都具有话语标记功能。插入语应该归于熟语。但是插入语只能和核心句一起表意，不能单独表意。（司红霞，2009：66）那些和主句联系紧密的具有一定标记功能的成分我们这里不予考察。我们认为，这些用法上的差别也体现了说话人对程序意义的重视程度。廖秋忠（1992：62）认为，在语义连贯的篇章中，任何句子和段落之间都有语义上的联系。但是，并非所有的语义联系都有相应的语言表达式。也就是说，篇章中句子间、段落间的语义关系，有时候要靠话语标记来完成，有时候则不用。这就说明程序意义的表现也有一个程度问题。紧密连接后续语句的话语标记，实际上是说话人在表达概念间的程序意义时形式上的一种自然外漏，而不是说话人有意为之。在韵律上，则更倾向于弱化。

另外，我们也把那些用来表示时间概念的时间连接成分排除在外，如"当初"、"起初"等，因为这些词语不再只有程序意义，实际上它们表示时间概念，在概念包中起作用。在情态方面，虽然属于语用标记，但不隶属于话语标记。我们赞同冯光武（2004）的观点，因为"情"表示说话人在表达命题时表现出来的主观感情；"态"表示说话人对所述命题的态度。（温锁林，2001）表达说话人自身情态的成分都有主观性，具有概念意义，因此具有真假值，我们也不对这一部分进行考察，将评价性成分"令人开心的是"之类排除在外。

最后需要说明的是"口头禅"。"口头禅"是具有个人使用特色的"口头语"，是一种不自觉的言语行为，一种心理活动的外化。"口头禅"的形成也有一个过程，它是一个表达式从开始有意识的偶尔使用，经历冗余使用，到固化为随口表达进行话语联系顺接的结果。这样看来，"口头禅"应该是话语标记的一种。比如有的人说话常常带着的"我觉得"，表示的是一种发话时候说话角度的自然外漏；还有的人喜欢用"然后"叙述事情，增加了语篇之间的顺接关系。现实生活中，我们常听到有的人"……的话"连篇，甚至有的人"他妈的"挂嘴，都有一定程度的标记语篇功能，至少从大的语境上说，这样的"口头禅"标记了说话人本身，也可以说是一种话语标记。当然，"……的话"不会成为我们研究的对象，而"他妈的"估计不会出现在我们的语料之中。

2.2.3　话语标记的语体分类

欲分析语体系统，就要把握语体成分，也就是语体的语言特征，包括词汇、语法、韵律等。在人类使用语言交际过程中，先有语体概念，然后使用和语体相符的韵律节奏、词汇短语、句子结构乃至修辞模式和语篇类型，这也就是常说的"语体先行"。反之，对语言特征在数量上进行统计，发现语言单位使用频率上的差异，就是对比分析语体的物质基础。

袁晖、李熙宗（2005：18）将语体成分分为通用成分和专用成分。这个分法符合语体特征。他们认为，词语在语体中的分布并不完全相同，分布的固定化就使得词语带上了某种语体色彩，而又为另一种语体所排斥。通用成分是通用于大部分语体中的成分，一般不带有某个语体的特定色彩，在语言运用中频率较高。在词语方面，大部分基本词都是通用成分。专用成分是指专门用于某一语体的成分，与通用成分相比，占的比例较小。

但是，专用成分无疑是能代表语体个性的成分，是最能体现语体本质属性的成分，也是语体中最有活力的成分。因此，正是这些专用成分的语体色彩，才将不同语体区分开来。

人们说话写文章时使用话语标记，也是受语体控制的。选择什么样的话语标记，选择多少，都会受到先行于头脑中的语体的影响。那些长期在一种语体中使用的话语标记，总会打上该语体的烙印。此外，词汇系统的口语用、通用、书面语用的三分分类，对话语标记也是完全适用的。那些专门用于某一语体的话语标记，就是专用话语标记；而那些通用于各种语体的话语标记，就是通用话语标记。而话语标记的语体色彩以及话语标记的使用数量，都能体现语体特征，从而对判别语体类型提供参考。

我们的研究，就是要构建两个不同语体的语料库：一个是以新闻播报语料构成的独白形式语料库，属于书面语体；一个是以人物访谈语料构成的对话形式语料库，属于口语语体。然后我们从两个语料库中分别提取话语标记，观察这些话语标记使用上的特征。之所以选择这两种语料，主要是因为它们在语体和形式上的对立：口语语体对立于书面语体；对话形式对立于独白形式。

在上一章中我们分析了专家学者对话语标记的认识与分类，然后总结了话语标记八大特征，并尝试性地定义了话语标记，最后限定了研究范围。从我国学者的分类体系上看，由于采用的分类标准不同，所以结果也大相径庭。

冉永平（2000）按照在话语交际中的作用将话语标记分成了八类：(1)话题标记语，如"话又说回来"、"我想讲的是"；(2)话语来源标记语，如"众所周知"、"报纸上说"；(3)推理标记语，如"概括起来说"、"由此可见"；(4)换言标记与，如"换句话说"、"这样说吧"、"我的意思是"；(5)言说方式标记语，如"恕我直言"、"简而言之"、"严格地讲"；(6)对比标记语，如"不过"、"但是"；(7)评价性标记语，如"依我之见"、"幸运的是"；(8)言语行为标记语，如"我告诉你"、"你说实话"。

刘丽艳（2005）对话语标记分别从形式和功能上进行了分类。从形式上，她认为可以将话语标记划分为非词汇形式话语标记和词汇形式话语标记。这个划分主要的依据是，该类话语标记是否拥有原始词汇形式，即：是从其他词类中虚化而来的（词汇形式话语标记），还是本身就充当话语标记（非词汇形式话语标记）。非词汇形式的话语标记如"喂"、"嗨"、"哎"、"啊"、"嗯"、"哦"等；词汇形式的话语标记如"这个"、"那个"、"然后"、"那么"、"好"等。从功能上，她借用 Grice 的理论，将话语标记分为中心交际活动话语标记和非中心交际活动话语标记。前一类话语标记是通过对语境信息和认知结果的限制来进入语用推理，引导听话人对话语的理解，如"哦"、"是不是"、"对不对"等。后一类话语标记不涉及具体的交际内容，主要通过引导控制交际过程、标示听说双方交际状态来实现其功能，如"喂"、"嗨"、"就是说"等。

于海飞（2006）是从话轮角度对话语标记分类的：(1)话轮获得中的话语标记，包括首话轮获得（如"我说"、"好"）、接应话轮获得（如"是吧"、"我看"）、抢夺话轮（如"好了"、"不是"）三种；(2)话轮保持中的话语标记，包括话轮未结束语类（如"你知道"、"就是说"）、有声停顿类（如"嗯"、"呃"）、非疑问类三种（如"对吧"、"是吧"）；(3)话轮放弃中的话语标记（如"对不对"、"是不是"）。

安娜（2008）按照语用功能将话语标记分成了十二类：(1)表引领话题，如"我想说的是"（引入话题）、"这样吧"（延续话题）、"好了"（结束话题）；(2)表话语来源，如"听说"（使话语的命题内容更客观、减轻说话人对提供信息内容准确性的责任）；(3)表推理，如"可以说"（推理类）、"总而言之"（总结类）；(4)表解释或补充说明，如"换句话说"；(5)

表说话内容真实性，如"说实话"（直接表明说话人对命题内容的态度）、"说实在的"（缓和威胁面子的程度的元语用意识）；(6)表对比关系，如"事实上"、"实际上"；(7)表自我评价，如"在我看来"（标明后续信息仅是说话人的个人评价）、"一般来说"（反映说话人对其所提供的信息客观认知态度）；(8)提示听话人注意话语进程，如"你想想"（吸引听话人注意未知或未注意的信息）、"你知道"（提示听话人注意已知信息或普遍共知信息）；(9)表思维过程，如"嗯""这个"（延缓话语交际时间）、"就是"（标示信息短缺）；(10)表强调，如"别说"；(11)表应答，如"好"、"是"；(12)表求证，如"好不好"、"对不对"。

以往的研究，大都是建立在口语语料的基础上的。从前文的探讨中我们可以看出，这种分类方法对书面语体不太适合。我们拟选取新闻播报类独白形式的语料话语，很大程度上是一种由香农韦弗于1949年提出的"直线——单向"的传播模式，并非"双向循环"；也就是说，这种信息的传递，不需要也没办法当场得到听众或观众的反馈，交流只是一种让人明白发生了什么的独白宣告，因此没有对话上的应答式话语标记和求证式的话语标记。另一方面，新闻的准确性、权威性要求播报新闻的人不能掺杂个人感情、发表个人看法，因此会较少的使用感叹词语或者是疑问词语。再者，由于这类新闻内容都是事先编排好的，播音员也会事先熟悉新闻内容，因此，在播新闻的过程中，也不会有停顿、思索，估计标记思维过程的话语标记也不会出现在这类语体中。

对话形式的口语语体是互动交际的，具有即时随意性。互动交际中，就会有话轮的起承转合，有的时候还会出现话轮的抢断。即时随意性则使得说话人边思索边表达，有时甚至需要进行修改。因此，口语语体中，整个信息流的连接成分就有两种，一种用来连接话轮间的信息流，一种用来连接话轮内的信息流。话轮间的话语标记主要包括话轮起始话语标记、话轮转移话语标记、话轮承接（包括抢夺）话语标记。这些标记体现了语用与人际功能，也体现了跨话轮的语篇功能。话轮内的话语标记主要是说话人在得到话轮后组织表达思想概念所使用的那一类，包括表信息来源的话语标记、对整个信息进行评价的话语标记、表示认知思维过程的话语标记（比如犹豫等）、表示信息单元间的逻辑关系的话语标记（如先后、层次、因果等）、以及言说方式型话语标记，等等。

独白形式的书面语体实际是说话人对话语一种自控状态地言说。由于在心里上和真实世界中的空间距离较远的原因，这样的语体所使用的话语标记，就不会有话轮间使用的那些类型。当然，在说话人想从心里上拉近与听话人（具有虚拟和现实双重性）的距离时，说话人就会采用话轮间用话语标记。这样做的结果，就是造成语体偏离，使整个语体向口语语体靠近。书面语体由于交际的单向性，说话人必须注意自己表达的逻辑性——语义上的连贯，因此，表示信息单元间的逻辑关系的话语标记是必不可少的。书面语体语言要求信息可靠，所以也会使用表示信息来源的话语标记。独白书面语体的客观性要求说话人不能使用太多的言说方式型话语标记和对整个信息进行评价的话语标记。而表认知思维过程的话语标记则不应出现在本类语体中。

按照以上分析，我们对话语标记进行语体预分类，在分类体系中考虑三个层面：第一层是语体层面；第二层是位置层面，主要是考察三个位置；第三层是功能层面，也是划分标准不一的层面。这个划分如下：

话语标记
新闻独白语体用话语标记　访谈对话语体用话语标记
段落间用　句子间用　话轮内用　话轮间用
话语标记　话语标记　话语标记　话语标记

话题	话题	信息	概念	言说	信息	思维	话轮	话轮	话轮
顺接	变换	来源	关系	方式	评价	过程	开始	承接	受让
话语	话语	话语	话语	话语	话语	话语	话语	话语	话语
标记	标记	标记	标记	标记	标记	标记	标记	标记	标记

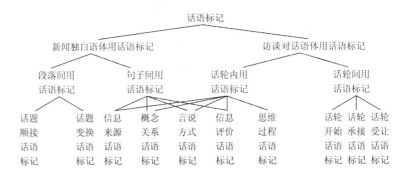

图 3.1　话语标记按语体预分类

可以看出，由于话语标记是功能类，所以在语体中的使用从类别上来说就会有交叉。另外，单独一个话轮和一个独白段落间有许多共性。实际上，如果口语对话中含有比较长的话轮，使用词语比较庄重，那么这种口语对话就会有书面语体色彩。因此我们认为，从理论上而言，口语语体和书面语体在话语标记使用的类别上应该是交叉的，或者是一种包含关系。

就个体话语标记而言，语体的差异也是非常明显的。表达同一功能的话语标记会有语体变体。例如：不用说——不消说、叫我说——依我说按你说——依您之见、这么说来——如此说来。

本章从语体定义到话语标记定义，限定了本书的话语标记研究范畴，并对话语标记从语体角度进行了预分类和关系预测。这为下一步研究奠定了理论基础。

第三章　语体语料库建设和话语标记提取

　　本章内容提要：构建语体语料库，从中提取限定的话语标记，是本章的主要内容。其中涉及到语料的选择、语料库的规模、提取话语标记的实验、最后话语标记集合的获得。

　　设定目标、大胆假设，只是整个研究的第一步。本章就是在理论研究和结果假设的基础上，开始展开具体的数据获取工作。

3.1　语料库的构建

3.1.1　语料的选取

　　从中国传媒大学国家语言资源监测与研究中心有声媒体语言分中心的有声媒体语言语料库中，提取部分语料，组成两个语体语料库，一个是新闻独白语体语料库；一个是访谈对话语体语料库。按照第二章的两条标准，选取栏目文本必须以中央电视台《新闻联播》和凤凰卫视《鲁豫有约》为样本来进行。

　　中国传媒大学王彬、王依然等人利用传媒语言语料库，采用定量分析与定性解释相结合的研究方法，对《新闻联播》节目进行了研究。他们随机选择了《新闻联播》节目的部分语料，去除其中的同期声等口语性强的部分语料，从词性、结构、句法和语义关系等四个方面对语料进行了机器标注和人工校对，并从词汇、句法、语义三个方面进行数据的提取和统计，并依据统计结果分析了《新闻联播》语言特征，得出的结论是《新闻联播》所使用的词语书面语色彩较浓，句子比较复杂，体现了严整性、庄重性与协调性的连贯统一，语义关系比较固定，是比较典型的书面语体。对于访谈对话，我们认为，虽然一些节目在录制之前谈话双面可能对某个或某些特定话题有所心理或先期资料上的准备，而且节目录制完后可能提供给观众的是经过再次加工的语言材料，但是，这类谈话毕竟是即时的，双方不可能准备好每一句话然后去说。在谈话时，双方更多的还是随想随说。而节目自身也带有娱乐性，语言自然就会诙谐幽默。因此，从任何角度而言，都是口语语体性质。当然，我们也不否认这些口语语料与陶虹印、刘娅琼（2010）所说的"自然口语"多少还有一些不同。毕竟大部分访谈对话节目还是要经过后期处理的。

有了上述标准，我们就可以辨别出，哪些语料应该用于我们的研究，哪些应该排除在遴选之外。如中央台的《海峡时评》，对应落在语体二维分类示意图的第二象限，虽然语言规范，但不属于独白形式，就会被淘汰掉；再如《马斌读报》，落在第四象限，虽然是新闻独白，但口语色彩浓，也被排除在外。具体如下：

访谈对话语体语料库：以凤凰卫视《鲁豫有约》的节目语料为样板，对其他节目从对话形式上加以把握，并参考节目中对话人身份。对一些书面语体色彩较浓的对话语料予以剔除，保存以备进一步处理。节目单及语料日期详见附录一。最后我们从 212 个栏目中获取了 5278 个语料文本文件，共计约 7150 万字。在本论文以后的论述中，如不特别说明，我们直接称该语体为口语语体，该语料库为口语语料库。

新闻独白语体语料库：以中央电视台《新闻联播》节目语料为样板，对其他电台、电视台的节目文本进行筛选，剔除那些采访、同期声较多而说话风格上靠近口头色彩的节目，以备进一步处理。节目单及对应节目日期详见附录二。我们从 68 个栏目中获取了 10800 个语料文本文件，共计约6070 万字。在本论文以后的论述中，如不特别说明，我们直接称该语体为书面语体，该语料库为书面语语料库。

按照袁晖和李熙宗《汉语语体概论》的观点，报道语体是以传播功能为标准区分出来的新闻语体的下位语体类型，是全民语言材料在新闻传播中产生的语言功能变体的一种，是新闻语体的主体部分。报道语体以记事为主，它主要承担向受众传播新近发生的重要事实的职责，主要告知受众"发生了什么"和"为什么会发生"。新闻报道中，不管是新闻联播，还是报纸摘要，虽然信息是用口头形式传播出来，但是，播音员在播音中不能随意发挥，更不能随意带上口头色彩。实际上，报道的内容从语言上而言，仍然是书面语体，也就是书面语的播报形式。

谈话语体各家观察的角度不同，说法不大一样。袁晖和李熙宗在《汉语语体概论》中认为，对话语体（即我们所说的谈话语体）是口语语体的下位，另一个分支是独白体。骆小所的《现代汉语》中则将谈话语体和口语语体划了等号。郑颐寿则将口头语体三分为谈话语体、讨论语体和讲演语体。黎运汉在《现代汉语语体修辞学》中，则将口语语体三分为日常谈话语体，演讲语体和实况广播体。我们认为，谈话语体和口语语体是语体划分上的不同层面。口语语体应该是口头色彩很浓的语体，而口语可能只是谈话语体的交际方式。当然，谈话语体还是要以口语为主要形式。

因此，我们选择这两种语料，就代表了这两种语体：报道语体和谈话语体。属于报道语体的新闻语料虽然是以口头的形式传达出来，但其基础还是书面语体，不会允许报道人随意发挥，更不会带有很浓的口头色彩；属于谈话语体的对话语料，不管是双人对话还是多人对话，亦或是和现场听（观）众直接交流，也不管是随意谈话还是专题谈话，其根本还是口语语体，口头色彩显著。可以说，我们选择的语料，代表了这两种语体，并能形成对立，对我们的研究能够起到有力的支撑。

3.1.2 语料的进一步处理

书面语语料库中，包含着大量的采访、同期声。这从形式上属于对话形式。因此需要对独白语料库进行过滤处理，去除对话内容。过滤所使用的是 UltraEdit（C）-v15.10.0 文本处理工具。

因为各个电台、电视台的新闻报道转写规则不太一样，需要针对每一年每一个栏目的语料进行抽样调查，观察他们的转写模式，尤其是文本中的采访对话同期声。由于每个电台在同一年的新闻转写中，采用的规则大体是一致的，因此按照年份对每组所选语料进行处理。比如中央电视台的 2002 年新闻联播语料，经观察发现，文本中的采访内容主要是采用［（某某人）："……"］这一形势。因此可以采用［："．＊？"］这一正则表达式对这部分内容进行过滤。有的电台、电视台的文本语料是采用加注的形式，比如《北京您早》，形式是［某某人：……］，并自成一段，话语间没有标点符号，因此也可以采取相应的办法进行处理。而我们要提取的话语标记是带有标点符号的，因此，实际上这部分内容不会干扰我们的提取精度。

正则表达式实际上也是一种形式化语言，通过极其简单的一行代码高效、精确的描述要匹配的复杂文本。搜索和替换文本是它的重要功能之一。

口语语料库选的节目在整个过程上都是对话形式的。在最初开头部分，虽然在形式上是主持人自己言说，但是实际上他所面对的是大量的现场观众。对于该口语语料库，我们也逐个栏目进行审查并且发现，大多数的文本转写都是采用"A：B"形式，其中"A"代表说话人，"B"代表说话内容。有些文本有解说内容，这些部分没有标点符号，所以可以过滤掉，而有的采用"解说:"模式，也可以清除。另外，有些栏目的内容转写采用了其他形式，需要单独处理。具体栏目名称、转写类型及处理方法举例如下：

2005年的《头脑风暴》转写的类型不是"A：B"形式。首先我们将形式替换，然后用正则表达式". * : \ r *. * \ n"进行并行，将说话内容放置到"："后边；2007年中央电视台的《健康之路》中的转写，采用"问"和"答"的形式，没有使用"："形式，所以为将来统一处理方便，将"："添加上。方法是将上述两种形式替换成"问:"和"答:"形式，等等。

经观察可以发现，这些对话节目的转写主要有三种情况要处理：一是话轮间没有换行，转写时各个话轮接续写在了一起；二是转写时说话者身份和说话内容写成了两行；三是有些是场外解说内容。同时，各种形式都有相应标记。除了2007年中央电视台的《中华医药：健康故事》采用的转写形式比较特殊、需要专门处理之外，其他的语料可以统一处理。经过几个步骤的处理，就可以得到两个符合要求的语料库，我们称它们为基本库，以区别于实验用的小型语料库。书面语语料库共计113，314KB，5.66千万字；口语语料库共计111，394KB，5.56千万字。从字数上看，两个语料库的规模非常接近。这将有利于我们以后的研究和计算。语料库整体情况如表3.1。

表3.1　语料库的构建及规模

语料库	代表性栏目	总栏目数	总文本数	初始总字数	过滤提取后总字数
书面语语料库	《新闻联播》	68	10800	6.07 千万字	5.66 千万字
口语语料库	《鲁豫有约》	212	5278	7.15 千万字	5.56 千万字

3.2　小规模实验②

3.2.1　实验语料库及话语标记判断准则

在建立了两个语体语料库后，本节就着手进行一个小规模实验。实验目的有三：一是验证思路的可行性，初步观察话语标记的语体特征；二是及早发现问题，比如语料选取或过滤不净的问题；三是建立话语标记提取模式，为下一步工作做准备。实验方法就是从上一章建立的语料库中随机提取十分之一语料，从中提取话语标记，分析其语体特性。

话语标记既然和主句之间有停顿，在书面上用标点符号标记，那么就可以采用两边标点符号的标志进行生语料的提取。提取主要是采用正则表达式进行匹配，然后参考话语标记定义和范围进行最后判定。

首先我们使用 UltraEdit 对语料中含有一字、二字、三字、四字、五字和六字串进行提取，构建四个分类语料库，然后进行进一步的处理，最后根据定义并参考本研究限定的范围确定话语标记。提取所使用的正则表达式是"（^∣：∣，∣∣？∣。∣；∣！）..（，∣。∣？∣！）"，这个表达式可以用来提取书面语体中的字串，对应的 Editplus 的正则表达式为"（：∣，∣∣。∣？∣！∣；∣：）....（，∣。∣？∣！）"。这是提取一个字单独使用的情况。而从口语语料库中提取字串，应该使用的正则表达式为"（：∣：∣，∣∣？∣。∣；∣！）..（，∣。∣？∣！）"。这主要是因为口语语料库中，语料形式都是"说话人：说话内容"。对于二字串、三字串和四字串，只需扩展中间的字节数量即可得到。

用同样的方法我们也对口语语料库进行话语标记的检索和提取，并将各个结果进行加工后导入到 excel 或 access 文本中进行观察和分析。运用话语标记定义和考察范围，最终选取确定两个语体使用的话语标记。

为了验证研究思路和提取方法的可行性，及时发现一些相关问题并提前进行解决，我们从基本库随机提取语料构建两个子语料库（每个语料库大约 500 万字），按照上节的设计方法进行话语标记的提取。

下面就本研究中实际选取话语标记时的原则标准举几个例子来说明。

---

② 本节内容参见：阚明刚. 话语标记的计量与自动过滤提取 ［J］. 计算机工程与应用，2012，12：19－23.

第一：表达程序意义的是话语标记；表达概念意义的不是话语标记。例如：

1）"还有一个难点"和"还有一点就是"

"还有一个难点"可以看成是一个概念包，并且可以认为有真假值；但是"还有一点就是"和"最后还有一点"或"还有最后一点"这类的，在说话中对话语的路标提示作用远大于概念作用。因此，后者才是本文研究的话语标记。

2）"刚才我说了"和"就是刚才说的"

"刚才我说了""你刚刚也讲过""你刚才也讲了"等等具有程序意义，它表达了一种话语上的前后关系；但是，它的概念意义在这里强于程序意义，我们可以用真假值去判断，并且可以将后续话语看成是它的内容。而"就是刚才说的"虽然也有概念意义，但是程序意义明显要强。它指明了后续话语的来源，是一种强调，拿掉不影响后句子的真值。因此，前者不是话语标记。

第二：用以接续语篇中的话题的，是话语标记；概念意义强的为非话语标记。例如：

3）"我想还有一点"和"另外还有一点"

"还有一点""另外还有一点"是标记话语的补充性内容的，它继承前言，接续后语，标记后续内容是前面内容的补充，但在后续话语的概念构建上不起作用，因此是话语标记。然而，"我想还有一点""我认为还有一点"是构成小句的内部成分，实际上，在构成中具有了很强的概念意义，这个概念意义就是它与动词"想"和"认为"共同构成的内容，因此不是话语标记。

4）"这是一个事情"和"这是一个"

"这是一个"和"这是一点"以及"这是一方面"是指代我们话语本身或者话语内容的，有总结功能，标记了话语的层次。而"这是一个事情"或"这是一个问题"是指称现实中实际的概念的，虽然也有总结意味，但是概念功能明显强于总结功能。因此前一种类型是话语标记，后一种类型不是话语标记。

第三：具有人际功能，显示自我感觉而不予以强调的是话语标记，否则为非。比如说：

5）"我认为是这样"和"我觉得是这样"

"我感觉是这样"、"我认为是这样"、"我是这样想的"、"我想是这样的"等表示的是一种概念上的意义，虽然有前指或后指的意味，但是概念功能强。而"我觉得是这样"则话语标记用法要强于概念功能。口语表达中"我觉得"做话语标记表达说话人的个人观点意味，其概念功能已经减弱，而"我感觉""我认为"等表达的是概念意义，虽然也标示了个人立场，但对概念的强调意味重。这点我们从口语韵律方面也可以体会的到。所以，"我觉得"类被认为是话语标记，而前面的几个都被排除在本研究的话语标记范围之外。

6）"但是对他而言"和"就我个人而言"

"但是对我而言""就我个人而言"表达了说话人的一种强调个人观点意味，人际功能很强，本身是说话人自我宣告；而"就你个人而言""但是对他而言"则主要表达概念功能，尤其是对第三方"他"的指代。所以本研究只选取了前者作为话语标记。

第四：语境构建中宣告话语来源并指向交际双方的是话语标记；指向第三方，概念意义很强的不是话语标记。例如：

7）"用南方话讲"和"用我的话讲"

"用我的话讲""用我的字眼讲"实际上是表达说话人的一种发话出发点，表示后边的话语是一种个人看法，语用意义明显强于概念意义。而"用南方话讲"则表达了后续话语的表达方式是南方话，本身概念意义用法明晰。因此前者我们看成是话语标记，而后者则不是。

第五：反映思维过程，提请对方注意的为话语标记；用来问话追询的不是话语标记。比如：

8）"你知道吗"

像"你知道吗"是有条件限制的，如果后边是逗号，或者是句号，不是问号，那么就是话语标记用法。因为这样使用主要是说话人要引出后面的话语，提请对方注意，而不是真正的要问对方，更不需要对方针对性的回答。举一个例子：

（1）余：做工人的话起码就是你看见的是一个车间啊，那比嘴巴大多了呀，**是吧**。所以当时我其实最想做的是工人，但是我父亲，一是我个人没有选择工作的权利，第二是我父亲要让我去做医生，他还要开一些后门啊类似这样的，他还要帮我去跑各种关系，那个时候已经是文革结束了，那个是78年的时候，我是做了，因为我考了两次大学都没有考上，所以我只能去拔牙了，**你知道吗**。

第六：不但做句子成分，而且参与句子命题的，不是话语标记。例如：

9）"就这一话题呢"

"就这一话题呢"，可以看成是主句命题意义的一个成分，表示命题意义的范围。当然，程序意义也是有的。本研究不把它看成话语标记。

3.2.2　实验提取的话语标记

经过对每一个提取出来的串进行判断，最后得到两个集合：一个是书面语体用话语标记集；一个是口语语体用话语标记集。

书面语体用话语标记（共 161 个）：

一　二　三　四　五　六

本来　比如　不过　此外　但是　当然　的确　第八　第二　第六
第七　第三　第四　第五　第一　而且　二是　否则　果然　接着　结果
据查　据称　据说　据悉　看来　可是　况且　例如　另外　另悉　那么
譬如　其次　其实　然而　然后　三是　试想　首先　随后　所以　同样
为此　下面　一是　因此　于是　原来　这不　总之　最后

报道称　报道说　报告说　比方说　比如讲　比如说　但毕竟　但据
悉　但同时　第二步　第二点　第一步　第一点　对不对　对对对　反过
来　更何况　讲话称　就是说　就这样　据报道　据测算　据分析　据估
计　据估算　据记载　据介绍　据了解　具体说　据调查　据通报　据统
计　据透露　据预测　据预计　可哪知　可以说　另外呢　那就是　如果
说　实际上　是不是　事实上　说到底　俗话说　像这样　一方面　有人
说　这样呢　总的看

按说这下　不仅如此　不同的是　除此之外　但总的看　对他来讲
对我来说　对于这点　而据统计　反之亦然　更有甚者　还要看到　简单
地说　尽管如此　就是这样　可没料到　可没想到　可以看出　另据报道
另外一个　另一方面　没成想呢　你比如说　请看报道　如此种种　说老
实话　所有这些　唯其如此　无独有偶　也就是说　一般来讲　一般来说
由此可见　有报道说　有消息说　这还不算　这就是说　这是因为　这样
的话　这样一来　这意味着　总的来看　总体而言

比如说您看　打个比方说　可以这样说　那么我觉得　用他的话说

在此情况下　在这一点上　这就意味着　正因为如此

但从总体上看
口语语体用话语标记（共925个）：

来　哦　喂　嗨　好　嗯　诶　对　啊　哎　奥　行
比如　比说　不过　不然　不是　此外　但是　当然　的确　第二
第三　第四　第一　对啊　对吧　对的　对对　对了　对呀　而且　反正
否则　感觉　果然　还是　还有　好啊　好吧　好的　好了　或者　觉得
就是　据说　看看　看来　可是　来来　例如　另外　那个　那还　那好
那么　你看　你想　您看　您想　其次　其实　确实　然而　然后　是吧
所以　为此　相反　因此　这个

按说是　比方说　比如说　不对呀　不过呢　不是吗　不过是　此外
呢　但是呢　但是说　当然啦　当然了　当然呢　倒过来　等于是　第二
步　第二点　第二个　第二呢　第三个　第四个　第一点　第一个　第一
呢　第一条　对吧　对不对　对对对　对没错　而且呢　而是说　二方面
反而是　反过来　更何况　管它的　管他呢　好比说　好好好　换句话或
者是　或者说　假如呢　简单说　接下来　结果呢　就是说　就说是就这
样　据报道　据了解　据说啊　看起来　看上去　可是呢　可以说来来来
老实讲　老实说　类似于　例如说　另外说　另一个　那好吧　那好啦那
好了　那么好　那么就　那真是　那只是　你别说　你说说　你想啊　你
想吧　你想想　你像我　你知道　您看啊　譬如说　其实啊　其实呢　然
后就　然后呢　如果说　实际上　是不是　是那样　事实上　是因为　首
先呢　说到底　说起来　说实话　说实在　说我吧　说真的　所以呢　所
以说　他那个　同时呢　同样的　我敢讲　我感觉　我告你　我觉得　我
们讲　我们说　我说你　我要说　现在看　像什么　相应的　要不然　要
这样　一般讲　一方面　一个是　一句话　意思是　因此呢应当说　应该
讲　应该是　应该说　有人说　有这个　又比如　与其说　再说了　再一
点　再一个　怎样讲　这第一　这恐怕　这是一　这样的　这样讲　这样
呢　这样子　之之外　真的是　真是的　知道吧　知道吗　总觉得

比较而言　比如说吧　并不是说　不过真的　不仅如此　不然的话
从我来说　打个比方　大家知道　但第二个　但接下来　但实际上　但事

48

实上　但是同时　但是相反　第二方面　第二个呢　第三还有　第三句话
第一方面　对不对啊　对不对啦　对不对呢　对你来讲　对您来说　对我
来讲　对我来说　而事实上　反过来说　反正就是　反之亦然　否则的话
个人来讲　跟你们说　根我所知　果不其然　还有一点　还有一个　换句
话说　回过头来　或者什么　或者是说　简单来讲　简而言之　讲老实话
接下来呢　就等于说　就您来说　就是如此　就是什么　就是一点　就是
这样　就这样的　就这样子　举个例子　具体地说　具体来说　据我所知
据我知道　可是你看　可以这样　另外还有　另外来讲　另外一个　另一
方面　另一句话　那等于说　那换句话　那接下来　那就是说　那么当然
那么的话　那么第二　那么显然　那实际上　那说实话　那样的话　你比
方说　你比如说　你如果说　你说是吧　你说对吧　你这样吧你知道吧
你知道吗　您听我说　岂止如此　恰恰相反　确确实实　确实如此　确实
这样　然后那个　然后就是　如何如何　实话实说　实际上呢　是不是啊
是不是啦　是这样的　是这样子　首先来讲　说老实话　说实在的　说实
在话　说心里话　所以的话　所以你看　所以我看　所以我说　它等于说
它就是说　它是这样　通常来说　同时来讲　我刚才讲　我刚才说　我刚
讲过　我告诉你　我跟你讲　我跟你说　我觉得哎　我觉得啦　我觉得呢
我就觉得　我就是说　我举例子　我可以说　我们知道　我想的话　无独
有偶　相对而言　相对来讲　相对来说　像您讲了　像您说的　严格地讲
严格来讲　要是我说　也就是说　也可以说　也应该说　一般来讲　一般
来说　因此的话　应该来讲　应该来说　应该说是　由此可见　尤其是说
有消息说　与此同时　在我看来　再一个呢　再有一点　再有一个　怎么
说呢　长话短说　这么说吧　这是第一　这是一点　这是一个　这样的话
这样说吧　这样下来　这样一来　整体来讲　正是这样　只是说呢　诸如
此类　准确地说　准确来讲　总的来讲　总的来说　总而言之　总体来说
作个比方

　　按常理来讲　按道理来说　按你的说法　按您的说法　不管怎么讲
不管怎么说　不管怎么样　不过我觉得　不仅是如此　不客气一点　不如
这样吧　从这点来看　从这点上看　从这点上说　打个比方说　大伙儿知
道　大家都知道　大家也知道　大致是这样　但从总的讲　但另一方面
但实际上啊　但是对我讲　但是反过来　但是接下来　但是结果呢　但是
就觉得　但是就是说　但是可以说　但是其实呢　但是实际上　但是事实

上　但是说实话　但是我觉得　但是我就说　但是我要说　但是有一点
但是怎么讲　但是只不过　但怎么说呢　但总的来说　当然我觉得　当然
我们说　当然一方面　倒不是别的　第二层意思　第二个的话　第二个方
面　第二个就是　第二个来讲　第二就是说　第一个方面　对于我来说
对于这一点　对这点来说　而另外一个　而另一方面　而且就是说　而且
说实话　而且坦白讲　而且怎么说　而相对来讲　反正好家伙　反正我觉
得　概括起来说　个人谈一点　还是那句话　还有就是说　还有一方面
好像就是说　很简单地讲　很简单地说　换个角度说　换句话来说　换句
话说吧　换句话说呢　换句话再说　换一句话说　回过头来说　或者就是
说　或者什么啊　或者怎么样　基本上来讲　基本上来说　简单地来讲
简单的来说　简要的来说　尽管是这样　就个人来讲　就是比方说　就是
那样的　就是你觉得　就是什么呢　就是说第二　就是说这个　就是说那
个　就是这样的　就是这样子　就这个意思　就这样子的　举一个例子
据我所知道　看来是这样　可是第一个　可以这么讲　可以这么说　可以
这样讲　可以这样说　客观上来讲　理论上来讲　另外就是说　另外提一
下　另外我觉得　另外一方面　另一个方面　那对你来说　那对您来说
那换句话说　那举例来讲　那具体地说　那么比如说　那么当然了　那么
第二点　那么第二个　那么第二呢　那么还有呢　那么就是说　那么据说
呢　那么另外呢　那么我们说　那么你知道　那么其实呢　那么实际上
那么所以呢　那么应该说　那么这一点　那实际上呢　那我觉得说　那我
就问你　那我们知道　那我想这样　那也就是说　那这样的话　你比如说
吧　你比如首先　你看你说的　你可要知道　你们都知道　你们知道了
你说是不是　您看您自己　您可以这样　您说到这儿　其实按理说　其实
就是说　其实呢这个　其实是这样　其实我觉得　其实我就说　其实我们
说　其实应该说　其实怎么说　其实怎样说　其中就是说　然后还有呢
然后就是说　然后另外呢　然后我觉得　实话实说啊　实际就是说　实际
上来讲　实实在在讲　实事求是讲　是这个情况　是这个意思　是这么回
事　是这样的吧　是这样子的　首先第一个　首先第一条　首先就是说
顺便说一句　顺便说一下　顺便提一下　说不好听点　说到这儿了　说到
这儿呢　说句实在话　说句心里话　说实在一点　所以的话呢　所以换言
之　所以就是说　所以事实上　所以我觉得　所以我们讲　所以我们说
所以严格说　所以应该说　它是这样的　谈到这一点　通常这么说　同样

反过来　退一步来说　退一万步说　我不瞒您讲　我插一句话　我的意思说　我告诉你啊　我告诉你们　我告诉你说　我个人觉得　我跟你们讲我跟您说呀　我还有一点　我很坦白讲　我简单地说　我讲实在的　我觉得就是　我觉得就说　我觉得首先　我觉得这样　我就觉得啊　我就觉得呢　我举个例子　我举一个例　我们是这样　我们要知道　我们也知道我们应该讲　我们这么说　我们这样讲　我们知道呢　我是觉得说　我是这么讲　我想是这样　我想说一点　我想应该说　下一个话题　下一个问题　相比较而言　像打个比方　像我们说呢　严格的说啊　严格讲起来严格说起来　要不然这样　也就是什么　也就是说呢　一般的来讲　一般的来说　一般地来说　一个就是说　因此我觉得　应该可以说　应该是这样　应该这么说　应该这样讲　应该这样说　用我的话说　与此同时呢再补充一句　在另一方面　再换个角度　再退一步说　再一个的话　再一个就是　咱们这样吧　这个第一呢　这个就是说　这个怎么说　这是第二点　这是第一点　这是第一个　这是一方面　这是这样的　这样的话呢这样讲好了　这样就是说　这样去看吧　这样子的话　这就意味着　之所以如此　诸如此类的　总的来说吧　总之一句话　最后我就讲

　　按我个人来讲　按照常规来说　不过对我来讲　不过说到这儿　除了这个以外　除了这个之外　除了这些以外　从另一角度讲　从某种角度说

　　从某种意义讲　从我个人来讲　大家一定知道　但不管怎么说　但对我们来说　但即使是这样　但另外一方面　但是除此之外　但是对我来说但是还有一个　但是话说回来　但是即便如此　但是即使如此　但是据我所知　但是另外一点　但是另一方面　但是你别忘了　但是确确实实　但是虽然这样　但是坦率地说　但是我告诉你　但是我告诉您　但是我跟您说　但是我就觉得　但是我们觉得　但是我们知道　但是相反地讲　但是也就是说　但是一般来讲　但是一般来说　但是怎么说呢　但是这样的话但是这样说来　但是总的来看　但是总体来看　但是总体来说　当然总的来说　的的确确如此　的确是这样的　等等这些方面　第二方面来讲　第二个就是说　第一个就是说　对我个人而言　对我个人来讲　对于我们来讲　对于我们来说　而且还有一点　而且还有一个　而且另一方面　而且说实在话　而且我觉得呢　而且我们知道　而且也可以讲　而且怎么说呢反过来我们讲　反正我是觉得　根据我的了解　故事紧接昨天　还有一点就是　还有最后一点　毫不夸张地说　很客观地来说　话得这么说了　话

是这么说吧　话又说回来了　或者换句话说　或者说怎么样　或者怎么样
的　或者怎么样子　既然这样的话　结果这样的话　借用一句话说　就是
刚才说的　就是刚刚说的　就是说什么呢　就是像您说的　就是通俗地讲
就是诸如此类　就我个人来讲　就像刚才说的　就像古话说的　就像你所
讲的　举个例子来讲　举个例子来说　据我所知的话　可是对我来讲　可
是对我来说　可是反过来讲　可是即使如此　可是你要知道　可是我告诉
你　可以说是这样　另外还有一点　另外还有一条　另外一点就是　另外
一方面呢　另外一个方面　另外一个就是　另外再有一个　那当然你知道
那回过头来说　那么除此之外　那么第二个呢　那么对我来讲　那么对我
来说　那么换句话说　那么具体来说　那么具体说来　那么另外一个　那
么我们知道　那么也就是说　那么一般来说　那么再有一个　那么这就是
说　那么这是一个　那么这样的话　那其实我知道　那如您所说的　那所
以呢其实　那我们都知道　那我们也知道　那我们这样吧　那这种情况下
其实对我来说　其实反过来说　其实就是这样　其实你知道吗　其实我跟
你讲　其实我觉得吧　其实我们知道　其实怎么说呢　其实这就是说　其
实这么说吧　恰好相对来说　情况是这样的　确实是这样的　然而除此之
外　然后第二个呢　然后你知道吗　然后怎么说呢　如此看来的话　如果
简单来讲　如果这样的话　实际上就是说　实际上来说呢　实际上是这样
实际上我们讲　实事求是地讲　实事求是来讲　是这么个情况　首先一个
方面　所以比较起来　所以对我来说　所以对我来讲　所以换句话说　所
以简单来讲　所以就变成说　所以就是这样　所以我觉得呢　所以我觉得
说　所以我就觉得　所以怎么说呢　所以这是一个　所以这样的话　所以
这样子呢　所以整体来讲　所以总的来讲　同时还有一点　同时还有一个
我打一个比方　我的意思是说　我跟你说实话　我跟您讲一点　我和你这
么说　我很客观地讲　我很坦白的说　我很坦诚的讲　我很坦诚地说　我
换句话来说　我简单说一下　我觉得按理说　我觉得比如说　我觉得就是
说　我觉得实际上　我觉得是那样　我觉得是这样　我觉得说起来　我还
是那句话　我觉得说实话　我觉得一句话　我觉得应该说　我举一个例子
　我可以这么说　我可以这样讲　我可以这样说　我们概括地说　我们简
单来说　我们节目最后　我们就觉得说　我们退一步讲　我们一般来讲
我实话告诉你　我想是这样的　我想总的来讲　我要先说一下　我要指出
一点　像刚才你说的　像你刚才讲的　严格意义上讲　也正因为如此　一

般来讲的话　一个方面来讲　以我个人而言　应该是这么说　应该是这样的　用我的字眼讲　再举一个例子　再一个就是说　再有一个就是　在另外一方面　咱们还说回来　咱们实话实说　咱们这么说吧　这个话怎么讲　这个是这样的　这个我插一句　这话我说一下　这么来看的话　这是第一句话　这是一个方面　这是一个说法　这样总的来说　总之就一句话　总之呢就是说　最后说一句话

3.2.3　几个性质的发现

经过这种拉网式搜索，本文发现话语标记具有几个前人很少论及的性质。

首先，话语标记具有创造性。很多话语标记都是临时组合或者是在原本具有的概念意义上延伸出来的用法，比如"就是说"这个话语标记，它的组合能力是极强的，我们自己可以创造出像"这样总的来说就是说""在另外一方面就是说"等等。

其次，话语标记具有开放性。它是一个开放的集合，具有组合上的无限性。

再次，话语标记具有多样性。一个话语标记会有很多变体，比如："好""很好""好吧""好的""那好""好啦""那好吧"……；再如"你说""你看""你瞧""您瞧""你看看""你说说""你说你""你看你""你看看你"……。

另外，话语标记具有模糊性。因为话语标记是有意义的，至少是有程序意义的，而且程序意义相对来说比较明晰。但有的话语标记具有一定的概念意义，在做话语标记使用时，很难说跟命题意义或者概念意义没有一点关系，比如"简而言之"或"总而言之"之类，在表达程序意义的同时也表达了一种概念意义，即"把前面的内容用简单的话语表述"这个概念。更何况，有些话语标记是从表达命题意义的词汇、短语或句子主观化而来，如"你看你"，这本身也有一个程度问题。

最后，话语标记具有多功能性。执行同一功能可以选用不同的话语标记形式，同一话语标记在不同场合具具不同的语用功能。话语标记和语用功能之间不是一对一的关系，也不是一对多的关系，而是一种多对多的关系。比如，"嗯"和"怎么说呢"都是表示思维过程的话语标记；"嗯"

自身既可以表示思维过程，也可以表示一种应声功能。

虽然话语标记具有上述共性，但是语体差异还是影响了它的使用。从上面的书面语体使用的话语标记和口语语体使用的话语标记可知，两者之间种类数量也相差很多，而且两者之间是有交叉的。就目前的实验来看，两种语体都有自己的专用话语标记。因此，话语标记在语体中的表现，大致如上一章中所预测的那样，是一种交叉关系。

3.2.4 数据分析

为了能进一步看清话语标记在不同语体中的表现，并能对进一步的研究提供数据和佐证，我们对两种语体使用的话语标记进行了统计，数据如下：

表 3.2　实验中话语标记种类数量和实例数量

话语标记长度	口语语体用话语标记		书面语体用话语标记	
	种数	例数	种数	例数
一字	12	480	6	498
二字	59	501	52	1741
三字	145	707	50	688
四字	176	603	43	140
五字	287	501	9	11
六字	246	350	1	1
合计	925	3144	161	3079

其中，种数是指话语标记种类数量，本研究中，只要话语标记形式上稍有不同，就将它们看成两种不同的话语标记；例数是指话语标记使用的次数即实例数量。这两个术语在本文中若不做特殊说明皆指此义。进一步对数据计算得到各种话语标记使用集合：

表 3.3　实验中话语标记集合与使用密度

话语标记总类	口语专用		书面专用		共用		两种语体话语标记使用密度	
	种数	比例	种数	比例	种数	比例	口语语体	书面语体
1018	857	84%	93	9%	68	7%	6.288(个/万字)	6.158(个/万字)

从表 4.1 中可以看到，口语语体中使用的话语标记种数远远高于书面语体用的种数，是书面语体用话语标记的近 6 倍。这一点符合专家学者的

直觉：即使是书面语体中有话语标记，也好像从口语语体中拿来使用的。但是，话语标记在使用的实例数量上却非常的接近。表 4.2 中极其相近的话语标记使用密度也反映了这一点。另外，两种语体共用的话语标记只占口语语体用话语标记的一小部分（68/925），相对于书面语体用话语标记而言，也只占总数的五分之二强（68/161）。

表 4.3 和表 4.4 是两个小规模语料库中各个字串的总数和话语标记种数与例数的汇总表：

表 3.4 实验口语语体中字串总数与话语标记用量

	一字串	二字串	三字串	四字串	五字串	六字串	七字串
字串总数	4077	7262	9605	14176	16591	19105	32717
话语标记种	12	50	145	176	287	246	?
话语标记例	480	501	707	603	501	350	?

表 3.5 实验书面语体中字串总数与话语标记用量

	一字串	二字串	三字串	四字串	五字串	六字串	七字串
字串总数	119	6881	5197	11215	9573	11484	10367
话语标记种	6	52	50	43	9	1	?
话语标记例	498	1741	688	140	11	1	?

这两个表格说明，话语标记的种数和例数并不和字串总数成比例增长。就口语语体而言，字串总数成递增趋势，而话语标记种数五字串以前趋势相同，但到六字串开始回落，实例数量近似正态分布，六字串也开始回落。就书面语体而言，从二字串开始，话语标记的种数和例数就开始回落，而总字串数在四字上达到高峰，然后趋平。虽然两种语体在总字串的走势和话语标记使用情况上存在差异，但有一点是相同的，即：随着字串的增长，话语标记开始减少。我们预测，七字串上的话语标记会更少。

3.2.5 实验结论

总结以上研究，我们得到以下初步结论：

第一：话语标记不是口语语体中单独存在的现象，在其他语体中也有一定数量存在；

第二：口语语体中话语标记的种类数量远多于书面语体中话语标记的种类数量；

第三：两种语体中话语标记的使用存在着交集，这个交集的数量，小于各个语体单独使用的话语标记数量；

第四：两种语体用话语标记在种类上，粗略地看可知，书面语体中表示言说方式的比较多，口语语体中表示概念意义出发点的比较多；

第五：在口语语体中，话语标记在使用种类上以四字串、五字串和六字串为最多，例数上以三字串和四字串最高；书面语体中，话语标记在使用种类上，以二字串、三字串和四字串最多，例数上则以二字串最高，其次为一字串和三字串；

第六：从话语标记占字串总比来看，字串总数持续上升，而话语标记并没有随之上升。访谈对话语体中的话语标记在五字串上达到顶峰，六字串上开始回落；新闻独白语体中，四字串就开始减少，六字串上几乎没有。

因此，这个实验证明了最初假设，并证明了研究构想具有可行性。

当然，依然存在一些问题。

一是我们对语料的处理是一个一个栏目、有的甚至是一个一个文件进行的，所以，可能在统一使用中，还是存在编码上的区别，这就会干扰自动提取的精度。另外，由于转写人员转写中的不规范，或者各个转写人员采用的标准不一样，因此，对书面语体语料库的处理还是不能达到100%的净化。这需要我们进一步提高整个语料库的纯度。

二是由于语言在使用上具有模糊性，具有概念意义的词语在用作程序化意义上具有模棱两可性，或者说存在中间状态，这就使得在判断话语标记时具有主观色彩。因此，需要进一步对所提取出的和待提取的准话语标记进行斟酌。

三是纯人工判断效率极低，急需研究合适的软件进行机助过滤提取，以便缩小判断范围，减少工作量。长字串上分布的话语标记较少，而总字串数却大幅增加，如果还是以现在的手段进行进一步研究，很难完成整个课题研究。另外，小规模的实验已经需要大量工作，在整个语料库中提取话语标记也要求采用新的手段和方法。这是本实验只把话语标记提取到六字串的另一个原因。

3.3　提取方法研究

上一节的实验验证了设想的可行性，本节就在实验的基础上对大规模语料库进行处理，过滤提取话语标记。

3.3.1　提取步骤

通过前面的试验，我们已经获得了一个小型语料库基础上两种语体使用的话语标记集合，采用的手段是机助人工形式。这些话语标记可以直接拿来使用，作为下一步研究的出发点。但是，由于试验中的两个语料库规模只有基本库的十分之一，所以从理论上而言，话语标记在种类上会有所增加。当然，数量上的差异是毋庸讳言的。

那么，对已经获得的话语标记，就可以直接从基本库中对它们进行提取，得到它们的使用实例。而那些试验中没有获得的话语标记则需要进一步提取。由于基本库规模庞大，采用和实验相同的方法就不大可行。因此，我们采用机器自动获取候选集、对候选项进行过滤的方法，尽量缩小人工查找范围。整个过滤提取过程大致经过下面四个步骤：

第一步，获得各个字串的总数据库；

第二步，过滤掉已定话语标记；

第三步，利用话语标记的各种特征（用字用词），过滤掉那些不可能是话语标记的项；

第四步，人工甄别，获取后补话语标记。

3.3.2　话语标记特征分析

话语标记的用字用词特征：从话语标记的构成和特性可知，就词类上说，话语标记应该是以连词、副词、代词、形容词为主，名词很少使用，动词也不多。从短语上看，数量短语最多。

用字特征：

（1）首字：对试验中得到的 1018 个话语标记，我们编制程序提取出首字，然后去重，得到首字表（146 个）。这些首字包含一字串的话语标记。

String 首字 = "｜啊｜哎｜奥｜对｜二｜好｜来｜六｜哦｜三｜四｜喂｜五｜行｜一｜诶｜嗯｜嗨｜本｜比｜不｜此｜但｜当｜的｜第｜而｜反｜否｜感｜果｜还｜或｜接｜结｜就｜据｜觉｜看｜可｜况｜例｜另｜那｜你｜您｜譬｜其｜确｜然｜是｜试｜首｜随｜所｜同｜为｜下｜相｜因｜于｜原｜这｜总｜最｜按｜报｜倒｜等｜更｜管｜换｜假｜简｜讲｜

具｜老｜类｜如｜实｜事｜说｜俗｜他｜我｜现｜像｜要｜意｜应｜有｜
又｜与｜再｜怎｜真｜知｜并｜长｜除｜从｜打｜大｜个｜根｜跟｜回｜
尽｜举｜没｜岂｜恰｜请｜它｜通｜唯｜无｜严｜也｜尤｜由｜在｜整｜
正｜只｜诸｜准｜作｜概｜很｜基｜客｜理｜顺｜谈｜退｜用｜咱｜之｜
故｜毫｜话｜既｜借｜情｜以｜"；

（2）非用字：通过观察还可以发现，在所有的话语标记中，字串内部都不含有数字、字母、标识符等内容，因此可以将含有这些成分的字串过滤掉：

String NotDM = "123456789012345678901abcdefghijklmnopqrstuvwxyzABCD EFGHIJKLMNOPQRSTUVWXYZ""（）（）《》/\\"；

（3）常用字：对所使用的全部字统计观察，可以得到整体用字特征：由于话语标记常涉及到讲话方式、讲话对象等，所以包含一些说讲的动词。在已经获得的话语标记中，含"说"的有299个，含"讲"的104个，含"话"的有79个，含"告诉"的有9个，含"言"的有8个。总共加起来，499个，约占所有话语标记的50%。这也为提取话语标记提供了一些线索。

String 常用字 = "｜讲｜言｜说｜话｜告诉｜"；

用词特征：

在进一步使用 UCUbst 对所有找到的话语标记进行分词后，首先提取出首词并去重，最后得到首词表（258个）。这些首词也包含一字串构成的话语标记。

String 首词 = "｜啊｜哎｜按｜按说｜按照｜奥｜报道｜报告｜本来｜比｜比方说｜比较｜比如｜比如说｜并｜不｜不对｜不管｜不过｜不仅｜不仅如此｜不然｜不如｜不同｜长话短说｜除此之外｜除了｜此外｜从｜打个比方｜大伙儿｜大家｜大致｜但｜但是｜当然｜倒｜的的确确｜的确｜等等｜等于｜第八｜第二｜第六｜第七｜第三｜第四｜第五｜第一｜第一点｜对｜对于｜而｜而且｜二｜反而｜反过来｜反过来说｜反正｜反之亦然｜否则｜概括｜感觉｜个人｜根｜根据｜跟｜更｜故事｜管｜果不其然｜果然｜毫不｜好｜好比｜好像｜很｜话｜还｜还是｜换｜换句话说｜回｜或者｜基本上｜既然｜假如｜简单｜简而言之｜简要｜讲｜讲话｜接下来｜接着｜结果｜借用｜尽管｜就｜就是说｜举｜据｜据称｜据说｜据悉｜具体｜具体地说｜觉得｜看｜看看｜看来｜可｜可是｜可以｜客观

｜况且｜来｜来来｜老实｜类似｜理论｜例如｜另｜另外｜另一方面｜六｜没成想｜那｜那个｜那么｜那样｜你｜你们｜您｜哦｜譬如｜譬如说｜其次｜其实｜其中｜岂止｜恰好｜恰恰相反｜情况｜请｜确确实实｜确实｜然而｜然后｜如此｜如果｜如何｜三｜实话实说｜实际｜实际上｜实实在在｜实事求是｜事实上｜是｜是不是｜试想｜首先｜顺便｜说｜说到底｜说实在的｜说真的｜四｜俗话说｜随后｜所以｜所以说｜所有｜他｜它｜谈到｜通常｜同时｜同样｜退｜唯｜为｜喂｜我｜我们｜无独有偶｜五｜下｜下面｜现在｜相｜相对｜相对而言｜相反｜相应｜像｜行｜严格｜要｜要不然｜要是｜也｜也就是说｜一｜一般｜一般来讲｜一般来说｜一方面｜一个｜以｜意思｜因此｜应当｜应该｜用｜尤其｜由此可见｜有｜又｜于是｜与此同时｜与其｜原来｜再｜再说｜在｜咱们｜怎么｜怎样｜这｜这个｜这就是说｜这么｜这样｜这样子｜真｜真是｜整体｜正｜正是｜知道｜之所以｜只是｜诸如此类｜准确｜总｜总的来讲｜总的来看｜总的来说｜总而言之｜总体｜总体来说｜总之｜最后｜作｜诶｜嗯｜嗨｜"；

对比首字和首词可以看出，有些首字只对应某个专门的首词，即该首字是从唯一一个首词中截取出来的，因此可以直接提取该首词开头的串。这些首字首词对应对有：

本——本来；长——长话短说；此——此外；打——打个比方；当——当然；

否——否则；概——概括；感——感觉；个——个人；故——故事；毫——毫不；

或——或者；基——基本；既——既然；假——假如；结——结果；尽——尽管；

具——具体；觉——觉得；客——客观；况——况且；老——老实；类——类似；

理——理论；例——例如；没——没成想；譬——譬如；岂——岂止；

情——情况；首——首先；顺——顺便；俗——俗话说；通——通常；

无——无独有偶；现——现在；严——严格；意——意思；因——因此；

尤——尤其；于——于是；原——原来；咱——咱们；知——知道；

准——准确；

最——最后；诸——诸如；

这样，如果证明这些首字开头的话语标记仍然是以这些首词开头，就可以进一步缩小检查范围。

进一步比较首字和首词，可以看到，有的单字就是单词，而且只是以单字形式构成话语标记，因此我们不再把这些单字作为头字，而直接检索这些单字即可。这些单字有：

啊，哎，奥，来，六，哦，四，喂，五，行，唉，嗯，嗨

3.3.3 提取程序编制

根据对实验中获取的话语标记特征分析，我们使用 CJHJ 语言编程，对两个实验语料库中的七字串进行提取过滤，算法见下页的图 3.1。

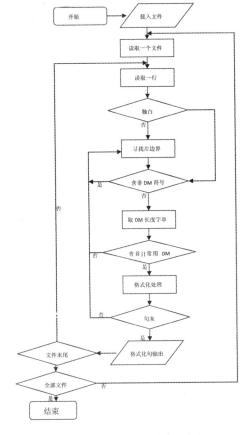

图 3.1 话语标记提取过滤流程图

　　首先，在正式处理文本之前要声明是独白还是对话文本。这是因为在本研究所构建的语料库中，文本形式是不一样的。独白语料过滤后没有发话人，都是整段的独白话语；而对话形式的语料过滤提取后都是"某某某：……"这样的形式，一个话轮紧接着一个话轮。这就要求在对内容的第一个字串进行判断时采取不同的手段，即对话内容要越过说话人名字或身份等信息开始进行过滤提取，而对独白形式语料必须从一个句子的首字开始判定的。

　　在提取过滤过程中，程序考虑了各种情况：首字是否匹配；备选话语标记的长度内是否含有非话语标记字符；字串是否超过长度；甚至是否有错误等等。

　　另外，在格式上我们也进行了变通，主要目的是为了在以 Excel 或 Access 文件存储包含备选话语标记的使用实例的时候，比较整齐划一。主要做了两点：一是对独白中存在的第一个字串就是备选话语标记的，前边加了"&"号；一个是在任意一个备选话语标记后，添加了跟随其后的标点符号，这样可以将紧邻的两个备选话语标记隔开，在形式上统一分配到 Excel 或 Access 中的一个列当中。

3.3.4　提取结果与可行性分析

　　编制好过滤提取程序后运行该程序，过滤提取七字串，并对过滤后备选字串人工判断，结果汇入下表。

表 3.6　七字串实验过滤结果

语体	不过滤	过滤后	话语标记	使用次数	结果
书面语体	10367	3672	1	1	全部在过滤后范围
口语语体	32717	19036	127	153	全部在过滤后范围

　　经过软件的过滤提取，总计从书面语体中得到 3672 个备选字串。而不进行过滤则要对 10367 个备选字串进行判读。这样使工作量减少了将近三分之二。最后对 3672 个备选字串进行人工判断，得到独白书面语体中使用的话语标记 1 个，它是：从某种意义上说。

　　同样，对话口语语体语料库使用软件过滤提取后得到 19036 个备选字串。而不进行过滤提取则要对 32717 个字串进行判断。很明显，通过观察话语标记的特征并过滤也大大提高了效率。在人工判断后，共得到对话口语语体使用的话语标记 127 个，总使用量是 153 次：

按他自己的话讲
比如举一个例子
不过我们坦白讲
从某种角度来说
从某种意义来说
从我的视角上看
从我个人角度讲
从我们来说的话
从严格意义上讲
从自身来讲的话
但不管怎么来说
但是不管怎么说
但是不管怎么样
但是很客观地说
但是话说回来了
但是回过头来看
但是就整体来讲
但是另外一方面
但是某种程度上
但是说句实在话
但是我很坦白讲
但是我相反觉得
但是一般的来说
但是咱们知道了
但是总体上来说
对我们来讲的话
对于我个人来讲
对于我个人来说
而且话又说回来
而且不管怎么说
而且作为我来说
还是刚才那句话

还是刚才你讲的
还有一个就是说
或者相反的来说
接下来还有一个
接下来我想这样
就是刚才您讲的
就是你刚才说得
可是大家都知道
可是话又说回来
可是简单的来看
另外还有一方面
另外一个方面呢
另外一个就觉得
另外一个就是说
那刚才我们说到
那话又说回来了
那么从总体来说
那么第三点来看
那么对于我来说
那么回过头来看
那么具体地来说
那么另外一方面
那么我首先说呢
那您看这样得了
那我们也就是说
那应该是这样的
其实不管怎么说
其实大家都知道
其实对于我来说
其实可以这样讲
其实是这样子的
其实说句实在话

其实我们都知道

确实是这种情况

确实我们也知道

然后感觉就是说

实际上讲老实话

实际上就是如此

实际上是这样的

实际上我们看到

实际上也就是说

实际上一般来说

事实上来说的话

首先我谈第一点

首先我要说一个

首先我要说的是

说句不好听的话

所以大家都知道

所有很简单来讲

所以可以这样说

所以某种程度讲

所以呢这是一个

所以我觉得这样

所以我们觉得说

所以我也感觉说

所以相对来讲呢

所以再来讲的话

所以正因为这样

所以总体上来说

他有一点就是说

同时另一方面呢

我个人认为就说

我给你讲个例子

我给你举个例子

我给你说实话吧

我觉得对我来说

我觉得就我来说

我觉得是这样的

我觉得是这样子

我接着再说一下

我就是说我就是

我举个例子来讲

我可以这样说吗

我们大家都知道

我们换一个角度

我们回过头来看

我们回过头来说

我们举一个例子

我们可以这样说

我能不能这么说

我能不能这样说

也就是换句话说

因此用我的话说

应该是怎么说呢

应该说怎么讲呢

应该说总的来讲

在这个方面来讲

咱们举个例子讲

这么样一个情况

这样跟大家说吧

作为我个人来讲

作为我们来说呢

作为我自己来说

我们进一步对其余的过滤掉的字串进行观察，但并没有发现存在话语标记，也就是说，整个过滤提取的方法召回率达到 100%，因此符合研究设想，该程序是可行的。当然，即使是使用程序控制，备选字串的量还是非常大的，准确率非常低。因此，在进一步考虑每一项话语标记特征来缩小备选字串的集合、提高准确率上，仍有很大提升空间。

针对字串总量和对应的话语标记种类数量，我们得到话语标记种类在长度上的分布图：

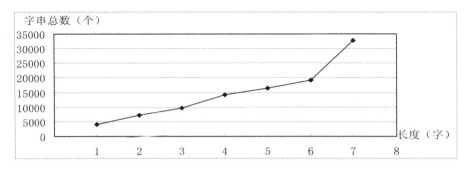

图 3.2　口语语体各种长度字串总数图

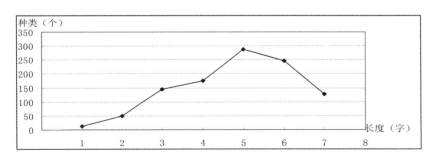

图 3.3　口语语体话语标记字串分布图

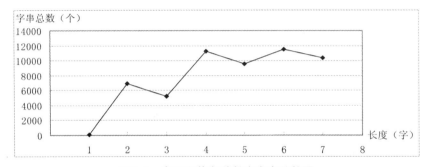

图 3.4　书面语体各种长度字串总数图

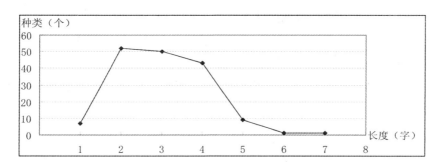

图 3.5　书面语体话语标记字串分布图

整体而言，书面语体七字串上的话语标记使用量也是极少的。在 500 万字范围内只使用了一个。从趋势上判断，八字及八字以上的字串中话语标记使用量也是极少的。另一方面，口语语体在七字串上的话语标记使用种类降低了一半（六字串为 246 个），实例数量上也锐减（六字串为 350 次）。从趋势上判断，口语语体用话语标记在五字串上的种类和实例数量达到了顶点，而其他字串上的使用种类和实例数量则成正态分布，因此我们断定，八字及八字以上的字串中话语标记使用量会继续减少。限于时间和精力，本文不再对八字及八字以上的字串进行话语标记的考察和计量研究。

3.4　两种语体使用的话语标记的提取和建库

3.4.1　对基本库的处理

首先我们对两个基本库进一步观察。鉴于两个基本库虽然在容量上大致相等，但是文件数量上却相去甚远。这主要是由于访谈对话节目时间都比较长，一半都在 1 个小时左右。而新闻独白节目大多都是半个小时。为便于进一步对比研究和计量，在保持书面语体的文件数量基本不动情况下，对口语语体的文件以栏目为单元合并，以书面语体语料的平均文本大小为单位进行进一步分割。这样，即保持了栏目上的相对独立性，为将来研究话语标记的个人使用情况打下基础，同时也保证了对话语标记进行两种语体的对比和计量以及话语标记的语体度测量上的科学性。我们所使用的两个软件分别是 atlightsghlsfilefen 文本分割器和文件合并程序。

经过合并后分隔，得到的结果是：

口语语体：11，648 个文件；

书面语体：11，568 个文件。

两个语体库经过处理后文件数量几乎相等，这样就便于后面的计量研究。

3.4.2 实例库的建立

为了进一步研究，我们构建了话语标记使用实例库。实例库的建立是为将每一个话语标记的使用例句提取出来，然后观察它们的使用功能和类属。数据库包括以下几个属性：

1）编号：是指话语标记使用实例库的总行数，该行数对应着总的话语标记使用实例总数；

2）话语标记序号：话语标记的序号，是指每个话语标记的身份号，所有话语标记暂定为按照字串长度排列，一字串在最前部；

3）话语标记名称：话语标记的名称，每种长度字串内部按拼音升序排列；

4）实例：该话语标记使用实例；实例主要指含话语标记段落（书面语体）或含话语标记话轮（如果话语标记位于轮首，则是"前话轮＋含话语标记话轮"；如果话语标记位于轮尾，则是"含话语标记话轮＋后话轮"）（口语语体）。

5）句式类型：是指根据话语标记在句中的位置进行的分类；

话语标记使用的几种句式结构（＄表示句子开头；DM 指话语标记；XJ 指小句；￥表示句尾）：

（a）＄ DM。（XJ，XJ。）   //话语标记位于整个话语的起始位置，单独成句

（b）＄ DM，XJ。   //话语标记位于整个话语的起始位置，含在起始句中

（c）＄ XJ，DM，XJ。//话语标记位于句子中间

（d）＄ XJ，DM。XJ，XJ。   //话语标记位于一个句子的末尾，后边跟着另一句话

（e）＄ XJ，XJ。DM，XJ。   //话语标记出现在后句话的起始位置，并含在该句中

（f）＄ XJ，XJ。DM。XJ。　　//话语标记位于话语中间，单独成句

（g）＄ XJ，XJ，XJ，DM。　　//话语标记位于整个话语的最后的位置，含在最后句内

（h）＄……含 DM 结构……　　//话语标记在语句中间，远离开头和结尾

对上面分析进行总结，口语语体内的话语标记，句式类型可分为三类：

（a）DMLS　　　　//话轮首位用话语标记

（b）DMLN　　　　//话轮内部用话语标记

（c）DMLW　　　　//话轮尾部用话语标记

书面语体内的话语标记，句式类型也分成三类：

（a）DMDS　　　　//话语段落首位用话语标记

（b）DMDN　　　　//话语段落内部用话语标记

（c）DMDW　　　　//话语段落尾部用话语标记

另外，如果是非话语标记用法，就直接在上述标记前加"N"；对于那种单独成为话轮的话语标记，我们将它们归类于 DMLS。

6）功能：使用的功能；

从以前的学者对话语标记的研究中可以看到，话语标记的功能分类意见不一。为适应自身研究，我们参照韩礼德的元功能理论，对话语标记的功能重新分类。话语标记本身不表达概念意义，或是不使用其概念意义，因此，不具有韩礼德所说的概念功能，只具有人际功能和语篇功能。语言的概念功能是指语言可以用来表现语言使用者对主客观世界的认识和反映（Halliday，2000：106），而话语标记是表述说话人说话的角度、态度以及思维过程，在语篇上则具有连贯功能。在运用语言交流时，说话者不仅表明自己的角度态度等，还随时提醒听话人、引导听话人跟随自己思维和交际，甚至对语境进行操纵。鉴于此，我们在人际和语篇功能之下进一步分类。在语篇功能中，说话人用话语标记对前后话语的接续可细分为五种：①话题顺接；②话题逆接；③话题转移；④话题来源；⑤话题总结。在人际功能下，也细分为五小类：①话语态度；②话语角度；③话语分点；④思维过程；⑤提请注意。为统计方便，我们设定标记如下：

$$
语篇功能
\begin{cases}
(a)\ HTSJ & //话题顺接 \\
(b)\ HTNJ & //话题逆接 \\
(c)\ HTZY & //话题转移 \\
(d)\ HTLY & //话题来源 \\
(e)\ HTZJ & //话题总结
\end{cases}
$$

$$
人际功能
\begin{cases}
(g)\ HYTD & //话语态度 \\
(h)\ HYJD & //话语角度 \\
(i)\ HYFD & //话语分点 \\
(J)\ SWGC & //思维过程 \\
(K)\ TQZY & //提请注意
\end{cases}
$$

其中，话语分点类型是从说话者角度去看的，在说话者说话之前，说话者在心理上对要说的话语进行分层次划分，形成语言点，然后用这些话语标记来表示。如果从话语形成后的语篇角度看，也可以看作是语篇功能类型。本论文中取前一观点。

再者，整个划分是从理论角度出发得到的，在实践中肯定会有这样那样的问题，比如功能交叉的问题，等等。这些问题将在以后标注过程中给予回答。

7）实例总数：出现的总实例，即在整个库中的使用实例数量；

8）文本数：该话语标记出现在多少个文本中；

9）用例出处：指该实例出自哪个文件。

通过运行程序，最终得到这样一个数据库：

实例数据库构建的流程如下：

提取结果：

该程序编制成功后分别对两个语料库进行运算得到两个实例库：一个是口语语体话语标记实例库，包含113，300句实例；一个是书面语体话语标记实例库，包含28，589句实例。需要说明的是，这些实例中，有的用法不是话语标记用法，即有兼类现象存在，因此需要进一步确认。

在将实验中所得到的两种语体用话语标记整合到一起组合成为一个集合后，去掉重复项，然后分别在大的语料库中进行实例提取。总结数据见下表。

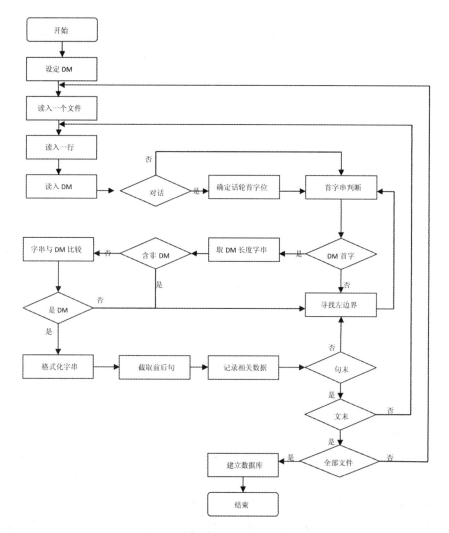

图 5.8　话语标记实例提取流程图

表 3.7　试验中话语标记整合后使用情况

话语标记	口语语体用话语标记		书面语体用话语标记	
	种类	实例	种类	实例
一字串	18	42631	9	828
二字串	75	20105	59	16980
三字串	139	12690	43	5044
四字串	181	8638	56	4431
五字串	273	3740	17	87

续表

话语标记	口语语体用话语标记		书面语体用话语标记	
	种类	实例	种类	实例
六字串	223	1683	9	18
七字串	114	486	1	4
合计	1023	89973	194	27392

从表中数据可以看出，前面试验所反映的话语标记类型在集合上都发生了扩大；另外，由于实验数据库较小，在基本库中提取实例后我们发现，原来使用数量的平衡被打破，口语语体中使用的数量是书面语体中的3.3倍。

3.4.3 其他话语标记及其实例提取

首先对新增话语标记进行提取。

以上程序只对前期实验过程中确定的话语标记使用实例进行了提取。另外一个问题就是：是否还存在其他的、实验中没有发现的话语标记？答案应该是肯定的。因此就要在本章设计的话语标记过滤程序基础上，进一步对基本库进行过滤检索。这里需要说明的是，由于首字和常用字以及常用词这些特征只对长字串有意义，那么我们采取的策略则是对一、二、三字串只过滤掉含非 DM 字的字串和已经提取的话语标记；而对四字串和五字串，则加入以上三个条件并同时过滤掉已经提取的话语标记，得到备选字串，供我们考核。对六字串和七字串，是在最新得到的首字表（即整体已定所有话语标记的首字）的基础上，进行过滤，该首字表剔除了那些不会组合构成六字、七字串的话语标记的首字。进一步获取的话语标记按字串聚合如下：

一字串话语标记：

访谈语体：阿 艾 但 得 呃 恩 嘀 哼 嚯 咳 噢 七 去 如 啥 喔 唔 吆 八 九 十

新闻语体：喝 嘿 即 九 喏 七 如 象 像 咦 八 十

二字串话语标记：

访谈语体：啊呀 哎对 唉呀 哎唷 唉哟 按说 比方 别说 并且 从而 倒是 得得 第九 对啦 对嘛 嗯好 二来 二呢 反之 故此 好啦 好嘞 好嘛 好在 何况 或是 或许 继而 就这 举例

看来 看你 可不 可见 可巧 恐怕 那啥 那说 那样 其二 其三
其一 瞧瞧 如此 如何 啥呀 是是 无疑 下边 要说 一来 因而
再有 再者

新闻语体：别说 并且 诚然 从而 第十 反之 或者 加之 鉴
此 六是 其二 其三 其一 确实 如此 十二 十一 四是 五是
相反 因而 再次 再说 再有 再则 再者 只是

三字串话语标记：

访谈语体：按理说 按您说 按说呢 本来嘛 本来呢 比方讲 并
且呢 不用说 插句话 除此外 但别说 但其实 但确实 但是吧 但同
样 当然说 的确啊 的确呢 第三点 第三呢 第四点 第五个 第一
啊 第一是 第一说 而其实 而且啊 而且说 而且呀 而同时 而相
反 二来呢 反正吧 反正是 告诉你 给你讲 跟你说 跟您说 果真
呢 还别说 还说呢 还有说 何况呢 换句说 换言之 或者呢 简单
讲 简言之 讲白了 讲穿了 讲起来 就是啊 就是哎 就是嘛 就是
呢 就是呀 举个例 举例说 看来呢 可不嘛 可不是 老话说 那当
然 那得了 那的确 那第二 那第一 那个啥 那还有 那好啊 那好
嘛 那可不 那么呢 那另外 那你想 那您看 那其实 那确实 那首
先 那所以 那这个 那这样 你比如 你瞧瞧 你道吧 你看啊 你看
你 你瞧瞧 你说你 你听听 你想嘛 你这样 您比方 您别说 您看
看 您听听 您这样 您真是 您知道 譬如讲 其次呢 其实吧 前面
呢 确实啊 确实呢 然后啊 实话说 实在说 是是是 首先讲 首先
是 首先说 所以啊 所以呀 坦率讲 同样地 我觉着 我是讲 我是
说 我说吧 我说嘛 我说呢 下面呢 相反呢 严格讲 严格说 也就
说 也确实 也是啊 也同样 也因此 一个呢 因此说 应当讲 有一
点 于是呢 原来啊 咋说呢 再比如 再就是 再举例 再来呢 再其
次 再有呢 怎么着 在我看 照理讲 照理说 这么着 这样啊 这样
吧 真正讲 总的讲 最后吧 最后呢

新闻语体：按道理 按理说 但其实 但同样 当然了 而同时 而
相反 还别说 换言之 基于此 即是说 简单说 鉴于此 接下来 具
体讲 看来啊 例如说 另一个 您别说 说白了 说起来 同样地 相
反的 相应的 也就是 也因此 一句话 因此说 再比如 这不是

四字串话语标记：

71

访谈语体：按道理讲　按道理说　按理来说　按说的话　比方来讲
比方说啊　比方说吧　比较来讲　比如来讲　比如来说　比如说啊　比如
说了　比如说呢　不管怎样　不光如此　不光这个　不光这样　不过当然
不过确实　不过这样　不客气讲　不瞒你说　不如这样　不是我说　不用
说了　不止如此　不只如此　不止这样　除此以外　此外的话　打断一下
打比方说　但反过来　但就是说　但另一点　但是的话　但是的确　但是
第二　但是第一　但是据说　但是来讲　但是另外　但是其实　但是确实
但是说呢　但是同样　但是这样　但是真的　但是总之　但说实话　但坦
白说　但同时呢　但应当说　但应该说　但怎么说　当然但是　当然第二
倒过来讲　倒过来呢　的的确确　第二的话　第二点呢　第二个是　第二
来讲　第二来看　第二来说　第二一个　第三点呢　第三方面　第三个呢
第三个是　第三来讲　第三一点　第四个呢　第一点呢　第一个呢　第一
来讲　对你来说　对您来讲　对我而言　而反过来　而且的话　而且第三
而且就说　而且据说　而且另外　而且确实　而且再说　而实际上　而同
时呢　而同样的　而我觉得　而总之呢　反过来讲　反过头来　概括地说
概括而言　概括来讲　概括来说　个人觉得　个人来说　跟你说吧　跟您
说吧　更实际说　还比如说　还有的话　很坦白讲　话说到这　话说回来
换而言之　换句话讲　回到主题　或者的话　或者就说　或者说呢　既然
如此　简单的讲　简单的说　简单地讲　简单而言　简单来说　简单说吧
简单说来　简短来讲　简短地说　简洁地说　简要地说　讲到这呢　讲实
话说　就比如说　就此而言　就觉得说　就你来看　就您了解　就您说的
就您所知　就是感觉　就是觉得　就是那样就是说啊　就是说呢　就我觉
得　就我来讲　就我来说　就我所知　就这么着　就这样呢　举例而言
举例来讲　举例来说　举例子说　举一例子　据报道说　具体的讲　具体
的说　具体来讲　看你说的　看您说的　可是来说　可事实上　可是这样
客观的讲　客观的说　客观地说　客观上讲　客观上说　理论上讲　理论
上说　另外的话　另外就是　另外就说　另外来说　另外一点　另一个呢
那比方说　那比如说　那第二点　那第二个　那第二呢　那第三呢　那反
过来　那还有呢　那好比说　那换言之　那结果呢　那另外讲　那另外呢
那么此外　那么第三　那么反之　那么好了　那么就说　那么另外　那么
其次　那么然后　那么首先　那么同时　那么相反　那么因此　那么这样
那你知道　那其实呢　那事实上　那同时呢　那我觉得　那我们讲　那我

们说　那先这样　那因此呢　那这样吧　那最后呢　你比方讲　你比如讲
你比如吧　你还别说　你好比说　你回过头　你看看　你　你说到这　你
说你啊　你听我讲　你听我说　你也知道　你知道嘛　您比如说　您别说
啊　您还甫说　您还别说　您好比说　您也是的　您也知道　您这样吧
譬如说吧　其实按说　其实的话　其实的确　其实来讲　其实来说　其实
确实　其实说呢　其实我讲　其实这个　其实这样　确切的说　确切地说
确实来讲　然后的话　然后另外　如此看来　如此说来　实际上啊　实际
上吧　实际上说　实在来讲　事实上呢　事实上说　是这么样　是这么着
是这样吧　是这样讲　首先第一　首先来说　首先一点　说到这儿　说到
这里　说句实话　说良心话　说什么呢　说实际的　说通俗点　说这到儿
说到这呢　说实话啊　所以就说　所以来讲　所以其实　所以确实　所以
说啊　所以说来　所以说嘛　所以说呢　所以说呀　所以这个　谈到这儿
谈到这里　坦率地说　坦率的说　通常来讲　通俗地讲　通俗地说　通俗
的说　通俗点说　同时的话　我必须讲　我必须说　我补一句　我插句话
我插两句　我插一句　我感觉呢　我个人看　我给你讲　我给你说　我跟
您讲　我跟您说　我加一句　我觉得啊　我觉得吧　我觉着吧　我举个例
我来说说　我们觉得　我们这样　我是觉得　我说两句　我说实话　我说
一点　我说一句　我说一下　我说真话　我坦白讲　我坦白说　我坦率说
我这么讲　我这样讲　相比而言　相比来说　相反来说　像比如说　像你
说的　像您讲的　严格的说　严格地说　严格来说　严格说来　言归正传
也觉得说　也正因此　一般的话　一般地讲　一般而言　一般来看　一般
说来　一方面讲　一方面呢　一个来讲　因此说呢　应当说呢　应该讲说
应该说吧　应该说呢　有报道称　有个问题　有消息称　有消息讲　于我
而言　原则上讲　再比方说　再比如讲　再比如说　再就是说　再说回来

　　再一点呢　再一方面　再有就是　再者说了　再者说呢　咱们知道　咱
说实话　咱这么讲　咱这么说　咱这样吧　照理来讲　这不是嘛　这么讲
吧　这么着吧　这是第二　这么回事　这么看来　这么说来　这样讲吧
这样讲来　这样看来　这样来讲　这样来说　这样一来　这样一说　这样
子呢　准确地讲　准确的讲　准确的说　准确来说　总得来讲　总的讲呢
总的说来　总的说呢　总地来说　总之来讲　最后一点　最后一个

　　新闻语体：按道理说　本台消息　比较而言　比较起来　不但如此
不管怎样　不光如此　不仅如此　不只如此　不止如此　不止这样　除此

而外　除此之外　打个比方　但还别说　但据报道　但实际上　但事实上
但是同时　而据报道　而实际上　而事实上　反过来说　概括来说　果不
其然　还有就是　换而言之　即便如此　简单的说　简单地讲　简单来讲
简单来说　简单说来　简而言之　尽管如此　尽管这样　据报道说　具体
地说　具体而言　具体来讲　具体来说　可实际上　客观上讲　来看报道
理论上说　另据消息　另外一点　另一个是　那样的话　你还别说　您还
别说　请看报到　请听报道　如此一来　实际上呢　通常来说　通俗地说
通俗来讲　退一步讲　我们知道　相比而言　相比来说　相对而言　相形
之下　也即是说　也正因此　一般而言　一般说来　应该来说　由此看来
有报道称　有鉴于此　与此相对　与此相反　与之相反　再者说了　这样
看来　这样来看　整个来讲　正好相反　准确地说　总的看来　总的说来
总而言之　总体看来　总体来讲　总体来看　总体来说　总体说来

五字串话语标记：

访谈语体：按道理来讲　按理说的话　按照道理说　本来就是说　比
如讲的话　甭管怎么说　不管怎么说　不过当然了　不过就是说　不过据
了解　不过老实说　不过是这样　不过说实话　不过说一句　不过说真的
不客气地讲　不客气的说　不瞒你们说　不如这么说　此外我觉得　从客
观上讲　从客观上说　从另外来说　从总的来说　从总体来讲　从总体上
讲　打比方的话　打个比方吧　打一个比方　大伙都知道　但对我来说
但反过来讲　但反过来说　但话说回来　但据我了解　但据我所知　但另
外一点　但另外一个　但您知道吗　但实际上呢　但是比如说　但是的话
呢　但是第二个　但是第一个　但是讲实话　但是觉得说　但是老实讲
但是呢就说　但是你比如　但是你别说　但是你知道　但是您知道　但事
实上呢　但是是这样　但是说到底　但是说实在　但是说真的　但是坦白
讲　但是同时呢　但是同样的　但是我感觉　但是我们讲　但是我想呢
但是相反呢　但是也要说　但是一方面　但是应该讲　但是应该说　但是
怎么说　但说实在的　但我跟你说　但我们知道　但我是觉得　但一般来
讲　但与此同时　但总的来讲　但总体来讲　但总体来说　当然就是说
当然另外呢　当然说起来　当然坦白讲　第二的话呢　第二点的话　第二
点就是　第二方面呢　第二个来看　第二个来说　第二来讲呢　第二一个
呢　第三个的话　第三个就是　第三个来讲　第四点就是　第四个方面
第一点就是　第一个就是　第一个来讲　第一个来说　第一就是说　而除

此之外　而且比如说　而且来说呢　而且老实说　而且你知道　而且实际
上　而且事实上　而且说白了　而且说真的　而且我觉得　而且应该说
而且再其次　而且咱就说　而且怎么着　反而就是说　反过来来讲　反过
头来说　反正就是说　概括起来讲　感觉就是说　跟你说实话　跟您说实
话　还有比方说　还有比如说　还有第三点　还有第四点　还有呢就是
还有你比如　还有说一个　还有我觉得　话说到这儿　话说回来了　话又
讲回来　话又说回来　话再说回来　换句话来讲　或者换言之　或者这样
说　或者这么说　简单的说吧　简单的来讲　简单地来说　简单地说吧
简单来说吧　简单说一下　简而言之讲　讲实在话呢　觉得就是说　就比
如说吧　就觉得那样　就是比如讲　就是比如说　就是第一个　就是坦白
讲　就是一句话　就说什么呢　就是我觉得　就说这意思　就所以说啊
就我个人讲　就我们所知　就我所知道　就像你讲的　就像你说的　就像
您说的　就像我来讲　就像我说的　就这么说吧　举个例子吧　举个例子
讲　举个例子说　据媒体报道　据我们所知　据我所知啊　据我所知吧
据我所知呢　可是简单说　可是你知道　可是您知道　可是实际上　可是
说实话　可是我觉得　可这一来呢　客观地来讲　老实跟你说　另外比如
说　另外的话呢　另外来讲呢　另外一点呢　另外一个呢　另一方面呢
另一个话题　那倒过来说　那对我来说　那反过来讲　那反过来呢　那反
过来说　那接下来呢　那据我所知　那可不是嘛　那另外来讲　那么按理
说　那么比方说　那么第三点　那么第三个　那么第三呢　那么第四个
那么而且呢　那么反过来　那么换言之　那么就说呢　那么具体说　那么
可是呢　那么可以说　那么其次呢　那么然后呢　那么首先呢　那么说到
底　那么同样的　那么一方面　那么因此呢　那么应该讲　那么这样呢
那你比如说　那您比如说　那所以说呢　那同时的话　那我告诉你　那我
跟你讲　那我觉得呢　那我就觉得　那我们说呢　那相对来讲　那应该来
讲　那怎么说呢　那这么着吧　那这样好了　那总而言之　那总体来说
你比如说呢　你得这么说　你还真别说　你打比方吧　你刚才说的　你们
还别说　其实不用说　其实当然了　其实的话呢　其实反过来　其实客观
说　其实讲实话　其实老实讲　其实事实上　其实说白了　其实说穿了
其实说到这　其实说起来　其实说实话　其实说实在　其实说真的　其实
坦白讲　其实坦白说　其实我感觉　其实要说呢　其实应该讲　其实咱们
说　其实怎么讲　其实这样的　确实可以说　确实应该说　然后的话呢

然后可是呢　然后第二个　然后同时呢　然后再有呢　然后怎么着　实话
对您说　实话实说吧　实际上来看　实际上来说　实际上这样　实事求是
说　是这种情况　首先比如说　首先必须讲　首先的话呢　首先第一点
首先说一点　首先说一个　首先说一下　首先一个呢　顺便插一句　顺便
问一下　说句老实话　说句良心话　说句实在的　说句实在话　说句题外
话　说句玩笑话　说句心理话　所以比方说　所以必须讲　所以当然呢
所以第一个　所以换句话　所以简单说　所以讲穿了　所以接下来　所以
看来呢　所以可以说　所以呢就说　所以你知道　所以其实呢　所以实际
上　所以说到底　所以说实话　所以说这个　所以说真的　所以坦白讲
所以同样的　所以下面呢　所以一方面　所以因此呢　所以应当说　所以
这是一　所以这样吧　所以这样呢　通俗点来说　同时的话呢　同时第三
个　同时就是说　同时我觉得　同样的道理　退一步来讲　我补充两句
我补充一个　我补充一句　我打比方说　我打断一句　我打个比方　我多
一句嘴　我个人而言　我个人来讲　我给大家说　我给你讲啊　我给你们
说　我跟大家讲　我跟你讲啊　我跟你讲吧　我跟你们说　我跟你说啊
我跟你说吧　我跟你说呀　我跟您讲啊　我跟您说啊　我换个话题　我换
句话说　我加一句话　我讲实在话　我觉得的话　我觉得其实　我觉得这
个　我就觉得说　我举个例吧　我们得讲说　我们举个例　我们举例说
我们觉得说　我们可以讲　我们说实话　我们说一点　我们说真的　我们
这样吧　我们这样说　我其实觉得　我实话实讲　我是觉得啊　我是觉得
吧　我是觉得呢　我说句实话　我说老实话　我说实在的　我说实在话
我说心里话　我说这样吧　我坦白地讲　我坦率的说　我先插一句　我先
讲两句　我先说一句　我也跟您说　我再插两句　我再插一句　我再给你
说　我再加两句　我再加一句　我再说两句　我再说一个　我再说一句
我怎么讲呢　我怎么说呢　我长话短说　我这么说吧　我这样讲吧　我这
样说吧　我总的说来　相对地来讲　相对来说呢　相对来说吧　相对应来
讲　相应的来说　严格的来讲　也换句话说　也说句实话　一般的说来
一般就是说　一般来说呢　一般我们说　一方面的话　一方面来讲　一方
面来说　一个的话呢　一句话概括　一样的道理　因此可以说　因此就是
说　因此实际上　因此我们讲　因此我们说　应该来讲呢　应该这么讲
应该怎么讲　用我的话讲　用一个例子　用一句话说　原则上来说　再打
个比方　再来就是说　再通俗地讲　在我们看来　再一个方面　再一个来

讲 再一个来说 再有就是说 再有一方面 再有一个呢 咱打一比方 咱们都知道 咱们简单说 咱们再比如 咱们说白了 咱们说实话 咱实话实说 咱说句实话 咱这么说吧 咱这么着吧 这个是第一 这个是一点 这个是这样 这么说得了 这是第二个 这样来讲吧 这也就是说 这总的来说 准确地来说 总的讲起来 总的来说呢 总而言之吧 总而言之呢 总归一句话 总体来讲呢 总体上讲呢 总体上来讲 总体上来说 总之我觉得 最后的话呢 最后说一点 最后我觉得 最简单的讲 最简单的说

新闻语体：从理论上讲 从理论上说 从总体来看 从总体上说 但除此之外 但话说回来 但即便如此 但即便这样 但即使如此 但尽管如此 但尽管这样 但客观地说 但另一方面 但恰恰相反 但是比方说 但是实际上 但与此同时 但这样一来 但整体而言 但总的来讲 但总的来看 但总体来看 但总体来说 但总体上看 第一个就是 第二个就是 而除此之外 而另一方面 而且反过来 还不仅如此 就这个话题 就这些话题 就这一话题 举几个例子 据媒体报道 可您知道吗 来了解一下 另外一方面 然而事实上 说句玩笑话 通常情况下 也正因如此 一起看一看 一起来看看 一起去看看 与此同时呢 这也就是说 总体上来说

通过对首字进一步观察发现，实验中得到的话语标记首字，一字串中的叹词和行使话语分点功能的大数字不会在二字串以上出现（如：有"一来、二来、三来"，但不说"四来、五来、六来"），因此可将这部分首字淘汰掉。新获得的一字串都是这样的。在对五字以下（含五字）字串的话语标记首字提取和比对之后，得到新增首字 17 个：

String 新增首字 = "｜别｜何｜继｜恐｜瞧｜插｜告｜给｜前｜坦｜咋｜照｜言｜甭｜诚｜加｜鉴｜";

把新增首字和原来的首字合并，得到全部首字：

String 全部首字 = "｜对｜二｜好｜来｜三｜四｜一｜本｜比｜不｜此｜但｜当｜的｜第｜而｜反｜感｜果｜还｜或｜接｜结｜就｜据｜觉｜看｜可｜况｜例｜另｜那｜你｜您｜譬｜其｜确｜然｜是｜试｜首｜随｜所｜同｜为｜下｜相｜因｜于｜原｜这｜总｜最｜按｜报｜倒｜等｜更｜管｜换｜假｜简｜讲｜具｜老｜实｜事｜说｜他｜我｜现｜像｜要｜意｜应｜有｜又｜与｜再｜怎｜真｜知｜并｜长｜除｜从｜打｜大｜个｜根｜

跟 | 回 | 尽 | 举 | 没 | 岂 | 恰 | 请 | 它 | 通 | 唯 | 无 | 严 | 也 | 尤 | 由 | 在 | 正 | 只 | 诸 | 准 | 作 | 概 | 很 | 基 | 客 | 理 | 顺 | 谈 | 退 | 用 | 咱 | 之 | 故 | 毫 | 话 | 既 | 借 | 情 | 以 | 别 | 何 | 继 | 恐 | 瞧 | 插 | 告 | 给 | 前 | 坦 | 咋 | 照 | 言 | 甭 | 诚 | 加 | 鉴 |";

在这些首字中，有的首字是不具有组合构成长字串话语标记的能力的，如"好、四、看、原、他、现、要、别、瞧、甭"，我们将这些首字剔除。另外，利用首词（前两字）特征，也可以帮助我们进行过滤和判定，比如"的"首字，应该是"的确……"或"的的确确"，"感"应该是"感觉……"，等等。

利用首字和常用字对六字串和七字串进行过滤然后判断，得到话语标记。

六字串话语标记：

访谈语体：按我的理解呢　按照道理来说　按照我的理解　按照我的说法　比方举个例子　比如举个例子　比如说第一个　并且还有一个　不过除此之外　不过得说实话　不过反过来说　不过话讲回来　不过话说回来　不过换句话说　不过简单来讲　不过实话实说　不过是这样的　不过说老实话　不过说实在的　不过我跟你说　不过我老实说　不过我们知道　不过要说起来　不过与此同时　不过总的来说　插一个题外话　插一句题外话　从另一方面说　从某种角度看　从某种角度上　从我本人来讲　从我个人来看　从这个角度讲　从这意义上说　从总体上来讲　从总体上来看　打个比方来说　大家也都知道　大致来讲的话　但就总体而言　但另一方面呢　但其实就是说　但其实说实话　但实际上来讲　但实际我觉得　但实事求是讲　但是补充一点　但是大家知道　但是的的确确　但是对我来讲　但是反过来讲　但是反过来说　但是还有一点　但是毫无疑问　但是换句话说　但是回过来说　但是客观地说　但是另外来讲　但是另外一个　但是呢我觉得　但是你比如说　但是你还别说　但是你也知道　但是恰恰相反　但是实际来讲　但是实际上呢　但是说句实话　但是说老实话　但是说实在的　但是说实在话　但是说心里话　但是通常来说　但是我必须讲　但是我得讲说　但是我给你讲　但是我给你说　但是我跟你讲　但是我跟你说　但是我觉得呢　但是我就是说　但是我说实话　但是我应该说　但是相比而言　但是相对而言　但是相对来讲　但是相对来说　但是像您说的　但是严格地说　但是严格来讲　但是总得来讲　但是总得来说

但是总的来讲　但是总的来说　但是总体来讲　但说句实在的　但我们都知道　当然反过来说　当然毫无疑问　当然我跟你讲　当然我们知道　当然这样的话　第二方面来看　第二个方面呢　第二来看的话　第三个就是说　对我个人来说　对我来讲的话　对我来说的话　对我自己来说　而不只是如此　而另外一方面　而且不止如此　而且的的确确　而且据我所知　而且呢就是说　而且你别说呀　而且说句实话　而且说实在的　而且我告诉你　而且我跟你讲　而且我跟你说　而且我觉得说　而且我可以讲　而且像你说的　而且有消息说　而且与此同时　而且在我看来　反过来讲的话　反过来就是说　反正就是觉得　反正说句实话　反正这么说吧　给你举个例子　跟你说良心话　还有最后一个　换句话说就是　换句话说来说　或者反过来讲　或者反过来说　或者简单地说　简单地说就是　讲得简单一点　讲的更白一点　就刚才你说的　就刚才谈到的　就你刚才说的　就您本人来讲　就您个人来看　就是换句话说　就是简单的说　就是你比方说　就是你比如说　就是你那句话　就是你知道嘛　就是说第一个　就是说说实话　就是怎么说呢　就是这么说吧　就是这种情况　就我刚才说的　就我个人而言　就我个人来说　就像刚刚讲的　就像刚我说的　就像你所说的　就像您提到的　就这一点来说　具体来讲的话　可是话说回来　可是你知道嘛　可是实际上啊　可是实际上呢　可是我跟你讲　可是我跟你说　可是我觉得啊　可是我觉得吧　可是我觉得呢　另外补充一点　另外的就是说　另外多说一句　另外还有一个　另外说实在的　另外我跟您讲　另一方面的话　另一方面来讲　另一方面来说　那除此之外呢　那从这个角度　那当然我觉得　那另外我觉得　那么除此以外　那么第二点呢　那么第二一个　那么反过来讲　那么还有一点　那么毫无疑问　那么话讲回来　那么就等于说　那么据我所知　那么另外的话　那么另外就是　那么另外一点　那么另一方面　那么实际上呢　那么我们觉得　那么相对而言

　　那么相对来说　那么一般来讲　那么这样一来　那你也就是说　那说实在的话　那我觉得当然　那我们举例说　那我是觉得说　那相比较而言　那要这样的话　那再补充一句　那这么说的话　那这样子的话　其次还有一点　其实按理来说　其实按我来说　其实不仅如此　其实不只如此　其实还有一个　其实简单来讲　其实是这样的　其实说句实话　其实说老实话　其实说难听点　其实说实在的　其实说心里话　其实坦白的讲　其实我觉得呢　其实相对而言　其实一般来讲　其实与此同时　其实真正来说

其实综上所述　然后这样的话　实际上应该说　实实在在的说　实实在在
地说　实事求是的讲　实事求是地说　实事求是来说　是这么一回事　是
这样的情况　首先是这样的　首先我说一点　首先这样说吧　说白了就是
说　说到这个话题　说得简单一点　说得通俗一点　说的通俗一点　说简
单一点儿　说一点题外话　说一个题外话　所以刚才说的　所以换个角度
所以换句话讲　所以简单地说　所以简单来说　所以觉得的话　所以客观
地讲　所以呢就是说　所以你知道吗　所以首先一点　所以说老实话　所
以说实在的　所以说我觉得　所以说我们说　所以坦率地讲　所以坦率地
说　所以通常来讲　所以我得讲说　所以我跟你讲　所以我跟你说　所以
相对来讲　所以也就是说　所以一般来讲　所以一般来说　所以应该来说

　　所以这就是说　所以这样看来　所以这样来讲　所以这样来说　所以总
的来看　所以总体来说　坦白地跟您说　通常意义来说　退一万步来讲
我从个人来说　我反过来说了　我感觉是这样　我给你说实话　我跟您说
一下　我觉得当然了　我觉得第二点　我觉得什么呢　我觉得事实上　我
觉得一个呢　我觉得应当说　我觉得这样吧　我就跟您说吧　我可以给你
讲　我可以给你说　我可以跟你讲　我可以跟你说　我可以跟您说　我可
以这么讲　我们打个比方　我们大家知道　我们举个例子　我们说句实话
我们说心里话　我们言归正传　我们这么说吧　我们这样讲吧　我们综上
所述　我们总体来说　我其实说实话　我顺便讲一下　我顺便说一下　我
说句题外话　我坦白跟你讲　我坦白跟您讲　我再补充一点　我再补充一
句　我再补充一下　我这样讲好了　无论怎么说呢　相对来说的话　像刚
才您说的　像刚才所讲的　像你方才说的　像你刚才说的　像您刚才说的
像您所提到的　像我刚才讲的　像我刚才说的　像我们所说的　像这样子
的话　严格意义上说　也正因为这样　一方面比如说　一方面就是说　一
个就是说呢　以您的话来说　以我个人来讲　以我自己来说　因此应该是
说　应该来讲的话　应该是一句话　应该是这样说　应该是这样子　应该
怎么说呢　有消息报道说　于是就觉得说　再回过头来说　再简单一点讲
在某些意义上　在我个人看来　再一个可以说　再一个我觉得　再有一个
方面　在这一点来讲　在这一点上讲　咱还得说回来　咱们回过来说　咱
们坦率地说　咱们怎么说呢　咱们这么讲吧　这个首先一个　这个我跟你
讲　这个我跟你说　这个意义上说　这个怎么说好　这个怎么说呢　这话
又说回来　这话怎么说的　这话怎么说呢　这么跟你说吧　这么看来的话

这么说来的话　这么一个情况　这是一个情况　这是一种情况　只不过就是说　最后再说一下　作为我来讲呢

新闻语体：不过除此以外　不过另一方面　不过相比来说　不过与此同时　不过这样一来　不过总体而言　从这个角度看　从这个角度说　从这一点来说　打个比方来说　但是反过来说　但是毫无疑问　但相比较而言　当然相对来说　根据媒体报道　还是那句老话　换个角度来看　简单举个例子　然而话说回来　然而与此同时　所以一般而言　所以总体来说　下面请看报道　一言以蔽之吧　因此相对而言　正是因为如此

七字串话语标记：

访谈语体：

比如讲我们说呢	比如说举个例子	比如说举例来讲	
比如说一般来说	比如我举例来说	比如我们都知道	不过话说回来了
不过话又说回来	不过说句实在的	不过我们都知道	除了这一点之外
从另一方面来说	从某种角度来讲	从某种意义上讲	从您的角度来看
从我的角度来讲	从一般意义上讲	从这方面来讲呢	从这个方面来看
从这个方面来说	从这个角度去看	从这个角度上讲	从这个来看的话
从这一点上来说	从这一方面来说	打个简单的比方	但不管怎么样讲
但不管怎么样说	但除了这个以外	但从道理上来说	但从另一方面讲
但反过来看的话	但就是像你说的	但另外一方面呢	但另外一个方面
但是从总体来讲	但是从总体上说	但是话又说回来	但是客观上来讲
但是就总的来讲	但是其实说实话	但是说到这一点	但是说句老实话
但是说一句实话	但是我跟你讲啊	但是我觉得那个	但是我觉得这个
但是我举个例子	但是我们都知道	但是应该这样说	但是这样子的话
但是正因为这样	但是总体来看呢	但是作为我来说	当然我们都知道
的的确确就是说	第二个来讲的话	第二一个我觉得	对我自己个人说
而另外一方面呢	而你当然也知道	而且大家也知道	而且还有一点呢
而且回过头来看	而且可以这样说	而且实际上来讲	而且说句实在话
而且我刚刚说的	而且我觉得这个	而且我们都知道	而且我们也知道
而且在我看来呢	而且再一点来说	反正我觉得来讲	给你举一个例子
还是刚才我说的	还是我说的那个	还有一个我觉得	换一个角度来说
回到谈话的内容	回到我们的问题	或者换句话来讲	或者咱们这么说
继续今天的话题	简单举一个例子	就你们刚才讲的	就是比如讲的话
就是从总体来讲	就是刚才讲到的	就是刚才你说的	就是刚才提到的

是刚才我说的	就是你刚才讲的	就是你刚才说的	就是您刚才讲的	就
是您刚才说的	就是说你比如说	就是说我们知道	就是我刚才说的	就
是我刚刚说的	就是我上面说的	就是像刚才讲的	就像刚才讲到的	就
像刚才你说的	就像刚刚你讲的	就像你刚才说的	就像您刚才讲的	就
像我刚才讲的	就像我刚刚说的	举刚才这个例子	举个简单的例子	举
一个简单例子	举一个例子来讲	据我知道的消息	据相关媒体报道	据
一些媒体报道	据有关媒体报道	可是第二个来说	可是另外一方面	可
以用一句话说	可以这样来概括	另外当然就是说	另外回过头来讲	另
外我们都知道	另外我们也知道	另外一方面的话	另外一个呢就是	另
外一个我觉得	另一方面就是说	那除了这个以外	那除了这个之外	那
当然从我来讲	那第二个就是说	那话说到这儿了	那么按道理来讲	那
么除此以外呢	那么从理论上讲	那么还有一个呢	那么另外就是说	那
么另外一个呢	那么我们都知道	那么我们可以说	那么我们也知道	那
么应该这样说	那么与此同时呢	那么这样说起来	那么正因为如此	那
我觉得就是说	那像您刚才说的	那再一个就是说	其实大家也知道	其
实来讲的话呢	其实某种意义上	其实我个人觉得	其实我们说起来	其
实我们也知道	其实严格说起来	其实咱们都知道	其实这话说回来	然
后等于就是说	然后第二个就是	然后回过头来看	实际上来说的话	实
际上坦率地讲	实际上坦率地说	是这么一个情况	首先从个人来讲	首
先就是第一点	首先我们都知道	首先咱们这样说	所以不管怎么说	所
以从这点来说	所以从这一点上	所以大家也知道	所以就这点来讲	所
以就这点来说	所以简单的来说	所以可以这样讲	所以另外一方面	所
以说到这儿呢	所以说对我来讲	所以说简单的说	所以说一般来讲	所
以说这样的话	所以说整个来讲	所以我跟大家说	所以这个就是说	所
以这样的话呢	所以这样来的话	所以总体上来讲	所以总之一句话	所
以最后我觉得	它这个是这样的	同时大家都知道	我跟你说句实话	我
跟你说实在话	我给你这么讲吧	我跟您举个例子	我跟您这么说吧	我
简单举个例子	我觉得反过来讲	我觉得还有一点	我觉得就是说呢	我
觉得是什么呢	我觉得首先来讲	我觉得坦率地说	我觉得怎么讲呢	我
觉得怎么说呢	我觉得这样来讲	我觉得这样来说	我觉得这样一来	我
觉得总体来讲	我举个例子来讲	我们打一个比方	我们刚才提到的	我
们简单的来讲	我们接着刚才说	我们可以这样讲	我们通俗一点讲	我

也顺带说一句
这么跟你说吧
您刚才所说的
我们刚才说的
该说总体来看
有一个就是说
么讲呢就是说
个要说起来啊
样看起来的话
如你刚才讲的
为我个人来说

新闻语体：
这个意义来说
这一点上来说
实事求是地说
一个简单例子
正因为是这样

我再补充一句话
相比较来说的话
像您刚才谈到的
也正是因为如此
用最简单的话说
在这个角度来看
照你这么说起来
这个应该这么说
这样说起来的话
正如我所说过的

不过从总体上看
从这个意义上讲
从自己本身来说
而从总体上来看
所以从理论上说
因此总体上来看

我再回过头来说
像你刚才讲的呀
像我刚才所说的
以我的角度来讲
再一个呢就是说
在这一点上来说
这个我补充一句
这个应该这样说
这样子来讲的话
正像你刚才说的

从另一个角度看
从这个意义上看
但从另一方面看
而且据我们所知
所以从总体上看

我再举一个例子
像你们刚才讲的
像我刚才提到的
应该来讲的话呢
再一个是什么呢
咱们简单说一下
这个我怎么说呢
这么说起来的话
这应该怎么讲呢
最后再说一句话

从某种意义上讲
从这一点上来看
但另一个方面看
而与之相对应的
所以作为我来说

我
像
应
再
怎
这
正
作

从
但
举
也

到此为止，所有话语标记种类都提取出来了。下章将整合数据，以观全貌。

第四章　话语标记语体研究与语体计算

本章内容提要：统计两种语体使用话语标记的种类和数量，并对使用功能、变体等等各方面进行对比分析研究，最终看清话语标记在语体使用上的差异，是本章的主要内容。本章最后运用研究结果，验证了用话语标记的语体差异性进行文本语体判定的可行性。

上一章对话语标记和使用实例进行了提取并建库，为本章深入研究奠定了基础。下面从各个角度进行对比分析研究。

4.1　种类总量与增量分析

通过数据整合形成总量与增量表4.1。

表4.1　口语语体用话语标记种类增量与总量

口语语体	一字串	二字串	三字串	四字串	五字串	六字串	七字串	总数
初始种数	18	75	139	181	273	223	114	1023
增量	14	41	136	364	452	392	260	1659
总种数	32	116	275	545	725	615	374	2682
增量比值	0.778	0.547	0.978	2.011	1.656	1.758	2.281	1.622

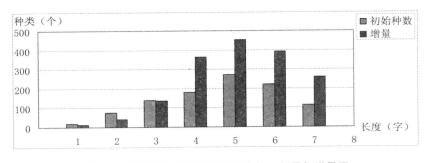

图4.1　口语语体用话语标记种类初始数量与增量图

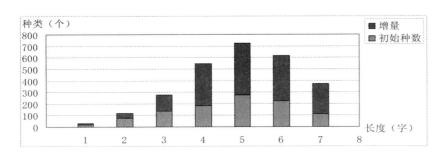

图4.2　口语语体用话语标记种类总量图

表4.1中"初始种数"是指实验阶段所得到的最初的种类数量,以后行文中,"初始"都指实验阶段得到的数据。

口语语体用话语标记在种类增量绝对数上所体现出来的特征和初始种数是一样的,都是一字串、二字串和三字串上增量比较小,而四字串、五字串、六字串和七字串的增量比较大。这一点从增量比值上也可以体现出来:一、二、三字串话语标记种类的增量比值都小于1,五字串和六字串的话语标记种类增量比值都在1.7左右,而四字串和七字串话语标记种类增量比值都在2以上。在总量上,相似特征的叠加无疑加剧了原来的特征。整体来说,从一字串到五字串依次递增,到五字串达到顶峰,然后六字串和七字串递减。应该说,一字串到四字串的话语标记种类总量上的递增幅度加大了,而四字串之后的话语标记种类总量和原来特征相比,变化幅度不大。另外,总量趋势特征也预示着在八字串之后会依次递减,因此验证了前一章的实验结果。下面看书面语体情况。

表4.2　书面语体用话语标记种类增量与总量

书面语体	一字串	二字串	三字串	四字串	五字串	六字串	七字串	总数
初始种数	9	58	43	56	17	9	1	193
增量	12	24	22	68	32	26	21	205
总种数	21	83	65	124	49	35	22	398
增量比值	1.333	0.407	0.512	1.214	1.882	2.889	21	1.057

书面语体用话语标记的种类增量在绝对数上和初始实验得到的数据相比,是有一些差异的。从图4.3上看,实验中得到的初始数据显示,书面语体用话语标记种类集中在二、三、四字串上,一字串和六字串相等,数量不多,七字串太少了,几乎可以忽略不计;而其中,二字串和四字串差

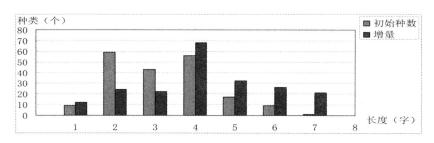

图4.3　书面语体用话语标记种类初始数量与增量

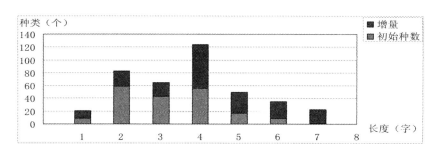

图4.4　新闻语体用话语标记种类总量

不多，以二字串上的话语标记种数略高。但是，增量体现的却是，所有字串都有一定的增量，尤其以四字串为最，其次是五字串，二、三、六、七字串上的话语标记种类增量极为相近。增量比值体现了增量和实验初始获得的话语标记种类数量之间的关系，比值越大，变化越大。图4.4中体现出来的种类总量趋势，虽然体现了这种增量比值上的变化，使得变化幅度有所减缓，如一字串和二字串之间，四字串和五字串之间的差距减小，但是这种变化并没有突破整体上的趋势特征，仍然是急升、小降、上升、急降、依次递减。另外，虽然五、六、七字串上的话语标记种类数量有大幅增加，可并没有超过二、三、四字串。四字串上的话语标记种类总数超过了三字串，居于首位。另外，从整体趋势上同样可以预测，书面语体用话语标记在八字串之后，数量会继续减少。

　　比较而言，不管是口语语体还是书面语体，整体趋势都是先上升然后再下降，只是口语语体用话语标记总种数在五字串上最多，而书面语体最高点在四字串上。口语语体上升和下降趋势比较一致，没有任何波动，而书面语体则有变化。

　　在所有话语标记中，长字串的很多都是由短字串的话语标记组合而

86

成，这是长字串上分布较多话语标记的原因。增量在四字串和五字串增大，也证明了这个语言现象。更具体的差异和原因分析，将在后面进行。

4.2　兼类的分类与判定

本章这里所说的兼类话语标记，是指该字串有时候做话语标记，有时候又不做话语标记。通过对实例考察并对话语标记种类逐一甄别，我们在口语语体用话语标记中发现了140个兼类的，它们是：

艾　奥　八　对　恩　嗯　二　行　好　嗨　九　来　六　噢　哦
七　三　十　四　五　一　比方　比如　当然　第二　第九　第六　第七
第三　第四　第五　第一　对啊　对吧　对的　对对　对了　对呀　感觉
还有　好吧　好了　结果　看看　来来　那个　你看　您看　是吧　是是
下面　这个　比方说　比如说　不是吗　当然啦　当然了　倒过来　第二个　第二呢　第三个　第三呢　第四个　第五个　第一个　对不对　对对对　反过来　跟你说　好好好　结果呢　就这样　看起来　可不是　可以说　来来来　那可不　那么好　你别说　你瞧瞧　你说说　你这样　您看啊　其次呢　然后呢　是不是　说实话　他那个　我告你　我们说　我说吧　我说呢　我说你　我要说　一个呢　一个是　应该是　知道吧　知道吗　第二个呢　第三个呢　还有一点　还有一个　回过头来　接下来呢　就是什么　就是这样　就这样的　那结果呢　那最后呢　你知道吧　你知道吗　你知道嘛　是不是啊　事实上呢　是这样的　是这样子　说什么呢　它是这样　我说一句　我说一下　应该说是　最后一个　就是这样的　那接下来呢　你说是不是　是这个意思　是这样子的　应该这么说　这个怎么说　大家也都知道　但是实际上呢　还有最后一点　那么实际上呢　其实是这样的　应该是这样子　应该怎么说呢　这是一个说法　是这么一个情况　我们回过头来看

在书面语体用话语标记中发现了兼类的有28个，它们是：

哎　八　二　好　喝　九　六　七　三　十　四　五　象　一　第八
第二　第六　第七　第三　第十　第四　第五　第一　结果　看看　十二
十一　说实话

这些兼类大致可以归纳为以下五个种类，限于篇幅，只举例说明。

4.2.1 叹词类

汉语叹词在《马氏文通》中被称为"叹字",即"凡虚字以鸣人心中不平之声者曰叹字"(1983,23),吕叔湘(1982:18)则把这类"叹字"称为"独立语气词",其功能在于表达情感或用来呼唤、应答。朱德熙(1982:40)用"感叹词"来称谓这类词。黎锦熙(1992:261)和《现代汉语词典》(2002:1225)则把"叹词"定义为"表示强烈感情以及表示招呼、应答的词"。显然,叹词的特性就是不表达概念意义,而且韵律上独立,同时不做句子成分。但是,并不是所有的叹词都有语篇和语境的建构功能。而有的叹词除了表达情感或用来呼唤、应答外,是可以体现说话人的话语态度和角度,或是参与语篇的构建,或是提请听话人注意和反映思维过程。在本论文的考察范围内,我们把那些不仅表达情感态度,还表达一定语气的,视为话语标记。那些只表达个人情感的,没有态度和语气的,为非话语标记。比如"嘘"表示"不要说话",不是话语标记;还有只表示情感的"耶",也不是话语标记。

在有兼类功能的话语标记中,叹词包括 9 个:艾、奥、恩、嗯、嗨、噢、哦、哎、喝。在这九个中,"艾"用作话语标记应该是"哎"的误写,否则单独使用的"艾"就是非话语标记;"奥"用作话语标记应该是"噢"的误写,否则单独使用的"奥"就是指"奥运会";用作话语标记的"恩"应该是"嗯"的误写。另外,"喝"和"呵"同"嗬",一般表示惊讶,只表示情感时不是话语标记,但有时和后文联系紧密,有引出后文功能,在我们的实例中只有一个。下面我们以"哎"和"嗯"为例,来说明兼类情况。

1)哎

《现代汉语词典》对"哎"做叹词时的用法给出了两个:一个是"表示惊讶或不满意";一个是"表示提醒"。后一个功能,正是话语标记的功能。

有三个实例在新闻语体中的使用:

(1)今天,十一届全国人大一次会议第五次全体会议表决通过了国务院机构改革方案,也就是我们通常说的大部制。这场高居庙堂的改革方案,其实关系到我们每一个普通人的"医"食住行,生活的方方面面。

哎，今天我马斌就从"医"食住行这四个方面，告诉您，这个大部制离我们的生活有多近。（经济新闻联播2008081. txt）

（2）别拐！别拐！这把拐大了，左轱辘出线，抓紧时间快倒回去！**哎**，哨声一响五分钟到，怎么一样的车就揉不出在家里的感觉呢？（首都经济报道2006000. txt）

很明显，第一个例句中的"哎"是话语标记的用法，在该句中，它并不是表示感叹，而是表示一种说话人自身的思维反应，是一种话题的顺承关系，有提醒听话人的意味。前面的话语是一种铺垫，而后面的话语是在该话语标记后对前一话语的接续。后一个实例的用法，主要是一种感叹的用法。研究中我们在句子前加＊号，表示该句中所含的加粗斜体字串是非话语标记用法。

2）嗯

"嗯"做叹词表示应答，这是《现代汉语词典》中的解释。但是应答有很多种，比如直接回答问题，或是应声表示自己在听。前者就不是我们所要说的话语标记。如：

（3）叶：我知道您曾经碰到过一个挫折，就是朋友的背信弃义，是那段时间吗？－－－－－方：**嗯**，是那段时间，所以说有的人呢，就是说，有的人是重义重利，有的人是叫见利忘义。（财富人生2007038. txt）

上面这个例子中，"嗯"的应答相当于"是"，它无疑表达了一种肯定态度，但是这种态度之外却对一种实在概念进行指代，如本例中表示"是那段时间"。鉴于此，我们将这种用法排除在本文界定的话语标记用法之外。

（4）小波：对我妈我觉得跟她说话，她可能老是就是，也可能，她说话的时候，然后就说很多次说不守信呗，然后有时候跟我说话的时候，然后老是说，说我都是我的不是。－－－－－主持人：**嗯**，那我想问一下那个小波妈妈，如果真是成绩问题，还是学习成绩确实成问题了，高中以后，就是这样，是吗？（心理访谈2007098. txt）

（5）陈鲁豫：我一直以为叫劈柴胡同呢。**嗯**，然后这还有什么，这我

都不知道了，什么井石坊街。（鲁豫有约 2007000（6）.txt）

在例（4）中的"嗯"所体现的也是一种应答，但是这种应答没有前例中的概念判断功能，它所体现的是一种接续关系，表示前一个说话人（小波）在发表完自己的观点之后，接话人采用的一种手段，即接过话轮表达自己的观点。例（5）中"嗯"的用法表示的是一种思维过程，它体现了说话人（陈鲁豫）表达自己思想的时候中间停顿进行思索，是没有什么实在意义的。例（4）和例（5）这两种形式，都是我们所说的话语标记用法。

需要说明的是，本文这样的区分，是在自建的语料库内做的。这不代表说，其他那些提取出来的作为纯话语标记使用的叹词在其他语料或语体乃至其他现实环境中也是这样。比如叹词"啊"。按《现代汉语词典》，做叹词用的"啊"有四种读音，阴平时"表惊异或赞叹"；阳平时"表示追问"；上声"表示惊疑"；去声本身有三种功能：一个是"表示应诺（音较短）"，一个是"表示明白过来（音较长）"，再有就是"表示赞叹或惊异"。在这些功能用法中，符合我们话语标记定义的是"表示追问"和"表示明白过来"这两种用例，另外"表示惊疑"时有强烈引出下文的功能，所以本文也是算作话语标记的。但是表示"赞叹"或者单纯抒发感情的，比如诗歌朗诵"啊！祖国啊！"或武侠电影中有人挨了一刀，发出凄惨的一声"啊！"之类，都不是话语标记。后一种情况只是在新闻独白语料和访谈对话语料中不会出现，所以在本文中"啊"才是纯话语标记。

4.2.2　序数词类（一、二、三……）

这类用法主要是表示说话的层次顺序，对语篇的构建起作用，是话语标记用法。文本中只要不是连用的，就可以确定是这种话语标记用法。本文研究范围内的序数词有22个：八　二　九　六　七　三　十　四　五　一　第八　第二　第六　第七　第三　第十　第四　第五　第一　十二　十一。连用的非话语标记用法如：

（6）天津电视台的电视访谈《踢球的孩子哪去了》获中国新闻奖二等奖；天津日报通讯《蓝领专家孔祥瑞》等142件作品分别获天津市新闻奖一、【二】、三等奖。（天津人民广播电台新闻 9092006439.txt）

（7）据了解，昨天（1.4）轨道公安分局联合地铁执法大队、公安民警等100多人对轨道交通一、【二】、三、四号线车站、车厢开展了突击整治，截至记者发稿时，共抓获违法人员70多人、三、四号线车站、车厢开展了突击整治，截至记者发稿时，共抓获违法人员70多人。（东视新闻2006023.txt）

这一类里边还包括话语叙述分点与现实事物所指之间的兼类情况，比如说，"第二个""第三个""第三个呢""第四个""第五个"等等。这类不能从形式上判断，要从意思上进行判定。

4.2.3　实虚两义共存类

这里所说的实虚两义共存，是指那种既能用其实在意义，比如"好"，可以说是"与'坏'、'恶'或'差'相对的意义"等等，也可以用来表示对前述话语的结束然后引出后续话语。前一种情况是非话语标记用法，而后一种情况是话语标记用法。这一类的话语标记数量比较多，探讨的人也很多，在本研究考察范围内，有：

好　来　象　还有　下面　这个　结果　看看　感觉　说实话　倒过来　反过来　跟你说　可以说　那么好　你别说　你你说　你瞧瞧　我告你　我们说　我说吧　我说呢　我说你　还有一点　还有一个　回过头来它是这样　我说一句　我说一下　最后一个　就是这样的　是这样子的大家也都知道　还有最后一点　我们回过头来看

这里只举几个简单的例子加以说明。

1）来③

"来"做实意动词，表示物理空间位移，在移动方向上所参照的是说话人，亦即动作从他处朝说"来"者（说话人自身或位置）移动。在表达运动或位移的意义上，以"说话人所在的方位为参照点"是"来"的典型用法（文旭 2007）。而现实语言中还有一种虚化为话语标记的"来"，这种"来"已经失去了位移意义，只表示一种提醒或接续。例如：

＊（8）主持人：来，那边那个女孩子，**来**，过来，告诉叔叔，今年有多大了？（乡约 20090086.txt）

---

③ 本节内容参见：阚明刚，颜伟. 独立小句"来"研究［J］. 语言教学与研究，2015，06：67 – 77.

＊（9）主持人：这个大家都熟悉了，你看马上就有人举手了，**来**，告诉我们正确答案。（对话20090012.txt）

例（8）是说话人对听话人直接要求"向说话人方向移动"。这里的"来"前后都没有诸如"请"或"欢迎"这样的礼貌词语，语气比较生硬。从句子的语境可知，这种用法是用在了大人对小孩、长辈对晚辈话语中。例（9）中，"来"所要求出现的动作"告诉"自身是有方向的，"告诉"的运动模式是"说——＞听"，相应的信息流动作是"发出——＞接收"。本例中的信息是"答案"，说话人要求听话人将答案发出，然后"我们"接收。在这个位移过程中，位移的主体即焦点进一步从物向抽象的话语投射，同时，在路径方向不变的情况下，背景参照点开始泛化并变得模糊，由说话人扩展到包括观众在内的"我们"。

不管怎么说，这两个例子中的"来"都是实意动词，表示位移概念。而下面这两个例子则不太一样，都属于话语标记用法：

（10）你坐好，我给你拍张照片，那后边是一株白白的桃花，**来**，一二三，笑一个，好。（人物周刊20080007.txt）

（11）主持人：我给你三秒钟，**来**，一二三。第一个优点是什么？（实话实说20060034.txt）

例（10）句中的"来"完全失去了位移意义，只在话语上表示一种话语前后的接续，只有引发听话人注意的人际功能。例（11）中的"来"和例（10）中的"来"相似，主要的是提醒听话人应该进行准备或开始某个行为。

2）结果

"结果"的一个意思是"结出果实"，一个是说话过程中的步骤、次序的标记。后一种是本研究定义的话语标记用法。

（12）经过一个多月的封闭集训，中国女排昨晚进行了今年的第一场比赛—中古女排对抗赛福州站的比赛。**结果**，中国女排完胜老对手古巴队，取得开门红，中国女排完胜老对手古巴队，取得开门红。（晚间新闻2008013.txt）

＊（13）要突出重点，在加强石台经济合作上实现新突破，重点抓好我市第一家台商工业园区建设，确保园区顺利生根、开花、**结果**。要积极参与下半年"8·8"冀台经济洽谈合作、石洽会等重大招商活动，力争与台湾大公司、大项目进行合作。（石市要闻2009152.txt）

一般而言，"结果"作为非话语标记，有实在意义时，基本同"开花"连用。

3）说实话

"说实话"的概念意义是"说真话"。作为话语标记来使用时，这种概念意义淡化，更多的表示一种说话人对自己说话态度的宣告，对自己所说话语的真实性作出提前判定。当然，事实上可能说话人说的仍然不是真话。例如：

（14）李春晨：其实当是根据实际情况，我也是常年在登山，我完全有能力再往高处走一走，在去之前，**说实话**，作为一个登山爱好者可能刘齐老师可能能理解。（新闻标点 20051006. txt）

*（15）主持人：今年我们尤其关注的是说真话、**说实话**。（新闻1 + 12009027. txt）

例（14）是话语标记用法，不同于例（15）。后一例是实意用法。这种用法从形式上不容易判断，一般要通过上下文的意思来推断。

4）跟你说

"跟你说"所指概念是"某人跟你说话"。在用作话语标记时，通常是说话人自己在谈话过程中使用。由于说话人说话过程中就是在对听话人说话，因此，"跟你说"似乎是一种累赘的表达。实际上，说话人在使用"跟你说"时，主要是强调后续话语，提请听话人后续话语的重要性。例如：

（16）闻风：你懒得动，你到底想干什么呀？**跟你说**，我这月工资都已经上交了，没余粮借你呀！（欢乐正前方 2006003. txt）

*（17）袁佳：不会，那些学校老师会找你啊，**跟你说**，跟你分析一下，你不懂他还是跟你分析一下，通俗一点给你讲解一下，你现在的心理状态，告诉你应该怎么做，然后在百年职校之后学到东西也不少，自己就会想，我觉得就是心态好，心态可以决定一切。（人物周刊 2009026. txt）

这一类型的比较多，还有"我跟你讲""我告诉你说""我告诉你吧"等等。

5）你瞧瞧

"你瞧瞧"本义是指要求听话人将目光转向语境中所指目标，是一种命令祈使句式。用作话语标记，主要表示一种态度，或者是提请对方注意。例如：

（18）李宁：感觉一样，他一出场，他这节目这么变、那么变，一二三四五变没了，他必须起点从这儿，中间必须这样那样才能这样，我也一样。－－－－－－罗兵：**你瞧瞧**，后来我对动画片一点不感兴趣，因为我每次去看的时候，我会立刻情不自禁产生一些技术分析。（行家2007051. txt）

*（19）记者：看，我够有吸引力的吧，这羊儿跟了我一大圈，其实这吸引力不再我身上，而在它身上，你知道这个是干什么用的吗，这个呀是补饲袋，这里面装的是玉米粒，**你瞧瞧**，这个是套在羊嘴上，给它补充能量的，我现在就给它套上。（每日农经2009064. txt）

例（18）中的"你瞧瞧"表示的是一种感慨态度，是话语标记。有时候也用来表示一种惊疑，或者是不满。例（19）中使用的是本来的概念意义。这种用法类似的还有"你看你""你说你""你说说你"等等。

6）我说呢

"我说呢"表示的是发话人在叙事时候陈述的自己发话行为。这种用法是非话语标记。在用作话语标记时候，"我说呢"并没有上述实意，而表示是一种醒悟，然后引起下文，从而起到语篇衔接作用。例如：

（20）单华忠：见习了，干了点别的。真的。－－－－－－刘思伽：**我说呢**，不是学那么长时间，中间开了点小差，是吗？（行家2009（51）. txt）

*（21）杨树昆：总书记说，发展为人民，发展靠人民，发展成果由人民共享，**我说呢**，消费维权为消费者，消费维权靠消费者，消费维权的成果由消费者共享。（对话2008017. txt）

例（20）的话语标记用法明显。而例（21）是对自身说话的一种实意描述。

7）还有一点

"还有一点"中的"一点"是关键。如果"一点"是表示程度或数量，那么就是非话语标记用法，如果这个"一点"表示说话的内容，那么"还有一点"就是对前述话题的一种追加，是一种承接功能体现，属话语标记用法。例如：

（22）孙委员：北京要是真正实现垃圾分类，一定要有意识的提升，不断加强各方面的宣传，另外要教会大家怎么样去做，我们要制订一系列的切实可行的分类的方式方法，收集的方式方法，然后我们要通过一些立法来保证。**还有一点**，我们要把它作为一个绿色产业，作为一个二次资源把它提升。（城市零距离 2008116. txt）

　　＊（23）罗兵：是不是父亲对于你的身高略略有点遗憾。－－－－－－洛航：**还有一点**，争取再长 3、5 公分。（我的奥运情 2008009. txt）

　　例（23）与例（22）的不同之处是非常明显的。例（23）中的"还有一点"是"还有一点遗憾"，例（22）中的"还有一点"是针对前述话题"北京要是真正实现垃圾分类"所作的进一步论述。

　　8）回过头来

　　"回过头来"的话语标记用法主要是像例（24）那样，表示对话题的修正，即对以前提到过的话题再次提及，或者是转移到一个新的话题，提出另一种由前述话题所引发的假设或推论。这种用法在汉语语篇的建构中非常常见。

　　（24）张伟：没有敢想，现在我不敢想这个问题。她还这么小就受我们的影响，受到别人歧视她，到以后我也不敢奢望她说我是一个什么样的父亲。－－－－－－记者：**回过头来**，你知道你有艾滋病你还会生这个小孩吗？（社会能见度 2008036. txt）

　　＊（25）王其鑫：我记得我们全家回台湾去，我两个孩子坐在后面，在那儿聊天，结果我们台湾出租车的司机，他耳朵一尖，**回过头来**，这两个小孩是大陆的。（对话 2005016. txt）

　　例（25）是实意用法。这种区分也无法从形式上进行，必须根据意义进行判定。属于这类的还有"回过头来说""我们回过头来说""我们回过头来看"等。

　　9）大家也都知道

　　"大家也都知道"跟前面提到的"跟你说"类似，说话人在用其表达实意概念时，如果"大家"真的"也""都""知道"，那么意思为真值。像下面的例（27）中就是这样的用法。例（26）中的"大家也都知道"，没有强调"也"和"都"，更没有强调"知道"，说话人在说这个话语的时候，目的是想说明后边的话语应该是一种众所周知的事实，并真对这个事实对听话人进行提醒。是不是真的"大家也都知道"，是无关紧要的。这说明说话人对其概念意义并不是太关心，注重的只是其提醒注意功能。

　　（26）刘思伽：$ 每到春季、秋季，这个书市的时候，**大家也都知道**，地坛周边道路是非常不好走的，因为有很多买书人、爱书人感到这个时候

到书市去采购。（行家 2009（74）.txt）

＊（27）台湾东森电视台记者　李怡静：台啤市场占有率稍大一点，但其实青岛啤酒它慢慢地知名度也在打开，因为青岛这边的崂山泉水是很有名的，所以台湾一些喜欢杯中物的这些民众，**大家也都知道**。￥－－－－－－中国台北运动员　张浩：这里因为风是离岸风，从陆地吹出来，比较难跑一点，跟我们平常练习不一样。（热点透视 2007143.txt）

这种用法也比较多，如"我们知道""大家知道""你知道"等等。

4.2.4 自述与问诘类

所谓自述与问诘类的兼类形式，是指在自述过程中，说话人用来表达自身态度，或是自身思维过程的流露，或是对听话人予以提醒的话语。这类包括：

比方　比如　好吧　是吧　比方说　比如说　不是吗　第二呢　对不对　结果呢　然后呢　是不是　第二个呢　第三个呢　接下来呢　那结果呢　那最后呢　你知道吧　你知道吗　你知道嘛　是不是啊　说什么呢　那接下来呢　你说是不是　这个怎么说　应该怎么说呢

下面也选几个话语标记来举例进行对比阐述。

1）比方

＊（28）易中天：哪个？**比方**？￥－－－－－记者：比方说，刘表之死，你跟观众说，见上帝去了。（面对面 2006052.txt）

（29）赵箭：身怀绝技，但是基本上他们都有点基础，最好我希望有一些演员，能有自己的基础，**比方**，他会打篮球也好，会跑步也好，他有体育的这种感觉。（实话实说 2006057.txt）

2）第二呢

＊（30）王佳一：第一，父母要肯牺牲，必须制造环境让子女专心读书以身作则，所以牺牲自己的生活方式不可避免。你一看电视孩子就跟过来了，你一打牌孩子在旁边也学会了。－－－－－－郭炜：**第二呢**？（一路畅通 2009062.txt）

（31）陈锡文：我是说这件事情实际上是要理解是三点，第一点呢就是，平均年均增长6%，固然不算高，但是要坚持下来并不是一件容易的事情。**第二呢**，就是要实现这个目标，既然是做的决定提出来了，它就是个底线，是非实现不可的事情，当然就要创造条件，尽可能让它高。（面

对面 2008064. txt)

3）对不对

＊（32）赵少康：可是你也不能不用，你有没有魄力人家一眼就看出来，你可以做一件事，大家说有魄力，做一些件事或不做一些事，大家觉得你没有魄力，怎么做就在他的一念之间，从这边就可以看得出来，**对不对**？（骇客赵少康 2009051. txt）

（33）青岛市民：老人这个意识还没有转变吧，对不对，这个东西要转变，多少年来遗留下来的还得慢慢的去接受，对不对。￥＄老人这个意识还没有转变吧，对不对，这个东西要转变，多少年来遗留下来的还得慢慢的去接受，**对不对**。（新闻 1＋12009045. txt）

4）你知道吗

＊（34）严：对，这变化不大，还有，六畜拉出来的屎，这个粪，粪怎么写，**你知道吗**？（每日农经 2009067. txt）

（35）蔡国强：＄但是我是很不愿意让人家感觉到，这是我做的。**你知道吗**。（名人面对面 2009037. txt）

5）应该怎么说呢

＊（36）许子东：你到底是人本主义，还是牛本主义？－－－－－－窦文涛：**应该怎么说呢**？－－－－－－许子东：我们套用这个概念。（锵锵三人行 2008032. txt）

（37）韩姐：我的话就超简单了，**应该怎么说呢**，如果想让自己幸福，他你就是说，应该改变环境，如果你改变不了环境，你一定要改变自己。（心理访谈 2008041. txt）

在以上的例子中，凡是非话语标记用法，都是以问话的方式出现的，要求听话人作答。它们所指的，是一个已知或者未知的概念意义。例（28）中的"比方"，要求听话人举例来说明，实际所指的是一个要求听话人做一个举例的说话行为。在例（29）中，这个行为可以不说出来，而靠说话人自己在说话过程中予以控制。话语中用显式的方式表达出来，起到了对后续话语的说明，并有一定的承接功能，主要是延续前面话题做举例式论述。例（30）中的"第二呢"是指代听话人需要叙述的语言点。因此，它有一个未知的所指，这个所指在问话形式中，说话人已经知道听话人要说的话语分了层面，而且第一个语言点已经说完。这样第二个语言点就得到了强化。例（31）中的"第二呢"是说话人自己对话语分点的标记，这种分点本身可以通过其他方式比如停顿来表示。这种话语分点功能是话语标记功能的一种。例（32）中的"对不对"是要征询听话人意见，说话人自己叙述一个话题，然后需要听话人来判断该话题命题是不是正确。这个询问是要求对方回答的。而例（33）中的"对不对"实际上是说话人对自己所说话题的一种肯定，它不要求听话人做回答。例（34）中的"你知道吗"是询问对方的问话，例（35）中的"你知道吗"则是对自述话语的一种强调，提请听话者注意，并非要询问听话者。因此，例（35）是话语标记用法。例（36）的问话是要求听话者说出"怎么说"的方式，或者以实际话语为例进行说明，而例（37）中的"应该怎么说呢"则是一种自问自答的形式，表示的是一种思维过程：说话人边说话，边思考着言说的方式，一时找不到，则把思考过程外露，形成话语标记。

4.2.5 应答类

这种类型的话语标记用法和对应的非话语标记用法的区别主要在于：如果是对对方的应声类，表示一种顺应的赞成，或是一种专心在听的标志，或是一种话轮的接续，则为话语标记；否则，如果表示的是对对方提问的应答，则反映的是一种概念、命题的判断，就不是话语标记用法。这类包括：

当然 对啊 对的 对对 对了 对呀 是是 当然啦 当然了 对对对 好好好 可不是 那可不 应该是 就是这样 是这样的 是这样子 它是这样 就是这样的 是这个意思 是这样子的 其实是这样的 应该是这样子 是这么一个情况 这是一个说法

举例说明如下：

1）当然

*（38）叶：你讲的是份额啊、规模啊，以及它的定位调整，还是在大的门类？------王：**当然**。（财富人生2007078.txt）

（39）曹：想对于更多的普通民众来说谭盾几乎是成为一个家喻户晓的作曲家。**当然**，说到陈其钢的时候，在圈内人们对你有很高的评价，当然对于普通民众来说这可能还是个陌生的名字。（可凡倾听2007016.txt）

2）对对

*（40）记者：第一个想法是想赶快拿给同学是吗？------彭少虎：**对对**，因为大家也在期待着，当我跟他们说已经有出版社签约了，

愿意出，大家都出来一种期待的状态，什么时候什么时候。（资讯早八点2009053.txt）

（41）郑丛洲：我们坐在一个很普通的饭馆里，我们就想，那些建设者们是吃不到这样的午饭，因为他们经常吃到都是窝头，还有白菜，有的时候熬萝卜，那时候都是粗粮和细粮之分，我们老家都是这样讲。我看30%的面粉能吃上就不错。------邢云：＄【对对】，我觉得吃不上，那时候细粮很少。（人物周刊2009024.txt）

3）应该是

＊（42）主持人：我想再具体了解一下，您是从事医一行业，是不是负责平时推销的医药代表？------周成钢：**应该是**，就是到药品、药店推销药品这样子的。（新闻标点20051047.txt）

（43）刘：来我慢慢就觉得漂泊是非常重要的。**应该是**，所以这个乔伊斯说，漂泊就是我的美学，乔伊斯他这么说，后来我就慢慢觉得，这个漂泊确实就是我的美学，就是我生命本体当中所需要的。（名人面对面20051027.txt）

4）是这样的

＊（44）黄彦：您刚才谈到了我们制定了很完备的措施，听说有公交车线路改线是吗？------刘恩全：**是这样的**。一个阶段是与会代表抵京和离京的时段。（北京热线2006000（40）.txt）

（45）王蔷：有经验的教练训练新马，马匹了以后，建立起来各种各样的它的对辅助的这种反应，正确的反应以后，然后老的有经验的马来带新人，**是这样的**。（行家2008072.txt）

以上实例中，例（38）、（40）、（42）、（44）都是非话语标记用法。这些用法都有一个共同特点：回答前个话轮的问题，表示一种肯定意义。相反，例（39）、（41）、（43）、（45）中的用法则只表示一种肯定态度，这个态度是对前述话题内容的肯定，这种肯定是一种补充，因为在叙述的过程中，这种肯定由于说话人的语气实际上已经存在了。说话人再次用显式的标记指出来，无非是使态度更加明确。这就是这类话语标记的用法。

4.3 实例的总量与增量

通过对所有实例进行审定，我们区分了纯话语标记和兼类话语标记，并对所有的话语标记用法对应的用例进行了统计。下面是对实例总量与增量的分析。

表4.3　口语语体用话语标记实例增量与总量

访谈语体	一字串	二字串	三字串	四字串	五字串	六字串	七字串	总数
初始例数	42631	20105	12690	8638	3740	1683	486	89973
增量	250	352	903	1509	1279	926	542	5761
总例数	42881	20457	13593	10147	5019	2609	1028	95734
增量比值	0.006	0.018	0.0712	0.175	0.342	0.55	1.115	0.064

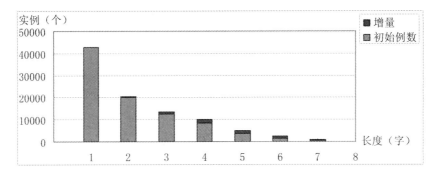

图4.5　口语语体用话语标记初始例数与增量

口语语体用话语标记实例与增量走势不太一致，但整体总实例与初始例数的走势是趋同的。这主要是因为，作为基数的初始例数是比较大的，增量带来的变化，不足以改变整体趋势。从增量比值来看，从一字串到七字串，增量比值逐步放大，因此，整体趋势和实验阶段相比，使用实例数量下降坡度有所减缓。总体而言，一字串的话语标记使用数量依然是最高的。五字串的话语标记频次并不高，说明越是高字串上的话语标记，使用机会越小。

下面再来看书面语体用话语标记在每个字串上的总例数与增量的情况。

表4.4　书面语体用话语标记实例增量与总量

访谈语体	一字串	二字串	三字串	四字串	五字串	六字串	七字串	总数
初始例数	828	16979	5044	4431	87	18	4	27391
增量	140	108	64	976	64	36	28	1416
总例数	968	17087	5108	5407	151	54	32	28807
增量比值	0.169	0.006	0.0127	0.22	0.736	2	7	0.052

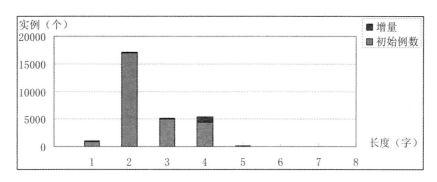

图 4.6　书面语体用话语标记初始例数与增量

书面语体用话语标记实例增量的情况，以一字串到三字串依次降低，四字串突然升高，五字串突然降低，然后五字串到七字串依次降低。四字串上实例的大增与类型的大增是有一定关系的。当然，和口语语体一样，这种增量也没有能改变实例分布的趋势特征。整体上，二字串上的使用实例数量依然是最高的，然后是三字串和四字串。五、六、七字串上的实例相对而言依旧很少。一字串上的用例也不多。

4.4　功能总类和判定标准

4.4.1　话语标记功能总类的划分

从功能数量角度，本研究将话语标记分为单一功能话语标记和多功能话语标记。在已标注功能的所有话语标记中，功能都在 3 种以内，也就是说，多功能话语标记实际上是二种功能话语标记和三种功能话语标记的统称，这样也可以简化分类。结合先前是否是兼类话语标记的研究，本文将话语标记总类分为四种：

单纯——单一功能只做话语标记使用的类型；

多纯——多种功能只做话语标记使用的类型；

单兼——单一功能有时候用作话语标记有时候不做话语标记的类型；

多兼——多种功能有时候用作话语标记有时候不做话语标记的类型。

下面我们按照种类进行例示说明。

4.4.1.1　单纯话语标记

单纯话语标记数量庞大，不管是新闻语体还是访谈语体，都占了很大比重。下面以"别说""据报道""反过来说"三个常见的话语标记为例。

1）别说

（46）金融危机之下，香港零售行业想出来的这些新招，**别说**，还真有效。（中国新闻2008465.txt）

（47）消费者：虽然贵但它是我们草原上的一道美食。------

文刚：**别说**，这草原豆腐我还真没吃过，可是你要让我天天吃那种20块钱1斤的豆腐，这怎么说都有点儿奢侈了。（每日农经2009058.txt）

"别说"这里不是要听众或者听话人"不说话"，而是说话人自身对前述话题将要进行表态、作出评价的一种前导标志语。在基本库中，没有出现非话语标记用法，因此是单纯话语标记。

2）据报道

（48）苏丹西部航空公司一架波音737客机昨天从苏丹首都喀土穆起飞后不久遭武装分子劫持，目前飞机一案劫机者的要求降落在乍得首都恩贾梅纳的机场，劫机者已被逮捕。**据报道**，这架飞机载有95名乘客和8名机组人员，这架飞机载有95名乘客和8名机组人员。（新闻和报纸摘要2007024.txt）

（49）白岩松：翟美卿，香江集团的总裁，**据报道**，您已经捐赠了大约三亿多人民币，占你的资产比例有多大？（新闻会客厅2005096.txt）

"据报道"表示的是后续话题的来源，这个功能是单一的，它没有第二个功能，说话人用它只是增加说话的某种客观证据，因此属于话语标记。

3）反过来说

（50）日本作为大国，它拿出一千亿来对它整个经济也无损。**反过来说**，一千亿就是花在国内也解决不了经济低迷的状况。（经济新闻联播2008365.txt）

（51）高强：体制，医生的工资靠他去通过看病来挣钱，医生要想增加收入，群众就得增加负担，**反过来说**，如果减轻群众负担，医生就得减少收入，这实际上是把医生和群众处于一个利益的对立面。（新闻会客厅2009062.txt）

"反过来说"是对前述话题和内容的一种逆说，具有话题逆接功能，是话语标记用法。例（50）和例（51）都反映出了它的功能性质。

4.4.1.2　多纯话语标记

多纯话语标记相对来说数目远少于单纯话语标记。在书面语体中一共有三个：最后、就这样、就是这样。后两个在访谈语体中都是兼类的（5.3 节中已经谈及）。我们这里以"最后"和访谈语体的"就这样子"为例。

1）最后

（52）**最后**，庹教授提醒消费者，如果保险从业员以修订生命表，保险会涨价为由推销保险，市民应该到保险公司问个明白，理性考虑自己的实际需求。（北京广播电台财经新闻 2003000. txt）

（53）二是，目前金融危机形势仍不明朗，欧洲大量银行、保险机构的警报还未解除，这些有可能成为支持未来金价坚挺的因素。**最后**，随着国内传统消费旺季的到来，四季度黄金需求还将上升。　（中国新闻 2008372. txt）

书面语体中的"最后"用法有两个功能，一个是叙事中的话题顺接功能，如例（52），还有一个就是叙述过程中的话语分点功能，如例（53）。顺接是时序上的一种顺承，有先后顺序；分点是话语叙述中的层次，是一种并行关系。

（54）马晓光：在这里，我也愿意请郑教授转达一个信息，我们已经准备好了，只要台湾同胞需要，我们愿意提供一切必要的协助。**最后**，我也祈愿台湾同胞早日度过难关，重建家园，过上安宁幸福的生活。（今日关注 2009055. txt）

（55）张教授：其次，遛狗尽量避开高峰期，同时要牵牢，严禁随意乱跑，以免伤人。**最后**，注意狗的卫生。（今日论坛 2006019. txt）

口语语体中的"最后"用法和新闻语体中的用法相同，也是两种功能用法：例（54）是话题顺接功能；例（55）是话语分点功能。

2）就这样子

（56）妈妈：……也经常说，你看这一块，数你条件好，你干吗不好好学习啊。**就这样子**，我就天天骂，你个败家子，你看你条件这么好，你不好好学习，真是一个败家子。（心理访谈 2007015. txt）

（57）陶宏开：你推我我推你，谁也管不了，而且你今天举报了，把他的电脑收去了，晚上又从后门拖回去，**就这样子**。　（央视论坛 2006041. txt）

这个多纯话语标记在书面语体中没有对应的。所以这两个例子都出自口语语料库。很明显，例（56）中的"就这样子"，是承接了前述内容，接下来的内容应该是顺着前述内容做进一步的论述，因此，它具有话题顺接功能。例（57）中的"就这样子"是对前述内容的自我肯定，这种肯定是对前述内容重复以加重意味，表达了说话人的态度，具有话语态度功能。

4.4.1.3　单兼话语标记

比较看来，这一类话语标记比单纯话语标记数少得多，但是多于多纯类话语标记。在5.3节中论述的兼类话语标记中，很多都是单一功能。比如序数词类下的话语标记基本都是单一功能的，因此它们就是单兼话语标记。具体情况请参考该章节。

4.4.1.4　多兼话语标记

多兼话语标记只在口语语料库中出现。它们是最灵活的。比如：

1）是这样子的

＊（58）许戈辉：我看到有资料说，您其实是比格尔获奖要慢一个月才知道自己也可以分享这个奖项，是这样吗？－－－－－－郝慰民：**是这样子的**，因为美国农业部它要确定到底是哪些人是有。（名人面对面2008020. txt）

（59）主持人：小节你好，这段时间以来，你一直在采访跟国庆筹备方面相关的这些话题，据你的了解，就是在把对老百姓的影响程度降到最低这方面，你发现的细节都有些什么？－－－－－－王小节：**是这样子的**，我在前两天采访了我们这个联欢晚会焰火的总导演蔡国强先生，他给我讲了一件事儿，让我感触非常深，他说……（新闻1＋12009143. txt）

（60）徐超：而且他们卫生系统经常会有相互的检查参观，学术交流或者什么，一看这家单位谁做的做得还不错，**是这样子的**。（走进他们2009006. txt）

例（58）中的"是这样子的"用来回答问题，它以这种方式肯定了一个命题意义，自身带上了一层概念，因此不是话语标记。例（59）中的用法则是承接了前一个话轮，然后引出后面的内容，为说话者接过话轮开始下文做铺垫，这是它的话语标记用法，具有话题顺接功能。例（60）中的"是这样子的"和多纯话语标记"就这样子"第二种功能用法相同，也属于话语态度功能类型。所以整体来说，"是这样子的"是一种多功能的兼类话语标记。

2）好吧

＊（61）翟孝伟：别这样说，老说实话干啥？------李小萌：**好吧**，那就这样，谢谢你们俩。（新闻会客厅 2007030. txt）

（62）陈香美：那也不可以，不能再超过这个数据，如果再进一步超过这个数据，是不可以，**好吧**。（大家 2008006. txt）

（63）王蔷：最准确的是配合，达到一定的目标。------罗兵：**好吧**，我们接下来就是一些有关于专业的问题了。（行家 2008072. txt）

（64）邢云：采访姚丽那天，她刚刚从四川归来，带着疲惫也带着兴奋，因为另一所和百年职校教学模式相同的学校，成都百年职校已经成立了。**好吧**，下面我们就来认识姚丽。（人物周刊 2009033. txt）

例（61）同例（58）相同，"好吧"用来回答问题，实际上，它等于是说："我不这样说了，不会老说实话了"。这种概念意义是隐藏在回答过程中的。因此这种用法不是本文考查的话语标记用法。后三个例子和例（61）不同。例（62）中的"好吧"是不容质疑的，这里使用它并不是为了判断某种事物的好坏，也不是为征询听话人意见，只是对自身话语的一种肯定，外带一种"就这样了，没什么商谈余地"的意味，因此属于话语标记，标示话语态度。例（63）的"好吧"出现在对话的后一话轮轮首，是在上一话轮的基础上，引出本话轮内容，而本话轮内容是与前一个话轮不相关的，这样就实现了话题的转移，因此，这也是"好吧"的话语标记用法，具有话题转移功能。例（64）整个是一个话轮，"好吧"出现在话轮内部，这个位置是说话人自述话语前后的交接处。在陈述了一些内容后，说话人用"好吧"将前面的话语告一段落，然后顺势引出后续话语，而这一后续的话语是前面内容的合理延续，"好吧"的作用就在于完成这种顺接，这是话语标记的话题顺接用法。概括起来说，"好吧"是一种兼类话语标记，做话语标记是功能有三种，是多功能的，故此是多兼话语标记。

以上对话语标记的各种功能总类进行了例析。需要澄清的一个问题是：同一形式的话语标记在不同语体中可能归属不同的功能类。比如说话语标记"就这样"，在书面语体中属于多纯话语标记，而在口语语体中则属于多兼话语标记。其书面语体中的实例如：

（65）"落实办"一面督促规划部门按照人口密度精确布点，一面要求设计部门尝试节能、卫生、对周遍环境影响最小的公厕设计方案，同时采取协商用地、收益转让等灵活办法作通市民的思想工作。**就这样**，规划图

上的公厕一个一个钉是钉、铆是铆地"钉进"了居民区。（新闻联播 2005026.txt）

（66）当时家里五六口人，光磨口粮就要四五个小时，白天要忙农活，早上鸡刚叫的时候，凌晨 4 点就要起来磨，有时夜里 12 点了，还要照着火把磨，人都被烟熏黑了。老人说，**就这样**，每天最多也就磨两三斤面，家里常常因为面不够而断粮。（新闻联播 2007316.txt）

例（65）中的"就这样"是一种具有话题顺接功能的话语标记，这是一种前话题自然引出后续结果的顺接；例（66）是一种话题逆接功能类型的话语标记，它所蕴含的是对后续话题的不满意，换句话说，后续内容是与前述内容本应得到的结果相背离的。在书面语体中，只有这两种功能。下面再看口语语体中的实例：

*（67）陈刚毅：吃了吐，吐了吃，强迫自己吃点什么，稀饭，因为稀饭相对味淡一些，喝点牛奶，**就这样**，就这样维持。（面对面 2006028.txt）

（68）王百姓：吃点饭，最后就走了，走了以后，当时我爱人呢，跟河北同志握个手，最后她说，早点回来，**就这样**。（面对面 2007013.txt）

（69）窦学君：我跟她说没问题，您只要放心，一切交给我吧。**就这样**，我在车里看着他们家熟睡的孩子，我就想她中途醒了怎么办，要哭怎么办，心里也挺后悔的。（市民热线 2008175.txt）

例（67）的"就这样"是非话语标记用法，它指代的方式在句子中做"维持"的方式状语。例（68）中的"就这样"是标示话语态度的话语标记，是对前述内容的肯定总结。例（69）则是话题顺接功能类型的话语标记，它承接前述话语，开启后续话语，顺理成章地过渡。

总结以上分析可知，"就这样"在书面语体中是多纯总类，在口语语体中是多兼总类；功能类型也不一样，书面语体中是话题顺接和话题逆接，在口语语体中却是话题顺接和话语态度。

4.4.2 功能类型的判定标准

首先，我们划分的功能十类型，从实际效果上说，还是比较糙的。为研究方便起见，仍然将很多具有共性的功能划分到一个功能名下。比如"话题"这个概念，在实际使用时，就涵盖了"命题""内容"等意义。以"话题逆接"这个功能里的"但是"为例：

（70）他说，朝方希望会谈取得成果。**但是**，能否取得成果不取决于朝方，而取决于美国。（东视新闻 2006039. txt）

（71）教育专家认为，对于住房条件不好的家庭来说，高考住宾馆的确有利于创造一个安静的迎考环境，**但是**，宾馆对孩子来说毕竟是个陌生的环境，家长的良苦用心未必恰当。（东视新闻 2006146. txt）

（72）昨天沪深两市低开高走，上证指数一度冲高到了 5200 点。**但是**，冲高后获利盘的大量抛售使得股指大幅度下挫。　（东视新闻 2006251. txt）

例（70）中，"但是"前面句子的话题是"朝方"，命题是"朝方希望会谈取得成果"，后边一句的话题则是"能否取得成果"，命题是"能否取得成果不取决于朝方"，前后两句的命题没有明显的逆接，但话题却发生了翻转。例（71）的"但是"前后两句的话题一致，都是"宾馆之于考生"，发生逆转的，是命题。前句命题是"宾馆有利于考生"，后句的命题则是"环境陌生因此未必恰当"。例（72）中"但是"前面句子的话题是"沪深两市股指"，命题是"股指一度冲高"，后句的话题是前句演化而来的"冲高后的股指"，命题是"冲高后的股指大幅下挫"。这里的话题和命题似乎都没有了关系，只是从内容意思上是相反的。

这样细致考虑也不失为一种分析，但就本研究目的而言，本文只进行粗略划分，将这几种现象统称为"话题逆接"，也能满足要求。

再比如"话语角度"这个功能。一般谈到话语角度的时候，会涉及到三个方面：一是话语角度形成的出发点（话语从哪里发出）；二是话语角度形成的归结点（话语指向何处）；三是话语从出发点到归结点的方式（话语如何传递）。例如：

（73）马主席：平顶山农业集团公司现在有 27000 多名农民工，绝大多数入了工会，入会率已达到了 93%。**总地来说**，这几年我们在组织农民工入会、维护他们的权益方面实实在在做了一些工作。　（今日论坛 2006020. txt）

（74）吴文忠：事情竟然抖出来，说什么我们去看他，而且事实上那个场景不是只有六个人，那张照片在我背后还有一二十个师兄弟。**对我来讲**，我坐在那边五分钟到十分钟，我坐立不安，我赶快想跑啊，因为在那边我就觉得说不大对，一个脱罪的一个准备，也是一个借刀杀人、调虎离山嘛。（骇客赵少康 2008044. txt）

（75）陈虎：实际上从技术层面上来说，所谓的作战和通讯系统可以相互连接，它意味着双方的数据传输系统比较畅通。**换句话说**，它就像战场的神经一样，在这个战场上如果有美国的战舰，有日本的战舰，通过数据链沟通之后，日本的雷达能够看到的东西，在美国战舰的屏幕上也可以看到。（海峡两岸之热点透视2005118.txt）

例（73）的"总地来说"是后续话语的出发点。例（74）中的"对我来讲"是说话人强调自身的一种手段，表示后续话语是指向自己。实际话语中，这个原本是不必言明的，或可以通过其他手段表示出来。例（75）中的"换句话说"是一种说话方式转变的宣告。当然，还有很多描述话语方式的话语标记。限于篇幅这里就不一一举例了。

为研究方便，本文将这三个方面归结为统一的话语角度功能，不做细致区分。

其次，对于那些由短字串组合成的长字串话语标记，我们主要是考虑哪种功能占主导地位，就以该功能作为这个长字串话语标记的功能类型。比如：

（76）顾峰：跟您说，您的认真劲是对的，**但是我跟您说**，掉头的掉还真是掉东西掉、掉眼泪这个掉，掉字有八种解释，第五种就是回转，掉头掉过来，调动的调是没有回转掉头的意思。（一路畅通2007030.txt）

本例中的"但是我跟您说"是由"但是"和"我跟您说"组合而成的。"但是"是典型的话题逆接功能类型的单纯话语标记，"我跟您说"是提请注意功能类型的单纯话语标记。两个功能不同的话语标记组合在一起，是什么功能呢？应该说，组合后的话语标记是具有每一个组合成员的功能的，但从话轮内容本身来看，逆接的意味是比较强的，这种意味甚至渗透到了"我跟您说"这个单一话语标记之中。在先入为主的情况下，如果把这种意味灌输进"我跟您说"中后，试着拿掉"但是"，这种逆接依然存在。因此，逆接功能是整个话语标记的凸显功能，也就被看作该话语标记的功能。再比如：

（77）何帆：但是这里头，我不得不提醒有一些银行，就是这个账也可能会算错，因为第一个，我们现在看到的就是受到很多公众的质疑，所以这会影响到它的品牌，影响到它的声誉，**那么第二一个**，就是这种做法呢，在限制了竞争对手的同时，也束缚了自己的手脚……。（今日观察2009134.txt）

　　本例中的话语标记"那么第二一个"是"那么"和"第二一个"的组合，一个是话题顺接功能，一个是话语分点功能。顺接本身是话题自然承接的模式，带标记的表达是顺接的外显。话语分点一般是一系列的分点标记，不是都以显式表达，就是都以隐式表达。在两种功能组合后，由于话语分点功能的话语标记已经不能再隐藏，所以显得不可或缺。而顺序承接前言后语的顺接功能话语标记，仍然是若隐若现的体现在语流中。因此，整个话语标记的功能，自然凸显了话语分点的功能，因此该功能就被选定为本话语标记的功能。

　　最后，对于即有语篇功能又有人际功能的话语标记，我们采用本义（包括逻辑意义）优先原则来给该话语标记定功能类型。之所以采用该原则，主要是因为在这样的情况下，离本义越近的越典型，该功能也就越凸显。比如：

　　（78）窦文涛：没错，日本今天的新闻还有呢。------梁文道：**对啊**，明明是今天要过期的食品，贴的标签是下个月过期，连日本人都搞这一套，他们说没办法，现在竞争太剧烈了。（锵锵三人行 2007001（130）.txt）

　　本例中的"对啊"，既有承接上一个话轮的话题然后引出本话轮的语篇功能，也有一种表示同意对方话语、随口应声的话语态度的人际功能。但"对啊"是"对"的变体，其本义是对某命题的判断，表明说话人对该命题的态度。因此本文按照本义优先原则，将"对啊"的功能定为话语态度功能。再比如：

　　（79）崔老师：我觉得我挺有信心，我觉得挺好，我已经写了 12 集了。------主持人：**是吧**，又是写电视剧，这个等于是给婚姻生活又找出新的一种方向和目标，是不是对未来得婚姻是其实会有更好的作用？（心理访谈 2008029.txt）

　　（80）李春晨：8 吨！差不多相当于盛米的编织袋，就是一袋，400 多袋！------主持人：**我觉得**，我现在有必要让春成享受一下，就是唾手可得，一口清泉的感觉。（新闻标点 20051005.txt）

　　例（79）是话语标记"是吧"。从这个例子来看，和"对啊"一样，"是吧"既有话题接续功能，也有随声应和表示支持对方观点的话语态度功能。按照原则，本文给它的功能类型是话语态度功能。而例（80）中的"我觉得"，是说话人思考过程的一种外露，也是一种话题视角的宣告，还有一种话题承接的功能。但从本义来讲，"我觉得"更多的还是一种说话人对自己说话的一种角度宣告，因此本文把它定为话语角度功能。

4.5　数据对比分析④

经过对话语标记的过滤提取，然后对实例进行提取并建库，并对实例库中的话语标记类型、功能进行判断，我们得到了书面语体用话语标记数据表和口语语体用话语标记数据表。下面本文就从各个角度，对两种语体中使用的话语标记进行对比分析。

4.5.1　种类数量对比分析

两种语体用话语标记的在各个字串上的总量对比有助于我们看清两种语体用话语标记的使用特性。我们将表4.1和表4.2总类提取出来，并将图4.2和图4.4整合，得到表4.5和图4.7。

表4.5　两种语体用话语标记种类数量对比

字串　　语体	一字串	二字串	三字串	四字串	五字串	六字串	七字串	总数
书面语体	21	82	65	124	49	35	22	398
口语语体	32	116	275	545	725	615	374	2682
比值（口/书）	1.524	1.398	4.231	4.395	14.796	17.571	17	6.722

从图4.7和图4.8看到，两种语体用话语标记在字串上的分布有共同特征，即话语标记达到一定长度后在种类上就会减少，这也验证了前期试验中得到的结论六。这种情况从书面语体角度来看更加明显。这主要是因为，作为话语中的语篇功能标记和人际功能标记，要求它自身必须简明，就像道路上的路标，必须让人一目了然。如果以过长的字串作为标记，不但说话人在说话过程中耗费更多的认知努力，而且也会使得听话人难以取得相应的认知效果。语言中，概念的表达和传递是信息传输中的主要一环，话语标记的存在使得语言组织和表达更为清晰、顺畅，并体现了交际者自身和交际者之间的话语取向和方法态度。

---

④　本节内容参见：阚明刚，侯敏. 话语标记语体对比及其对汉语教学的启示［J］. 语言教学与研究，2013，06：32-39.

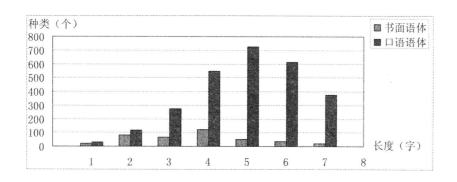

图 4.7　两种语体用话语标记种类数量字长分布对比图

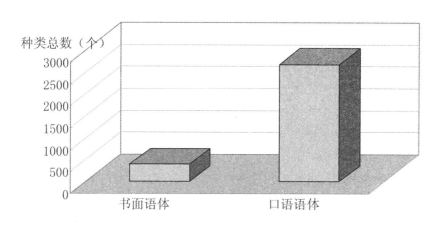

图 4.8　两种语体用话语标记种类总量对比图

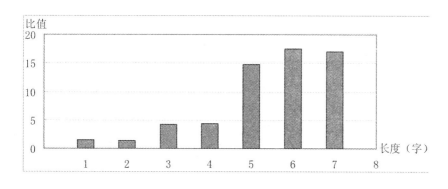

图 4.9　两种语体用话语标记种类字长分布比值图

两种语体在话语标记使用上的差异是十分明显的。首先，在一字串和二字串上，两种语体的话语标记分布差别不大，三字串和四字串上，差距开始拉开，五、六、七三个字串上的差别巨大。图4.9是两种语体用话语标记种类数量的比值，这个图更明晰地告诉了我们两种语体用话语标记在分布上的差异。在本论文调查研究范围内，以《新闻联播》为样本的书面语体有自己的特征，这种语体要求新闻播报准确，证据性强，符合一定的程式（蔡玮，2010：66），语言规范，并且必须在精确的时间内完成。在这样的要求之下，新闻独白不大可能使用大量的长字串话语标记。而以访谈对话语料构成的口语语体则不同，在主持人的控制之下，话题的选择、时间的长短都受到了限制，甚至有的主持人形成了自己的节目风格，使得自己的话语带上了某种程式化色彩。但是，在语言的规范性、信息的准确性等等方面，要求要比书面语体低得多。访谈对话过程中的话题逆接、话题转移、随想随说造成的思维过程的外漏等等，都使得这种语体可以采用较长字串的话语标记进行语篇组织。

整体数量上的差异更体现着两种语体的差别。口语语体用话语标记种类总数是书面语体用话语标记种类总数的6.7倍。书面语体不会大量使用话语标记，正体现了书面语体的严整恭谨。在口语语体中，语言表达上逻辑关系的清晰依靠话语标记的大量使用，从而语境的构建才能完成，同时说话人总是言明自己的话语角度和话语态度，这样就使得整个话语个人口头色彩很浓，话语显得通俗易懂。这一点验证了实验阶段所得到的结果，即：两种语体用话语标记的种类和实例数量差别很大，属于口语语体的话语标记远远多于属于书面语体的话语标记。

4.5.2 话语标记集合的获得

使用自编的对比程序进行分离后，我们得到四个话语标记集：1）无重复话语标记总集——混合集；2）书面语体专用话语标记集；3）口语语体专用话语标记集；4）两种语体共用话语标记集（附录4）。计算得到数据如下：

表4.6 两种语体用话语标记集合

集合	书面语体用	口语语体用	混合集	书面语体专用	口语语体专用	两种语体共用
数量	398	2682	2817	135	2419	263

我们将数量看成是面积，对三个集合画圆，得到集合关系图：

通过对各种话语标记集合的测量可以看出，两种语体对话语标记的使用上存在着交集。话语标记使用情况正如图 4.10 所示，两种语体的话语标记集合不是包含关系，而是交叉关系，这个结论再次验证了实验中得到的结论三。从图 4.11 可以判断，书面语体专用话语标记只占总量的 5%，数量相对来说少得多，其余 95% 都可用于口语语体，书面语体用话语标记中约三分之二都在口语语体中使用。因此，话语标记主要用在口语语体中这一观点是正确的。

两种语体共用

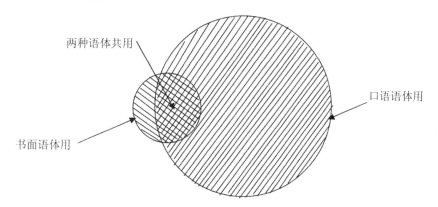

图 4.10　两种语体用话语标记集合模式图

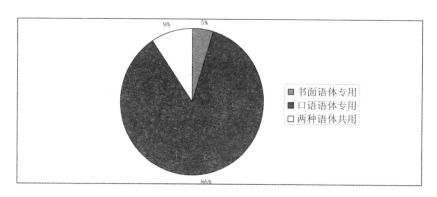

图 4.11　各个集合在话语标记全集中的比例

另外在实验阶段得到的两种语体用话语标记集中的元素，占书面语体用话语标记种类总数的 42.5%，而在整个语料库中，这个比例提升到了

66%。这说明，在调查范围不断扩大过程中，书面语体用话语标记在口语语体中出现的比例加大，越来越多的书面语体用话语标记使用在口语语体之中。从另一个角度说，两种语体在话语标记上的联系越来越紧密。

4.5.3 实例数量对比分析

从前面的研究看到，话语标记实例数量也存在着巨大差别。种类数量上的差异对实例数量的影响是巨大的，但实例数量本身也体现了两种语体自身的特征。

表 4.7 两种语体用话语标记实例数量对比

语体 字串	一字串	二字串	三字串	四字串	五字串	六字串	七字串	总数
书面语体	968	17087	5108	5407	151	54	32	28807
口语语体	42881	20457	13593	10147	5019	2609	1028	95734
比值（口/书）	44.299	1.197	2.661	1.877	33.238	48.315	32.125	3.323

我们将表4.3和表4.4总例提取出来，并将图4.5和图4.6整合，得到上表4.7和下图4.12。

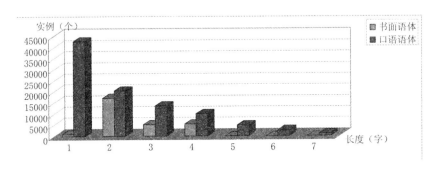

图4.12 两种语体用话语标记实例数量字长分布对比

比较而言，书面语体以二字串话语标记实例最多，三字串和四字串话语标记实例次之，对一字串的使用不太积极。而口语语体则从一字串到七字串话语标记依次递减，说明该语体也倾向于使用低字串话语标记。实例数量的分布反差主要在一字串、五字串、六字串和七字串上，图4.12显示出了这种差异。在一字串上，前面分析已经说明，种类差异不明显，而实例数量上的差异表明，由于口语语体属于即时交际，一字串话语标记的使

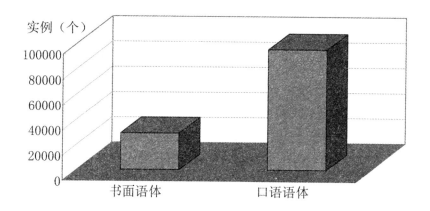

图 4.13　两种语体用话语标记实例总量对比

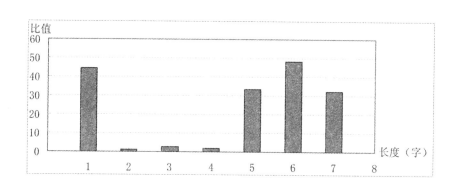

图 4.14　两种语体用话语标记实例数量字长分布比值图

用更迅捷更随意，也造成了口语语体的语篇内部结构短小，短句较多（阚明刚，2011）。而书面语体中一字串话语标记使用频率不高，表明它们远没有口语语体一字串话语标记活跃。另外，书面语体用话语标记实例在二字串上虽然最多，但仍然没有能超过口语语体。

从实例总量上看，口语语体实例总数是书面语体实例总数的 3.3 倍。这也体现了两种语体之间的差异。

4.5.4　种类与实例综合对比

绝对数量的差异影响因素很多，若要观察话语标记的活跃程度，还需考察相对实例数。

表4.8　两种语体用实例与种类数量比值表

语体 字串	一	二	三	四	五	六	七	总量比值
书面语体例类比值	46.1	205.9	78.6	43.6	3.1	1.5	1.5	72.2
口语语体例类比值	1340	176.4	49.4	18.6	6.9	4.2	2.7	35.7

　　表4.8是得到的在字串上话语标记的平均实例数和整体总量上的每个话语标记的平均实例数，即，用实例总量除以类型总量。请看图4.15。

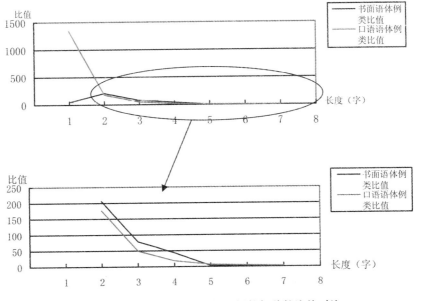

图4.15　两种语体用话语标记例数与种数比值对比

　　从表4.8和图4.15可知，一字串上，口语语体用话语标记的平均实例数量远高于书面语体，在二、三、四字串上，口语语体用话语标记的平均实例数量高于口语语体，但在五、六、七字串上，又出现了反转，只是平均值都比较小。总的来说，口语语体用话语标记最活跃的是一字串的，书面语体用话语标记最活跃的是二字串的。二字串以后所有话语标记的活跃度都开始降低。二、三、四字串上，活跃度急剧降低，五、六、七字串上趋于平缓。我们的研究表明，在话语标记的使用上，短于五字串的是语言中经常使用的。不管是什么语体，人类追求语言的经济性是一条普遍规律。话语标记作为语境建构手段，表征了概念、命题间的逻辑联系。这种手段、标记不适宜时常更新，否则会耗费听话人更多不必要（至少是比较来说）的认知努力来理解传递的主要话题信息。在这一点上，两种语体是一致的。

还有一个不同是总量上的比值。书面语体上，实例与种类总量比值是72.2，这个值是口语语体值35.7的2倍。较少的话语标记类，较高的实例数，表明书面语体用话语标记整体上较高的使用率和活跃度。同时，也正因为如此，书面语体在语言上才显得不那么花哨，句子间、段落间乃至于篇章间的逻辑关系分明，容易让听话人理解前言后语的逻辑关系，从而能把认知努力投入到概念、命题信息之上。相反，口语语体则体现出话语标记多变的性质。一方面，研究语料来自不同的人，使用上体现了多样性；另一方面，口语语体语言选择的即时随意性，也造成了话语标记的多变。

为进一步看清两种语体用话语标记在种类和实例上的异同，我们需要更详细地对比两种语体话语标记的使用情况。首先要看的，就是一字串上的话语标记使用情况。

表4.9　前十名最活跃的一字串话语标记

排名　　　分布	一字串					
	书面语体			口语语体		
	种类	实例数量	功能总类	种类	实例数量	功能总类
1	二	188	单兼	对	30930	单兼
2	三	183	单兼	好	7275	多兼
3	一	177	单兼	嗯	792	多兼
4	四	134	单兼	哎	765	多纯
5	五	77	单兼	哦	671	多兼
6	六	46	单兼	行	558	多兼
7	即	38	单纯	啊	530	单纯
8	七	29	单兼	喂	440	单纯
9	八	26	单兼	来	242	单兼
10	如	20	单纯	一	161	单兼

一字串上的话语标记最活跃的前十名中，书面语体用的，主要是一些序数词，是用来做话语分点的，但实例数量比较低；而口语语体上，所用的话语标记以叹词居多。

整体看，书面语体中在话语分点叙述时，一、二、三、四点用的最多，五点以上，就比较少了，这说明，新闻独白虽然是书面语体，但毕竟是通过口头向观众和听众传递信息。太多的分点，虽然在纸上可以层次分明，但表达起来就会显得啰嗦，听起来不容易理解记忆，容易引起观众和听众的厌烦。这样就可以明白，为什么书面语体用一字串话语标记不那么活跃了。

而口语语体中最活跃的是应答、态度话语标记"对"。访谈语料是以对话形式存在的，交谈双方由于交际的需要（出于礼貌等，或自然或特意地）大量使用这个话语标记来支持对方观点、鼓励对方继续发言或表明自己在注意聆听，虽然使用它的目的本不在于对方在征询自己的意见。另一个较高活跃度的话语标记"好"也是口语语体特征所要求的。访谈中，不管是主持人自己开篇导语，还是做最后总结，或是交谈双方在话轮转换中自然接续，亦或是话题转移，"好"都是最好用、最实用、最有效的逻辑手段。除了话语标记"好"之外，叹词用作话语标记，来表达自己在倾听、自己在思索、话轮的接续、话轮的占据、提请对方注意、自我领悟的顺接等，都是访谈对话中常用手段。也正是这些手段的使用，才使得访谈对话那么随意自然，语言生动活泼，交谈双方营造的语境气氛融洽，节目上也会有吸引力。

下面我们再看看二字串、三字串和四字串的情况。

表 4.10 前十名最活跃的二字串话语标记

排名	二字串					
	书面语体			口语语体		
	种类	实例数量	功能总类	种类	实例数量	功能总类
1	此外	3393	单纯	好的	1548	单纯
2	不过	1991	单纯	第二	1369	单兼
3	另外	1986	单纯	是吧	1321	单兼
4	为此	1218	单纯	另外	1247	单纯
5	因此	1215	单纯	所以	1181	单纯
6	据悉	1134	单纯	第一	1176	单兼
7	随后	1025	单纯	对吧	1142	单兼
8	但是	711	单纯	但是	1072	单纯
9	然而	621	单纯	好了	805	单兼
10	第二	276	单兼	那么	770	单纯

表 4.11　前十名最活跃的三字串话语标记

排名 分布	三字串					
	书面语体			口语语体		
	种类	实例数量	功能总类	种类	实例数量	功能总类
1	据了解	2496	单纯	对不对	1372	单兼
2	据介绍	1062	单纯	对对对	859	单兼
3	据报道	560	单纯	就是说	752	单纯
4	报道说	115	单纯	第二个	695	单兼
5	事实上	101	单纯	比如说	603	单兼
6	可以说	86	单纯	是不是	536	单兼
7	一方面	78	单纯	我觉得	535	单纯
8	接下来	77	单纯	但是呢	534	单纯
9	据透露	73	单纯	第一个	520	单兼
10	实际上	54	单纯	当然了	423	单兼

表 4.12　前十名最活跃的四字串话语标记

排名 分布	四字串					
	书面语体			口语语体		
	种类	实例数量	功能总类	种类	实例数量	功能总类
1	请看报道	2361	单纯	是这样的	1013	多兼
2	与此同时	881	单纯	也就是说	554	单纯
3	请听报道	493	单纯	这样的话	457	单纯
4	本台消息	246	单纯	你知道吗	443	单兼
5	也就是说	212	单纯	怎么说呢	406	单纯
6	另一方面	183	单纯	这是一个	289	单纯
7	除此之外	118	单纯	换句话说	264	单纯
8	这样一来	88	单纯	我跟你说	249	单纯
9	不仅如此	84	单纯	就是这样	243	多兼
10	这意味着	77	单纯	另外一个	211	单纯

　　表 4.10 所体现出来的二字串话语标记活跃度排名差异也是很明显的。从前三名来看，书面语体更加倾向于使用话题顺接话语标记来进行话题内容的追加、补充。这样的话语标记的使用，不但使书面语体在语言上流

畅，也使得内容上逻辑层次增强，意思更容易被理解，观点更容易被接受。排在第四位和第五位的"为此"和"因此"，也是逻辑上的自然推导，前言能顺利导出后语。反观口语语体，首先是使用频率上没有书面语体差异那么大，再者就是人际功能较强的话语标记"好的""是吧"高居榜首。口语语体既然是面对面的对话特征使然，那么就要关注说话的语气态度、关注对方的感受和接受程度，以便交际能顺利有效的进行，这是这几个话语标记使用率较高的原因。

表4.11所体现出来的话语标记使用情况差异也很明显。口语语体用话语标记延续了二字串上的风格，活跃度较高的是话语态度功能类型的"对不对"和"对对对"，以及具有顺接功能用来进一步阐释的话语标记"就是说"。另外一个特征就是使用频率变化幅度较小。书面语体用三字串话语标记使用最活跃的，是表示话题来源类型的，占据着前四名。此外，实例数量的变化幅度非常大，到第十名只有54个实例。

表4.12所体现的数据特征和表4.11更加相似，依然是书面语体方面使用频率变化巨大，口语语体方面变化平缓。所不同的是话语标记类别上有些变化。书面语体用四字串话语标记活跃度靠前的又回到了话题顺接功能类型；口语语体在四字串上高频使用的也是话题顺接功能类型的话语标记。

概括来讲，整个二三四字串上的话语标记在两种语体上的表现特征还是鲜明的。书面语体用话语标记在每个字串上例数幅度变化都较大，高活跃度的话语标记主要是话题顺接和话题来源功能类型；口语语体用话语标记在每个字串上使用例数变化幅度都是平缓的，高活跃度的话语标记主要集中在话语态度和话题顺接功能类型。

下面再来看看五字串、六字串和七字串上的话语标记情况。

表4.13　前十名最活跃的五字串话语标记

	五字串					
	书面语体			口语语体		
	种类	实例数量	功能总类	种类	实例数量	功能总类
1	在此情况下	12	单纯	这是第一个	183	单纯
2	但与此同时	11	单纯	另外一方面	171	单纯
3	而另一方面	11	单纯	大家都知道	149	单纯
4	这就意味着	10	单纯	可以这么说	129	多纯

续表

	五字串					
	书面语体			口语语体		
	种类	实例数量	功能总类	种类	实例数量	功能总类
5	但即便如此	9	单纯	所以我觉得	129	单纯
6	但另一方面	8	单纯	就是这样的	115	单兼
7	正因为如此	7	单纯	这是第一点	109	单纯
8	对于这一点	6	单纯	但是我觉得	103	单纯
9	在这一点上	6	单纯	我举个例子	102	单纯
10	之所以如此	5	单纯	不管怎么说	100	单纯

表 4.14 前十名最活跃的六字串话语标记

	六字串					
	书面语体			口语语体		
	种类	实例数量	功能总类	种类	实例数量	功能总类
1	不过与此同时	5	单纯	我觉得是这样	152	多纯
2	但从总体上看	4	单纯	这是一个方面	103	单纯
3	也正因为如此	4	单纯	我举一个例子	88	单纯
4	不过相比来说	2	单纯	应该是这样的	65	多纯
5	不过这样一来	2	单纯	那么这样的话	50	单纯
6	从这个角度看	2	单纯	另外一个方面	40	单纯
7	从这一点来说	2	单纯	确实是这样的	38	单纯
8	但是毫无疑问	2	单纯	但是另一方面	37	单纯
9	但是另一方面	2	单纯	所以这样的话	37	单纯
10	但是总体来说	2	单纯	我的意思是说	33	单纯

表 4.15 前十名最活跃的七字串话语标记

	七字串					
	书面语体			口语语体		
	种类	实例数量	功能总类	种类	实例数量	功能总类
1	我觉得是这样的	5	单纯	从这个意义上讲	70	多纯
2	但是不管怎么说	4	单纯	从某种意义上说	51	单纯
3	但是另外一方面	2	单纯	从某种意义上讲	35	单纯

续表

	七字串					
	书面语体			口语语体		
	种类	实例数量	功能总类	种类	实例数量	功能总类
4	我给你举个例子	2	单纯	从这一点上来看	34	单纯
5	就像你刚才说的	2	单纯	而且据我们所知	26	单纯
6	但是不管怎么样	1	单纯	不过从总体上看	23	单纯
7	我们大家都知道	1	单纯	从另一个角度看	20	单纯
8	是这么一个情况	1	单纯	从这个意义来说	18	多兼
9	从某种意义上讲	1	单纯	从这个意义上看	15	单纯
10	实际上是这样的	1	单纯	从这一点上来说	14	单纯

从以上三个表格中我们发现，书面语体用长字串的话语标记使用率非常低，整体上不那么活跃，尤其是六字串和七字串，实例数量都在 5 以下（各自只有一个实例数量超过 5 个）。这说明，在书面语体中，这些话语标记是偶尔用之，因此有的专家学者干脆就不把它们看成是话语标记。即使是五字串话语标记，实例数最高的也没有超过 15。口语语体则跟书面语体形成了鲜明对照：首先，在活跃度上，相比书面语体用话语标记都高；其次，使用上都保持了一定的频率，就连七字串话语标记，也只有最后三名的实例数低于 20。数据表明，口语语体中，长字串话语标记的大量高频使用，降低了语言的正式程度，减缓了语言信息流的传递，增强了语体自身的特征。

那么，两种语体在整体上活跃度最高的话语标记都是谁呢？又有什么特点？请看：

表 4.16　两种语体用前十名最活跃的话语标记对比

排名	两种语体用话语标记					
	书面语体			口语语体		
	种类	实例数量	功能总类	种类	实例数量	功能总类
1	此外	3393	单纯	对	30930	单兼
2	据了解	2496	单纯	好	7275	多兼
3	请看报道	2361	单纯	好的	1548	单纯
4	不过	1991	单纯	对不对	1372	单兼
5	另外	1986	单纯	第二	1369	单兼

续表

排名 \ 分布	两种语体用话语标记					
	书面语体			口语语体		
	种类	实例数量	功能总类	种类	实例数量	功能总类
6	为此	1218	单纯	是吧	1321	单兼
7	因此	1215	单纯	另外	1247	单纯
8	据悉	1134	单纯	所以	1181	单纯
9	据介绍	1062	单纯	第一	1176	单兼
10	随后	1025	单纯	对吧	1142	单兼

从表 4.16 可知：第一，两种语体用高活跃度的话语标记都是短小的话语标记；第二，两种语体都会对两三个话语标记情有独钟，如书面语体的"此外""据了解""请看报道"，口语语体的"对""好"，对其他的大都一视同仁（频率较均衡）；第三，功能上，新闻语体重语篇，访谈语体重人际。

本节最后我们关注一下覆盖率。

表 4.17　两种语体用话语标记种类与实例覆盖率表

覆盖率 \ 语体		60%	70%	80%	90%	95%	99%
书面语体	总类排名	9	13	22	44	69	191
	总类比值	2.26%	3.26%	5.51%	11.03%	17.29%	47.87%
口语语体	总类排名	20	39	84	244	582	1724
	总类比值	0.74%	1.45%	3.12%	9.06%	21.61%	64.02%

这里所说的覆盖率，是指针对书面语体用话语标记 28807 个实例、口语语体用话语标记 95734 个实例，需要多少话语标记来覆盖能达到一定比例。从结果看，书面语体用话语标记前 9 名（2.26% 的话语标记种类）就覆盖了 60% 的话语标记实例，前 13 名就覆盖 70%，在增加 9 种就可以覆盖 80%，要覆盖 95%，只需前 69 种话语标记，在不到半数时，就覆盖了 99%。这表明，书面语体用话语标记主要是前 100 名发挥作用（到排名 96 位是覆盖 97%），它们是最重要的书面语体用话语标记。口语语体用话语标记前 20 名（0.74% 的话语标记种类）就覆盖了 60%，其后的 2663 个话语标记只覆盖了 40% 的实例，可见这前二十名的活跃程度非常得高。翻一

番到 39 名（1.45% 的话语标记种类），覆盖率为 70%，再翻一番到 84 名，覆盖率为 80%。要想覆盖 90% 的实例，只需不到 1/10 的话语标记。在这个基础上再翻一番，到 582 名时就可以覆盖 95%。覆盖率达到 99% 则要到 1724 名。

比较而言，口语语体用话语标记排名靠前的要比书面语体用话语标记活跃，到一定程度之后，这种活跃程度变化就不再明显了。与之不同的是，书面语体用话语标记排名靠前的虽然不如口语语体用的活跃程度高，但是活跃程度变化趋势明显，到一半的时候，使用率就已经很低了。

4.5.5　功能类型对比分析

前四个小节对比了两种语体用话语标记在质和量的差异，并分析了原因。那么两种语体用话语标记在功能类型上又有什么各自的特点呢？

表 4.18　两种语体用话语标记功能类型对比

按 DM 种数排名名次	书面语体用话语标记				口语语体用话语标记			
	功能类型	种类数量	实例数量	例数名次	功能类型	种类数量	实例数量	例数名次
1	HTSJ	128	13923	1	HTSJ	813	21632	2
2	HYJD	85	322	6	HYTD	539	49638	1
3	HTNJ	61	3629	4	HYJD	437	2947	6
4	HYFD	53	4501	3	HTNJ	320	3567	4
5	HYTD	42	584	5	HYFD	260	10348	3
6	HTLY	22	5809	2	HTLY	128	973	9
7	HTZJ	4	29	7	TQZY	120	3451	5
8	TQZY	4	8	8	HTZY	54	1700	7
9	HTZY	2	2	9	SWGC	54	1033	8
10					HTZJ	31	186	10

这里首先需要说明的是，在对比分析话语标记功能时，多功能的我们看成分属不同的话语标记。

通过表 5.20 和图 5.24 可知，书面语体用话语标记只用到九种功能，少了口语语体中标志思维过程的功能类型。这是本研究的对象自身特质所决定的。新闻独白本身是报纸新闻的另一种介质的转换，尽管广播电视新闻语言在使用过程中存在口语元素，但从新闻报道语言的内部延续性来看，广播电视新闻报道和报纸新闻报道一样，使用语言仍以通用书面语为主（蔡玮，2010：10）。新闻报道，尤其是重大的时政新闻，在信息源上都需要有权威性和可靠性，在表达上需要严谨、准确、洗练、简明，于是有着一系列明确规则而又可以反复推敲的书面文字也就成了它们必然的依靠对象（李想，2002：176）。这种经过反复推敲的文字，再经过专业训练的播音员播报出来，过程中所注意的，就是如何清晰流畅地将文本传达出去，播音员对文本内容不再参与构建，也就不会再有个人的思维过程参与其中。在整个书面语体内，话题顺接功能类型的话语标记用的最多，不管是种类数量还是实例数量，都是高居榜首。究其原因，正如本文上一节中分析的那样，是因为这种功能的话语标记是保持语言流畅、思维衔接紧密、逻辑关系清晰的重要手段。这类话语标记的使用，也使得新闻内容容易被理解和接受，不会让人感到过分的强硬和干涩。同时，书面语体内部也应用一些话语角度功能类型的话语标记，说明在播报新闻或发表评论时，不是那种完全说教式的口气，而是很注意说话的方式和取向。当然，比较重要的还是话题来源和话语分点功能类型话语标记的使用。这和上节探讨各个字串上话语标记活跃度的结果也是一致的。

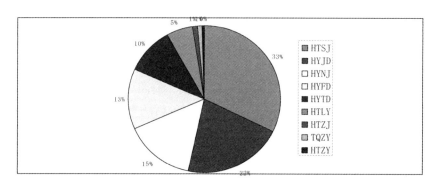

图4.16　书面语体用话语标记功能类型比例图

　　图4.16显示，前四大功能类型的话语标记占总数的83%。书面语体中用的较少的是话题总结、提请注意和话题转移三种功能类型的话语标记。应该说，话题总结功能类型的话语标记对于新闻独白来说没有用武之地，这是因为一条一条的新闻是不需要太多的总结的。其次，提请注意功能类型的话语标记也不太适合大量出现在比较严肃的新闻独白之中。话题转移功能类型的话语标记用的很少，这是汉语新闻独白的特色。从另一个

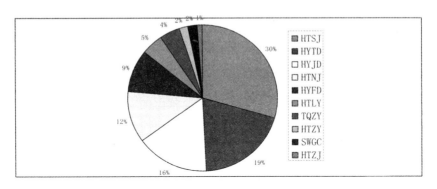

图 4.17　口语语体用话语标记功能类型比例图

角度说，这个现象可能造成外国人看中文新闻的迷惑。语言学家 Wolfgang Teubert 曾不无感慨地说："看中文新闻，一条新闻与另一条新闻之间那些标记过渡的话语是比较少的，有时候下一条新闻已经开始了，给人的感觉像是还在说上一条新闻"。因此，针对不同的观众和听众，应考虑此类话语标记使用的量。

　　口语语体对话语标记的使用也有自己的偏好。从表 4.18 可以看到，大量的话题顺接功能类型的话语标记存在于该语体中，而且实例数目也非常大，仅次于话语态度功能类型。后一种话语标记的大量使用，是口语语体的本质体现。在谈话交际过程中，对对方的话语随时表示支持，是谈话得以顺利进行的重要手段。另外，图 4.17 表明，前四大功能类型的话语标记占总数的 77% 。但与书面语体不同的是，表示话题来源的话语标记在口语语体中少得多。新闻独白注重话语根据，不掺杂个人感情，而访谈对话则主要是交谈双方发表对某事的自身观点，对话题来源的要求就低得多。话题来源功能又叫传信功能，即人们在使用语言的过程中总是要自觉或不自觉地交代自己所说话的来源，以此来表现话语的可靠性。本研究也再次证明：文体不同，使用传信语的情况也不同，这既与传信语的性质有关，也与文体的特征有关。（陈颖，2008）此外，口语语体中，话题转移功能类型的话语标记使用也比较靠后，这主要是因为访谈对话和现实生活中的谈天说地还是不一样的。访谈对话毕竟大都围绕一个话题进行，所以这种话语标记用的就不会太多。倒是提请注意功能类型的话语标记使用频率有所提高，这样用一方面是加强说话人自身对要表达观点的强调，一方面也提请对方注意，以增强交际效果。当然，整体上来看，这类话语标记也不是太多，毕竟，在访谈对话中老是提醒别人，也是不太礼貌的行为，而且显得自己说话不那么自信。和书面语体最大的不同还是在于，口语语体使用了一定数目的表示思维过程功能类型的话语标记。访谈对话虽然相对于现实生活中的自由漫谈要正式，甚至在访谈之前说话双方都要有准备，结束后编辑会对内容进行整理，但是并不能预测每一句话语，所以总会有一些新的观点态度需要去表达。在此过程中，犹豫思索是在所难免的，这些过程也就体现在这类话语标记的使用上。另外，访谈对话中那些话题总结功能类型的话语标记虽然有，数目不是太多，只有 31 种，实例也只有186 个。

那么从功能角度看，两种语体所使用的高频话语标记是否一样呢？为了回答这个问题，我们对每一种功能类别进行考察，并对比前十大高频话语标记。

话题顺接功能类型话语标记既然是两种语体最常用的，那么所体现出来的异同定与语体的异同息息相关。

表 4.19　前十名最活跃话题顺接功能类型话语标记

排名	分布	两种语体用话题顺接功能类型话语标记					
		书面语体			口语语体		
		种类	实例数量	功能总类	种类	实例数量	功能总类
1		此外	3393	单纯	好	5373	多兼
2		请看报道	2361	单纯	好的	1548	单纯
3		为此	1218	单纯	所以	1181	单纯
4		因此	1215	单纯	那么	770	单纯
5		随后	1025	单纯	就是说	752	单纯
6		与此同时	881	单纯	比如说	603	单兼
7		请听报道	493	单纯	也就是说	554	单纯
8		那么	276	单纯	这样的话	457	单纯
9		本台消息	246	单纯	是这样的	371	多兼
10		也就是说	212	单纯	然后呢	352	单兼

在统计表 4.19 中，这种异同体现比较明显。书面语体用的话题顺接话语标记以信息接续为主导，各个标记不掺杂任何个人情感，所体现出的，是客观的顺序承接，反映着信息的客观性。话题的接续，靠这些话语标记完成，使得语篇内容本身过渡顺畅。再者，新闻独白格式化的话语模式，

如"请看报道""请听报道""本台消息",也形成了这个语体的标志性话语,不但承接上文引起下文,自身就是语体特色的体现。反观口语语体用话题顺接话语标记,大部分都具有一定程度的感情态度成分,只是在使用中语篇功能更强。比如"好""好的",在使用中表示赞同的同时,更多的是引出说话人下面的话语。比如:

(81)观众:不是说百分之百都成功,但是这里成功率比咱们要高。------主持人:**好**,谢谢大家的鼓励。(实话实说2005052. txt)

(82)贺文萍:我对未来的发展并不抱很乐观的态度,虽然现在占据了首都,但是现在另一方势力还是非常强大的。------主持人:**好的**,也非常感谢两位嘉宾,虽然索马里的形势是不容乐观,但是我们希望国际社会不要再让悲剧重演,不要再让十多年前的悲剧重演。(今日关注2006324. txt)

例(81)中的"好"在承接先前说话人的话题之外,还表达了对该命题的认可同意。这种情感认同是交际中非常重要的润滑剂。该话语标记的使用,不仅使话轮顺利过渡,话题得到延续,而且能增加交谈双方的认同感。例(82)也是这种用法,而且这种用法更明显。"好的"情感态度在这里弱得多,它实际上是对前一话轮在说话容量的认同,跟内容无实质联系。换句话说,该例句中"伊斯兰势力还是非常强大的"与"主持人"本身说"好的"并无关联。但不管怎么说,一句"好的"会使听话人感觉舒适。这样的用法还有在前面讨论过的"对啊""对的"等等。

从用词上说,书面语体使用的是"为此""因此",这是比"所以""那么"更倾向于书面语体的词汇。另外,"随后""与此同时"注重叙事语篇的层次逻辑,而口语语体使用的"就是说""也就是说",更注重听话人的理解程度,从而进行解释说明。下面再来看话语角度功能类型。

表4.20　前十名最活跃话语角度功能类型话语标记

排名	分布	两种语体用话语角度功能类型话语标记					
		书面语体			口语语体		
		种类	实例数量	功能总类	种类	实例数量	功能总类
1		看来	76	单纯	我觉得	535	单纯
2		一般来说	29	单纯	换句话说	264	单纯
3		总体来看	16	单纯	一般来说	110	单纯
4		总的看	14	单纯	一般来讲	84	单纯

续表

排名 分布	两种语体用话语角度功能类型话语标记					
	书面语体			口语语体		
	种类	实例数量	功能总类	种类	实例数量	功能总类
5	换句话说	11	单纯	对我来说	65	单纯
6	总的来说	10	单纯	总的来说	65	单纯
7	按理说	8	单纯	在我看来	55	单纯
8	简单的说	6	单纯	这么说吧	51	单纯
9	具体来说	6	单纯	我感觉	43	单纯
10	对于这一点	6	单纯	看来	41	单纯

总体看，两种语体在话语角度功能类型上的最大差异就是：新闻独白重说话方式，如"一般来说""总的来说""简单的说"的使用；访谈对话则注重表达话语的说话人立场，如"我觉得""对我来说""在我看来"。既然是新闻，自然以报道事实为主，但是报道语言的选择、叙事角度的选取，是最重要的。访谈也有叙事，比如对当事人了解事情，或是采访一个人的事迹等，但总会涉及一个人对某事的看法，说话人也会谈及自己的对某事的态度。由于是个人的情感态度，说话时言明观点态度只是出于自身而非别人，这是口语语体本来就有的特质。

表 4.21　前十名最活跃话题逆接功能类型话语标记

排名 分布	两种语体用话题逆接功能类型话语标记					
	书面语体			口语语体		
	种类	实例数量	功能总类	种类	实例数量	功能总类
1	不过	1991	单纯	但是	1072	单纯
2	但是	711	单纯	但是呢	534	单纯
3	然而	621	单纯	不过	296	单纯
4	可是	78	单纯	可是	186	单纯
5	相反	42	单纯	然而	136	单纯
6	但同时	17	单纯	但是我觉得	103	单纯
7	但事实上	14	单纯	相反	52	单纯
8	反之	12	单纯	但是另一方面	37	单纯
9	但实际上	12	单纯	但是实际上	36	单纯
10	而实际上	11	单纯	但是另外一方面	35	单纯

从表4.21可以看到，在前几名的类型和使用量上，两种语体用话题逆接功能类型话语标记几乎相同。即使从整个话题逆接功能类型上去考察，该功能话语标记的使用也是最接近的。这反映出语体间对话题逆接的共性。些许差异存在于后几种话语标记。书面语体在逆接上仍然注重对事实的报道，口语语体的即时随意性也由后几种话语标记所体现。

表4.22 前十名最活跃话语分点功能类型话语标记

排名	分布 两种语体用话语分点功能类型话语标记					
	书面语体			口语语体		
	种类	实例数量	功能总类	种类	实例数量	功能总类
1	另外	1986	单纯	第二	1369	单兼
2	第二	276	单兼	另外	1247	单纯
3	第三	259	单兼	第一	1176	单兼
4	第一	234	单兼	第二个	695	单兼
5	二	188	单兼	第一个	520	单兼
6	三	183	单兼	第三	453	单兼
7	另一方面	183	单纯	首先	316	单纯
8	一	177	单兼	这是一个	289	单纯
9	第四	145	单兼	再一个	243	单纯
10	四	134	单兼	另外一个	211	单纯

两种语体在话语分点功能类型上的差别之一，是书面语体在叙述报道过程中，使用简洁、规整、严肃的"一""二""三"这样的标记，口语语体则相对用的少。这类话语标记书面语体色彩明显，是我们口头对话交际时随意通俗的话语所避免使用的。第二个区别在于，口语语体中使用的话语标记由于语体自身影响，带有"个"字的比较多，这是在书面语体话语中不适合的。第三，书面语体内使用的分点类型包含两个第"四"层次的话语标记，而口语语体中前十却没有。我们观察整个话语分点功能类型的话语标记发现，除了上述这些差异得到佐证之外，还有就是书面语体的话语分点标记最大到"十二"，而且在"七""八"上有一定数量的使用量。反观口语语体用的此类话语标记，大的分点标记只到"十"，而且这些都是访谈对话过程中对某些条款的诵读以便交流。不仅如此，标记到"六"时，用例已是不多。这些差异表明了两种语体在书面与口语之间的完全对立。书面语体的话语分点，由于可以事先斟酌、反复揣摩，所以能

清晰表达多层话语内容。而口语语体由于即时表达，不大可能迅速组织语言表达多层次概念。总之，话语分点功能类型的话语标记清晰地反映了两种语体的特征。

表 4.23 前十名最活跃话语态度功能类型话语标记

排名	分布 两种语体用话语态度功能类型话语标记					
	书面语体			访谈语体		
	种类	实例数量	功能总类	种类	实例数量	功能总类
1	当然	125	单纯	对	30930	单兼
2	事实上	101	单纯	对不对	1371	单兼
3	可以说	86	单纯	是吧	1321	单兼
4	尽管如此	71	单纯	好	1308	多兼
5	实际上	54	单纯	对吧	1142	单兼
6	的确	23	单纯	对对对	859	单兼
7	即便如此	23	单纯	嗯	749	多兼
8	应该说	17	单纯	对对	708	单兼
9	况且	8	单纯	对啊	686	单兼
10	说到底	7	单纯	是这样的	642	多兼

表 4.23 中话语态度功能类型话语标记在两种语体间前十名没有相同项。从量上看，此类话语标记呈现一边倒现象。从先前的分析并结合本表来看，此类话语标记的使用差别是两种语体用话语标记的最大差别，也反映着两种语体间的差异。书面语体用话语态度功能类型话语标记是对自述的肯定。访谈语体中的，一些是对自述内容的肯定，一些是对对方话语内容的肯定。对对方话语的肯定是访谈语体特有的。即使是对自述内容的肯定，肯定的语气也是以征询意见的形式出现，给人的感觉是不那么肯定。书面语体方面则表现的比较坚定。总而言之，不管是从量上说，还是从类上看，还是从程度上讲，两种语体的差异都是明显的。

表 4.24 前十名最活跃话题来源功能类型话语标记

排名	分布 两种语体用话题来源功能类型话语标记					
	书面语体			口语语体		
	种类	实例数量	功能总类	种类	实例数量	功能总类
1	据了解	2496	单纯	据了解	144	单纯
2	据悉	1134	单纯	据我所知	127	单纯

续表

排名	分布 两种语体用话题来源功能类型话语标记					
	书面语体			口语语体		
	种类	实例数量	功能总类	种类	实例数量	功能总类
3	据介绍	1062	单纯	据报道	98	单纯
4	据报道	560	单纯	还是那句话	45	单纯
5	报道说	115	单纯	据说	41	单纯
6	据透露	73	单纯	就像你说的	40	单纯
7	另据报道	60	单纯	俗话说	36	单纯
8	据称	51	单纯	就像你刚才说的	26	单纯
9	报道称	45	单纯	就像您说的	17	单纯
10	有报道说	45	单纯	就像刚才说的	17	单纯

口语语体语料由于是对话形式，那么在话语中，说话人也常用话题来源功能类型话语标记来指明自己话语的出处，以示根据。但比较来说，口语语体中的用量远不及书面语体。从单个话语标记来看，前几名差异不大，后几名则体现出了两种语体的差异。口语语体常直接引用刚刚说过的话语来表达同意的态度，书面语体中的这种话语标记是不存在的。因此，书面语体最注重远距离说明客观来源，口语语体则侧重近距离引述以提供证据；书面语体的话题来源模糊，而口语语体的话题来源具体。

最后需要比较的是两种语体用话语标记在功能类型数量上的分布。见下面的表格4.25. 很明显，书面语体用话语标记多功能的只有三个，它们是："就是这样""就这样"和"最后"，而它们的功能数也只有两个。即使兼类的，也只占一小部分。这说明书面语体在表达概念意义、命题意义上，逻辑关系清晰，很少会让人产生歧义以至于造成对表达内容的曲解。但口语语体则表现出来了相当的差异。

表 4.25　两种语体用话语标记在功能总类上的分布

语体	类型	单纯话语标记	单兼话语标记	多纯话语标记		多兼话语标记	
				2个功能	3个功能	2个功能	3个功能
书面语体用	种	366	29	3			
	例	36646	1947	214			

语体 \ 类型		单纯话语标记	单兼话语标记	多纯话语标记		多兼话语标记	
				2个功能	3个功能	2个功能	3个功能
口语语体用	种	2497	122	39	5	14	5
	例	32082	49440	10195	1320	2629	8868

首先说，虽然单纯话语标记占了很大比重，但是兼类现象是比较严重的，尤其从实例数量上看，兼类数量远远超过了纯话语标记的使用。除此之外，多功能的话语标记比书面语体用的多得多。这反映出口语语体的语言灵活度高于书面语体，而且由于口语语体使用的语言在单位时间内信息量要小于书面语体（前面已经证明），那么对兼类的理解上听话人有充足的时间去对其消歧。分析也表明，在自然语言处理中对话语标记消歧是非常重要的。

4.5.6　位置分布对比分析

由于实例库中自动标注了话语标记在所处段落或者话轮的位置，因此其分布很容易计算。先看整体种类和实例分布情况。

表4.26　两种语体用话语标记类例位置分布比率

话语标记 \ 位置	书面语体用话语标记				口语语体用话语标记			
	种类	比例	实例	比例	种类	比例	实例	比例
段（轮）首	81	20.3%	1063	3.7%	1386	51.6%	52289	54.6%
段（轮）内	388	97.5%	24831	86.2%	2286	85.2%	41332	43.2%
段（轮）尾	5	1.3%	2906	10.1%	207	7.7%	2113	2.2%

两种语体用话语标记在位置上的分布是有共同点的：一，大多数可以出现在段落（话轮）中间；二，在段落（话轮）尾部使用的话语标记都较少；三，在种类上用量排序都是：段（轮）内＞段（轮）首＞段（轮）尾。即使如此，种类上的分布仍有细微差别：书面语体用段首话语标记所占比例大幅低于口语语体用轮首话语标记；书面语体用段中话语标记所占比例高于口语语体用轮内话语标记；口语语体用轮尾话语标记的占比高于书面语体用段尾话语标记。这些差异表明，书面语体在表述事件时，段落之间的联系与过渡较少依靠话语标记，而更多的依靠语义关系。而口语语体在话语标记种类的使用上，则表现出话轮之间的接续得到重视。说话双

方在前言后语之间，听话人主要用话语标记来承接，使得对话流畅。前面的研究已经表明，话题转移功能类型的话语标记在新闻独白中比较少，而从上表又可以看到段尾的话语标记用得少。这种情况更说明，书面语体段落间的衔接主要靠意义，而这一点又得到了实例数量上的支持。段落内部用话语标记实例占总数 86.2%，而段首只占 3.7%，段尾实例则占了 10.1%。总之，书面语体段落首位上的话语标记种类多而杂，段落尾部上的话语标记种类少而精。口语语体在实例上体现了与书面语体很大的差别。首先其话轮首位的话语标记实例数量扭转了种类数量上的弱势，例数占比达到了 54.6%。可以说，口语语体在话轮首位的话语标记上表现的少而精，在话轮内部和话轮尾部的话语标记多而杂。

概括起来说，两种语体用话语标记在位置分布上，书面语体看重段落内部。新闻的每个段落形成一个表达整体，并且大都独立于其他段落。这种模式符合新闻独白类型的话语篇章，即一段一新闻；口语语体看重话轮首位，也就是话轮与话轮之间的承接，较少有说话人自己用话语标记表明自己放弃话轮。这种模式也是访谈对话类型话语篇章的特性，谈话双方礼貌的接续对方的话语（别忘了很多是话语态度即肯定对方观点的话语标记），即照顾了谈话双方的面子，又使访谈对话可以持续。那么在功能类型上两种语体在位置分布上表现如何呢？请看下面的两个表格：

表 4.27　两种语体用话语标记种类和实例在位置上分布前十名

排名 / 位置	段（轮）首				段（轮）内			
	书面语体		口语语体		书面语体		口语语体	
	种类	实例	种类	实例	种类	实例	种类	实例
1	本台消息	246	对	28780	此外	3302	好	1904
2	据了解	185	好	5331	据了解	2311	对	1700
3	据介绍	102	好的	1413	不过	1981	第二	1322
4	此外	91	对对对	799	另外	1928	对不对	1227
5	另外	58	是这样的	734	因此	1212	另外	1100
6	据悉	52	嗯	706	为此	1211	对吧	1002
7	随后	44	对对	647	据悉	1082	第一	996
8	与此同时	20	对啊	627	随后	981	所以	969
9	三	13	哦	457	据介绍	960	是吧	954
10	除此之外	12	对呀	400	与此同时	861	但是	907

表4.28 两种语体用话语标记功能类型在位置上的分布

位置 排名	段（轮）首				段（轮）内			
	书面语体		口语语体		书面语体		口语语体	
	功能	种数	功能	种数	功能	种数	功能	种数
1	HTSJ	27	HTSJ	436	HTSJ	120	HTSJ	706
2	HYFD	26	HYTD	343	HYJD	84	HYTD	431
3	HTLY	11	HYJD	220	HTNJ	59	HYJD	361
4	HYTD	9	HYFD	130	HYFD	54	HTNJ	284
5	HYJD	5	HTNJ	121	HYTD	42	HYFD	241
6	HTNJ	5	TQZY	78	HTLY	22	HTLY	116
7	HTZJ	1	HTLY	60	HTZJ	5	TQZY	106
8			HTZY	30	TQZY	4	SWGC	49
9			SWGC	26	HTZY	2	HTZY	40
10			HTZJ	11			HTZJ	24

　　从两个表格可以看到，书面语体在段首所使用的话语标记主要是话题顺接、话语分点和话题来源三大功能形式，而在单个话语标记的使用上，则以话题来源功能类型如"本台消息""据了解"和话题顺接功能类型如"此外""另外"频率最高。口语语体用话语标记在单个使用上，话轮首位主要是以"对""好""好的""对对对""是这样的"此类话语态度和话题顺接功能类型的频率最高。这种情况在表4.28也得到了很好的证明。两种语体在段首和轮首所使用的话语标记差异，主要是因为书面语体重话语证据，也就是说讲话要有根据；口语语体重情感，换句话讲就是要照顾谈话方的面子。从种类上看，书面语体段首用话语标记只有7个功能类型，缺少思维过程、提请注意和话题转移三个功能类型。同时，话题总结功能类型极少，类和例只有1个"总之"。口语语体不太重视话题来源，而且在讲话之前常进行思索。

　　书面语体在段内的话语标记使用上，单个话语标记表现整体上与段首相似，但表示话题顺接的"此外"频率上升到第一位，话题逆接"不过"也表现抢眼。这说明，书面语体在叙事过程中，更注意话题之间的逻辑关系。口语语体在轮内的单个话语标记使用上与轮首差异很大，虽然"好"和"对"依然高居榜首，但"第二""第一"出现在前十名中，说明口语语体话轮内部很注意层次。"另外""所以"的高频使用，说明口语语体话轮内部也注重话题顺接逻辑关系。对比表 4.28 和表 4.18 我们知道，功能类型的表现和整体范围内的表现是相一致的。

两种语体在段（轮）尾使用的话语标记整体来说都很少，书面语体只有 5 个，最重要的是"请看报道"和"请听报道"。这样的话语标记是新闻播报中在简要陈述事实之后，下一步要进行全面报道的联系语，它们是新闻特有的形式，形成了新闻特色的话语标记。口语语体用话语标记在轮尾上各种功能类型都有使用，每一个话语标记使用频率比较均衡。但种类上以话语态度和话题顺接最多，实例上主要是以自我确认形式的话语态度类"对""对吧""是这样的"和"对不对"频率最高。因此比较而言，口语语体更倾向使用话语标记来表示话轮的结束，这就能使听话人抓住这一信息承接话轮。

4.5.7　再论话语标记的语体分类

本文在第三章开头曾对话语标记从三个层面即语体、位置、功能进行分类。在进行了多角度研究对比之后，回过头来再看图 2.1 可以发现，最初的分类基本上是可行的，但总体上显得比较粗糙。首先这样的分类对于考察两种语体中话语标记是合适的，很大程度上预测了研究结果。然而，这两种语体用话语标记与其他语体用话语标记的界限并不是十分明晰，换句话说，按这两个语体分类能否推及到其他语体上去还是个未知数。再者，在位置上的划分应该和做研究过程中一致，即首、内、尾三分，甚至应该更细，比如说，书面语体的句子间和段落间的划分就不如段首、段内和段尾，口语语体的话轮间和话轮内就不如后来的轮首、轮内和轮尾。另外，本研究实际上把单独成为话轮的话语标记归到了轮首一类中。这种单独成为话轮的类型，是话语标记消歧中必须分出来的一类。在功能层面，最初的分类是不太科学的。按功能类型使用的话语标记不只是在书面语体语篇内的句子间有交叉重叠，实际上，在段首也有很大的重叠，这点从交集上可以看出来。在两种语体用话语标记的交集上，书面语体用的有 70 个即可以用于段首，也可以用在段内；口语语体用的有 180 个即可以用于轮首，也可以用于轮内。这两个的交集包含 60 个话语标记。也就是说，有 60 个话语标记既可以用于书面语体的段首和段内，也可以用于口语语体的轮首和轮内。总之一句话，两种语体用话语标记在使用上要复杂的多，最初设想是比较理想化的。最后，最初的功能和位置对应关系设想也比实际情况简单的多。在位置和功能这个交界面上，是一种多对多的关系，很难说只有某种功能的话语标记用于一个固定位置。考虑上述分析，我们将话语标记语体分类调整如下：

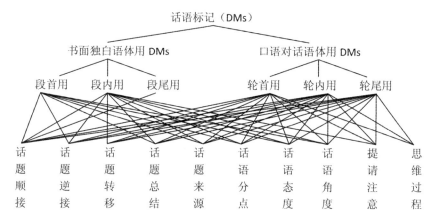

图 4.18　话语标记按语体再分类

4.6　话语标记的其他特性差异

4.6.1　语气词使用上的差异

书面语体的话语标记体现出该种语体的本质：语言规范庄重。与之相对，口语语体的语言则充满了口语色彩。这种差异除了体现在前面讨论的质、量、功能、位置等几个方面外，语气词在话语标记中的使用也是口语语体表现出来的与书面语体不同的特点。据统计，在 2682 个口语语体用话语标记中，带有语气词的共有 405 个，这些语气词包括："啊""哎""吧""啦""嘞""吗""嘛""呢""呀" 9 种。其中，用的最多的是"呢"，有 237 个，比如"我说呢""怎么说呢""但是相反呢"等等。其次用的多的是"吧"，有 88 个，像"你这样吧""换句话说吧""反正这么说吧"等等。然后就是"啊"，有 42 个，例如"据说啊""你说你啊""我跟你讲啊"等等。其余的像"嘛"有 13 个，"呀"有 11 个，"吗"有 8 个，你比如说"我说嘛""所以说呀""但你知道吗"。"啦"（4 个）、"哎"（1 个）、"嘞"（1 个）的使用数量很少，说明只是偶尔使用。书面语体用话语标记在语气词的使用上，只包括"啊""吧""吗""呢"，其中只有"呢"使用了 2 次，其他三个都是 1 次。

从上述比较可知，语气词的使用是口语语体用话语标记的一个特点。由于语气词能帮助语气的表达，同时它能在语调的基础上增加色彩（胡裕树，1995：376），这样就使得口语语体的话语语气比较丰富，从而给人感觉是情感饱满，也容易引人注意。而书面语体的语言主要靠语调表达语气，相比而言较访谈对话使用的语言要干涩，从而容易使人疲倦。当然，这种正规的语体形式，也不大允许使用很多语气词来表达，否则就会有失严肃了。

4.6.2 其他用字差异

口语语体色彩字词的使用也是口语语体用话语标记与书面语体用话语标记重要区别之一。在访谈对话中，指称谈话双方的"你""我"是很常用的指代词。含"我"的话语标记就有 563 个。诸如"我说吧""我跟你说""我告诉你""我跟你讲啊""我跟你这么说吧"等等，都是一种从自身出发的言语。而"你看""你看看""你看看你""你说说你吧"等等，都是一种指向对方的话语标记。书面语体用话语标记含"我"的只有四个，它们是"我们知道""据我所知""而且据我们所知"和"所以作为我来说"。带"你"的只有一个，"你还别说"。可见，口语语体中大量用对指来交谈，使信息的指向、说话人的态度明确，话语非常有针对性。书面语体则是面向大众的，就无需这种具体的指向。

另一个在口语语体用话语标记中常出现的用字是"个"，共 275 个，书面语体中只有 20 个。一些话语标记很能体现口语色彩，比如"第二一个""第二一个呢"，就是口语中加字凑音即增音所形成的。除了"个"外，常做添加剂的还有"的话"，在整个话语标记库中有 92 个，比如：

（83）黄丽香：那时候是因为是冬天嘛，**那么的话**，五六点的话天已经暗了，我记得下飞机的时候大概是六点，在上海的上空的时候往下望的时候是一片漆黑。（对话 2005015. txt）

（84）土雪：最开始 2007 年有一个学校，北京新干线学校，给我们提供了一个固定的办公场地，**这样的话**，给我们解决一个非常大的困难。（行家 2009（206）. txt）

新闻播报中，像例（83）和（84）这样的话是少见的。如果《新闻联播》里边到处都是"那么的话""这样的话"这样的话，这样的话，估计该节目时间在翻一倍也可能不够用。还有就是由于口头交际的随意性和语流的影响，会造成一种语音脱落即丢字现象，例如下例中的"我告你"：

（85）马智勇：举个例子，家长买了条鱼回来，把鱼搁浴缸里，孩子放学回家，看鱼挺好看，乐呵呵去看，家长说了这么一句话，**我告你**，千万别动呀，弄死了我打你。（新闻标点 20051088. txt）

"我告你"本身是"说话人要告听话人的状"，但是例（85）中的"我告你"想说的却是"我告诉你"。这是只有在口语中才存在的形式，书面语体中是绝对不会出现的。这种形式的形成还有一个认知上的原因，即说话人不太重视所使用的话语标记，其说话的重点要不在语气态度上，要不就是在前言后语的意思上。也就是说，作为逻辑关系的外在标志，说话人在说话的过程中总是将话语标记一带而过。最弱的形式当然是在不影响语义关系、观点态度的表达的情况下，话语标记完全被隐没掉。再如口语对话中常用的接近口头禅的"我觉得"，有的人说的时候，会简化为"我觉"或是"觉得"。

4.6.3 创造性差异

口语语体中的话语标记创造性很强，比如有这样一个句子：

（86）……笔找不着，慌乱中，我生孩子的时候让他签字，他就泪流满面地找不着笔了，然后这次他又找不着笔了，太奇怪了。签完了这个以后然后又回去了，然后过一会又签一个，我也不知道哪个签的是麻醉的，哪个签的是手术的，**反正总之那个**，又找不着笔了，太逗了，你都不知道人生的这种巧合有多么可笑，有多么幽默……（鲁豫有约 \ lyyy050105. txt）

这种在现实语境中为构建语境所创造出来的话语标记是说话人运用了"反正"这种话语态度功能类型、"总之"这种话题总结功能类型和"那个"这种表示犹豫的思维过程功能类型的话语标记临时拼凑在一起的，当然这中间话语态度功能类型占主导，表示那种对"又找不着笔了"的无奈。在本研究的话语标记库中，有很多口语语体用长字串话语标记都是说话人临时创造出来的，例如：

（87）水皮：我觉得每个人都在谈论熊市的时候，恐怕熊市不是来不来的问题，而是什么时候结束的问题。**那么话讲回来**，中国的基本面，即便是按照钟伟教授的那个分析，那么我也可以告诉大家，它并没有出现大的拐点……。（对话 2008024. txt）

例（87）是体现口语语体用话语标记创造性的一个很好的例子。一般而言，"那么"总是表示顺接的，即说话人根据前述话语自然得出后边结论。而实例中的"话讲回来"是话题逆接功能类型的话语标记。本来矛盾的两个话语标记组合使用的情况，也只有在口语语体中出现。如果书面语体中使用这样的话语标记，势必耗费听话人更多的认知努力才能取得相应的认知效果。从语言上看，可能生动了些，但是对本来单位时间内信息量就比较大的新闻独白来说，其结果将得不偿失。这样分析我们就能明白书面语体用话语标记为什么没有表现出创造性来。

另一个口语语体用话语标记比书面语体用话语标记更体现创造力的现象是，两个或多个话语标记的连用。如：

（88）田强：我记得在改革开放初期，甚至以前的话，东北他的土壤非常的好，都是黑土，然后他们耕作方式非常粗放，但是这样的话，**相对来讲**，对于土地肥力的开发，经济效益肯定稍微差一点，那么目前来讲，现在咱们国家用这么少的耕地养活世界 20% 以上的人口，这个是一个创举。（新闻标点 \ xwbd050808. txt）

例（88）中，说话人先选择标示话题逆接的话语标记"但是这样的话"，紧接着又选择了标示话语角度的话语标记"相对来讲"，在把所有前言后语的逻辑关系摆明之后，才说出自己的话题。这样的用法，书面语体中也是找不到的。

还有一种体现创造性的是：语义融合构成话语标记。语义融合是指其意义不等于构成成分的简单相加，其内部各部分的意义相互制约、相互依赖，并在其他许多因素的作用下融合在一起，表达一个新的完整的意义。（司红霞，2009：55）比如"不是我说"这个组合形式：

＊（89）这事**不是我说**的。

（90）嘉宾：不管以后会涨多少，恐慌是肯定不像去年那么恐慌，**不是我说**。我想有的股民自己也清楚。（行走天下 2009004. txt）

语义融合后构成新的话语标记，这是口语中常用的手法。书面语体很少用这种手法创造新的话语标记。它所使用的，更多是上边讨论的两个话语标记组合，虽然其中使用数量远远少于口语语体。

4.6.4 多样性差异

正是由于口语语体用话语标记比书面语体用的有更强的创造性，所以整体上，口语语体用话语标记更多样化。以"第二"为例：

表 4.29　话语标记"第二"及其变体

口语语体		书面语体	
种类	实例	种类	实例
第二	1369	第二	276
第二步	18	第二步	2
第二层意思	1		
第二的话	5		
第二的话呢	1		
第二点	168	第二点	4
第二点的话	2		
第二点就是	4		
第二点呢	5		
第二方面	20	第二方面	1
第二方面来讲	1		
第二方面来看	1		
第二方面呢	1		
第二个	695		
第二个的话	5		
第二个方面	46		
第二个方面呢	3		
第二个就是	19	第二个就是	1
第二个就是说	17		
第二个来讲	4		
第二个来讲的话	2		
第二个来看	2		
第二个来说	2		
第二个呢	46		
第二个是	7		
第二就是说	8		
第二来讲	11		
第二来讲呢	1		
第二来看	1		
第二来看的话	2		
第二来说	1		

口语语体		书面语体	
种类	实例	种类	实例
第二呢	65		
第二一个	4		
第二一个呢	1		
第二一个我觉得	1		

书面语体话语分点功能类型话语标记"第二"只有四个变体，口语语体中则有 34 个变体。如果我们把"第二"看成是该组话语标记的原型，则由于语气词、口语词的添加使用，使口语语体用的变体大大多于书面语体。因此我们可以推断，两种语体的交集包含着我们语言中最根本的话语标记；除了这些核心话语标记外，话语标记多样化体现了口语语体区别于书面语体的另一个特征。

4.7 话语标记语体对比总结

通过以上的分析对比，可以清楚地看到两种语体在使用话语标记上的差异，同时也通过这些差异，更进一步明晰了两种语体的特点。总结以上的研究，我们发现：

第一，话语标记不是口语语体独有的现象，其他语体也同样使用话语标记；

第二，在书面语体内部也存在着一定数量的话语标记，而且有专门属于自己语体的话语标记；

第三，本文考察的口语语体中大量使用着话语标记，是书面语体用话语标记的 6.7 倍，因此，可以说，话语标记主要用在口语语体之中；

第四，口语语体与书面语体之间，存在着话语标记交集；该交集随着语料库的增大而比例加大，说明语体间话语标记的借用越来越频繁，通用话语标记越来越多；

第五，书面语体专用话语标记比例不大，这和口语语体形成鲜明对比。因此理论上，可以通过计算一个文本中话语标记的整体口语度来判断该文本的语体类型；

第六，书面语体与口语语体相比，更倾向于使用短小的话语标记，这样可使话语精炼，逻辑关系简明；

第七，口语语体中存在着大量的长字串话语标记，因此就放慢了信息传递速度，这是符合口语语体即时交际、随想随说、留给听话人思索时间的特征的；

第八，话语标记的使用，从类型上来说，书面语体在四字串达到顶峰，口语语体在五字串达到顶峰，然后回落，说明长度超过 8 字串的话语标记不多；

第九，从实例数量上看，两种语体中短小的话语标记使用频次高，较长话语标记使用频次较低，这符合语言的经济原则；

第十，在短字串话语标记的使用上，书面语体以话题顺接、话语分点功能类型为主；口语语体以话题顺接、话语态度功能类型为强。因此可知，书面语体重层次的清晰，口语语体重态度的明朗。从话语标记整体上看，书面语体重语篇建构，口语语体重人际建构；

第十一，两种语体用话语标记的高频前 10% 种类覆盖 90% 用例，说明高度活跃的话语标记不多。比较来说，口语语体的这 10% 种类话语标记更活跃；

第十二，书面语体的书面语性质，限制了话语标记的使用，使得功能类型比访谈语体少了一个：思维过程功能类型；

第十三，两种语体在功能上的差异除了口语语体大量使用话语态度功能类型之外，主要在于书面语体喜用话题来源功能类型话语标记，口语语体爱用提请注意功能类型话语标记；

第十四，在功能类别的差异上，话语分点功能类型上的话语标记的异同也是两种语体本质特征的体现，即新闻独白隶属书面语体，话语分点分的较多；访谈对话隶属口语语体，话语分点分的较少；

第十五，由于新闻语言的模式化，语言显得刻板，该语体几乎完全靠单纯话语标记建立逻辑关系；相比之下，由于访谈对话语言灵活随意，因此，兼类的、多功能的话语标记使用频率高于单纯话语标记；

第十六，从位置上看，两种语体差异明显：书面语体以段内用话语标记最多，使用频率最高；口语语体在种类上以话轮内部用话语标记最多，但是用量却以话轮首位为最；

第十七，书面语体段首用话语标记只有 7 个功能类型，不使用话题转移和提请注意功能类型；口语语体用话语标记则和整体表现一致，位置对功能没有限制；

第十八，书面语体用段尾话语标记比较特殊，只有一个功能类型：话题顺接，5 个话语标记使用量上差别很大；而口语语体 10 个功能类型都出现在话轮尾部，但使用相对均衡；

第十九，话语标记的语体分类大体上是正确的，比如交叉问题、少了一个功能类的问题。但在细节上，还有待改进之处。最主要的，是功能位置多对多的关系；

第二十，两种语体用话语标记在用字上差别很大，口语语体用话语标记常使用语气助词，还有指代词语"你""我"，还有口语词"个"；书面语体中话语标记这些用字用得很少；

第二十一，口语语体中的话语标记体现了其创造力：多功能话语标记组合、语义融合构成新的话语标记。书面语体用话语标记不能反映其创造力；

第二十二，由于口语语体的特点，其使用的话语标记体现了多样性。从原型理论看，有些话语标记是原型，大量的是其变体。书面语体用话语标记变体较少，但原型与口语语体是一样的。因此，话语标记交集包含着两种语体用话语标记的原型。

4.8 语体判断研究

话语标记既然在语体上体现出极大的差异，那么是否可以反过来，将话语标记应用到文本聚类或者语体度的测算上？本节就是在先前工作的基础上，利用话语标记各个集合，测算出话语标记的口语度，然后应用到测量语篇的语体度、进行文本的语体聚类应用研究之上。内容包括：基本思路、话语标记在语体上体现的几个值的计算、语篇语体度测量方法示例、实验研究和结论。

4.8.1 基本思路

语体类别的形成是语言按照某种特征长期使用的结果。不同语体在话语标记上的使用也有区别。就本文研究的两种语体来说，区别非常明显。既然如此，将这些从两种语体中提取出来的话语标记运用到文本按这两种语体聚类上去，就应该是可行的。为了验证话语标记的这个作用，本文准备编制程序软件，以话语标记为参数检验文本按语体分类的效果。基本思路是这样的：

首先，拟定需要使用的计算参数。根据第 5 章的对比研究可知，两种语体用话语标记主要区别首先体现在质（种类）和量（实例数量）上。但是用话语标记进行计算的首要问题是要知道一个形式到底是不是话语标记。因此，第一个计算参数应该是话语标记用法与非话语标记用法间的差异问题，即话语标记兼类问题。这个参数是从话语标记自身考虑的，标志着该形式自身做话语标记的概率，本文称之为"自身 DM 率"。该参数的重要性体现在，只有当确知了某个形式用作话语标记之后，才能给该形式附上话语标记的其他值。第二个要考虑的计算参数就是每一个话语标记的口语度，即该话语标记隶属于口语语体的程度，这是从话语标记集合即话语标记质的角度出发考虑的参数。从集合上看，每种语体都有专属于自己的话语标记，同时交集内的话语标记也可以测定出自己的口语语体倾向。另外，之所以选择口语度作参数，是因为话语标记总集合中大部分用于口语语体。第三个计算参数就是文本中话语标记的密度，该参数是从话语标记实例总量在语体内的分布即话语标记量的角度考虑的。但是，话语标记的使用存在着很大的偶然性，使用数量会根据话语的场合、交际者、说话形式和内容发生变化，所以每一个话语标记出现条件极难控制。故此话语标记在整个语料库中的分布是不均衡的。理论上，书面语体用的少，最少可以一个不用；口语语体用的多，最多可以一万字语篇包含一万个话语标记（都是一字串话语标记还没标点）。因此，话语标记密度最终能否做计算参数需要检验。其他参数如功能已在口语度参数上有所体现，不必拿来作为参数，如思维过程功能类型只用于口语语体，口语度最高。当然，功能判断本身也是一个复杂的问题。位置参数也难以参考，因为针对一个话语标记很难抓住它的位置与语体的关系。概括地说，本文要使用的计算参数主要是自身 DM 率和话语标记口语度。对于密度参数实际能否使用将在示例中考核。

其次，示例验证计算参数并建立计算公式。对参数的有效性检验可以通过示例测算，同时使用参数建立公式并制定判断规则。

最后，编制软件进行封闭和开放测试。研究的终极目标是应用。将话语标记最终应用到文本按语体自动判别和分类上，检验话语标记能否作为参数应用到文本按语体聚类上去，是本研究从一开始就设定的目标。封闭和开放测试是最有效的检验手段。

4.8.2 参数的计算

4.8.2.1 话语标记的自身 DM 率

话语标记的自身 DM 率就是每一个话语标记自身作为话语标记的概率。这主要有两种情况，一种是纯话语标记，其自身 DM 率为 1；一种是兼类话语标记，其自身 DM 率要通过计算取得。公式为：

$$R_{DMi} = N_{DMi}/N_i \qquad (公式 1)$$

其中，R_{DMi} 代表话语形式 i 自身 DM 率；

N_{DMi} 代表话语形式 i 做话语标记的实例数量；

N_i 代表话语形式 i 的使用实例总数。

这个值关系到整个语篇的话语标记口语度和密度值，因此在以后的计算中必不可少。在完成对每一个话语标记的自身 DM 率的计算后，将该值存入话语标记种类库中（见附录 3）。本研究中，N_{DMi} 和 N_i 都是两个实例库合并后得到的数据。

4.8.2.2 话语标记的口语度

话语标记的口语度是指该话语标记属于口语语体的程度。对于整个话语标记来说，要分三种情况：

第一种情况，只用于口语语体之中。这种话语标记口语度规定为 1；

第二种情况，完全不用于口语语体。这种话语标记口语度规定为 0；

第三种情况，同时用于两种语体中。这种话语标记口语度要计算。方法是：

$$CD_{DMi} = N_{CDMi}/(N_{CDMi} + N_{BDMi}) \qquad (公式 2)$$

其中：CD_{DMi} 是指做话语标记的话语形式 i 的口语语体度；

N_{CDMi} 是指做话语标记的话语形式 i 在口语语料库中的实例数量；

N_{BDMi} 是指做话语标记的话语形式 i 在口语语料库中的实例数量；

运用该公式可计算出交集中任意一个话语标记的口语度，计算值在 0~1 之间，一个语篇的语体度，可以靠其使用的所有话语标记的口语度平均值来体现。

4.8.2.3 话语标记标准密度

话语标记使用密度是指在单位字数的语篇内使用话语标记的数量。语体的话语标记密度标准值的计算如下：

$$\rho_{si} = F_i / V_i \times 10000 \qquad （公式3）$$

其中：ρ_{si} 表示语体 i 话语标记标准使用密度；

　　　　F_i 表示语体 i 语料中所含话语标记总频次；

　　　　V_i 表示语体 i 语料总容量，可以以字节、字或词计算。

利用上述公式可以计算出书面语体用话语标记标准密度为 5.09 个/万字，口语语体用话语标记标准密度为 17.22 个/万字，中间值是 11.16 个/万字。理论上讲，一个语篇的话语标记密度小于中间值，就属于书面语体，越是靠近或小于 5.09，其书面语体度越高；大于中间值就属于口语语体，越是靠近或大于 17.22，其口语语体度越高。

4.8.3　计算参数的验证与计算公式的建立

前一节介绍了计算参数，利用它们可以计算并判断某一语篇话语标记使用密度和话语标记整体平均口语度。下面举一个示例来说明以话语标记做参数的自动文本按语体分类算法。

王立伟：**从理论上讲**，还是说咱们从实际上讲，如果从理论上讲，那肯定体现企业社会责任，**对不对**？这肯定第一位的，但是如果说从实际上来想。

主持人：我需要非常实际的这种答案。

王立伟：非常实际上，那么有好多就是其它方面，要往企业的前面排。

主持人：郭总，我发现您应该是有话要说，因为刚才在谈话的过程中，您把西服的这个扣子都解开了。

郭凡生：有点憋的慌。

主持人：当然说出什么样的话来，您能感觉相对不憋呢？

郭凡生：我觉得如果你们的捐款，你们的企业名字，和你们个人的名子，不能在媒体上公告的时候，我相信会有相当一批企业家不捐款，所以他们的捐款一定跟营销是相关的。

主持人：**对**，那您就抱着一种很宽容的态度选择了这个 B。

郭凡生：AB 两个加在一起是我选择的，既体现了社会责任，又是企业的营销手段，它应该是合二为一的，大多数人都是把提高企业和企业家的知名度和捐款是结合的，所以这两个是结合的，不因为有了这个营销手段捐款，他就没有社会责任，还是有社会责任。

主持人：其实要说到一些具体的事例，我觉得可以说比比皆是，因为这几天我还喝过一种矿泉水，我看这水瓶子上就写着，只要你喝上一瓶水，好像就为什么事业捐一分钱，好像喝什么牛奶，上面也有类似的这么一个？

王名：缺乏透明。

主持人：王立伟我发现你是一个非常好的主持人，你很有可能翘我的行，因为我觉得我下面马上要问的问题就是这个，做了这样具体的一个企业，跟营销相关的慈善手段，但是最后谁来监管，他所承诺的这部分捐款，能不能兑现？

王立伟：**这是一个**。

王名：它这里面有几个层面的问题，有三个层面的问题，一个层面的问题就是慈善行为，它需要一种公开和透明的机制，就是慈善行为，包括企业也好，包括社会也好，慈善的这个过程需要公开，**这是一个**，我把它叫铁则，慈善行为的铁则，就是要有一种公开和透明的机制。第二个方面是，是什么呢？是需要有行政的监管，就是慈善行为要有一定的制度规范，要通过立法的形式明确一定的机构，行使一定的监管的职责，然后它行使的这个职权是通过法律授权的，这是第二个方面。第三个方面是社会的监督，就是除了这个透明，除了这个行政监管之外，还需要有社会，包括特别是捐款人，捐赠人他怎么样去对这个过程进行必要的控制和监督，这三个方面是什么呢？我们讲的慈善监管不可缺少的三个方面，三个环节。

王立伟：慈善应该是理性的慈善，现在慈善热，很热，咱们那个媒体也很热，报道慈善，好多这个电视台现在都有慈善栏目了，那么很热的情况下更需要什么呢？更需要我们冷静的看待。理性慈善应该由这个第三方，第三方去做。

郭凡生：我不同意理性慈善，我同意法制慈善，刚才您说的，给第三方，谁来监督第三方呢？

王立伟：这第三方肯定是有一个。

郭凡生：所以必须是法制的慈善才能够真正的，在你不理性的状况下也能做好，就是慈善在很多情况下是非理性的，我看着他可怜，就给他钱了，所以理性慈善我觉得这个提法对于慈善的推广不好。

王立伟：这个第三方是理性的。

郭凡生：我不管你理性不理性，我觉得真正最完善的慈善制定，叫法制的慈善制度，它包括善款捐助的免税行为的集合，第二所有慈善机构要经过中立的第三方机构的审计，没有审计报告通过的，第二是不容许继续做的，第三所有没有报道第三方审计机关做这件事情的慈善的事情，一律不得减免所得税，否则这就变成了一个很大的窟窿，所以在这个事情上，我觉得法制慈善是基础，法制社会，**对吧**。

王名：这两个没有矛盾，我的理解是理性加法制。

主持人：但我感觉不管理性不理性法律好像就是法律。

郭凡生：理性是捐款人是多数，被捐款人是少数的时候，多数人的行为只能被法制规范，否则每个人……

王立伟：但是执行法律的时候也应该是有一个理性的，**对不对**？

郭凡生：每个人对理性的理解是不一样的。

王名：不矛盾的，我觉得不矛盾的。

主持人：就是说在慈善方面，不管你有没有一颗奔驰的心，但是我们必须要按照一定的交通法规到处走。

郭凡生：慈善我觉得最重要的，我捐了款不要理性，我就看你可怜，我捐款，我捐了之后法制可以保证我的钱用的很好，如果每个人都很冷静的时候，我觉得慈善捐款会变少了，慈善事业，我看我那战友在那躺着，医院不给动手术缺钱的时候，我什么理性，我们就感性好，就是感性。

王立伟：那是您认识您这个身边的人，我觉得郭总您这个慈善，好像就局限在您身边的这个人，我认为这种慈善是一种狭隘的慈善。

郭凡生：我讲慈善，我之所以讲这种慈善，就是我们讲。

王立伟：慈善是对那些不认识的人，那是很大的善，**对不对**？

郭凡生：我们讲很多们身边的人，我也希望你讲身边的人来说服我。

王立伟：那是我们没有利益关系的人。

郭凡生：不是利益关系，我们连身边的人，连跟你这么多年共处的战友有困难你都不能帮助他，你还会帮助谁？

王立伟：那是我们的责任，就好像您的妻子您的孩子有病了，您对他的帮助，难道叫慈善吗？

郭凡生：妻子孩子和战友是两回事。

王立伟：战友也是一样的，朋友，我们的朋友，我对朋友帮助，难道我说我对他慈善吗？你的朋友也可能帮助过你，而是对陌生人，陌生人他没有帮助过我，跟我没有任何的利益。

郭凡生：你这个慈善定义是不对的，你定义的慈善是只有对陌生人才叫慈善。

王立伟：也不是说只有，就是说包括身边的人和包括陌生人。

主持人：我真不忍心打断二位激烈的交锋，但是我觉得您二位争的如此激烈，恰恰也说明一个问题，正是因为在慈善方面监管不健全，这方面没有一个统一的法规法条，没有一个人站出来主持公道，所以只能公说公有理，婆说婆有理。

慈善事业既是经济事业发展的晴雨表，也是调节贫富差别的平衡器。被称之为社会的第三次收入分配。中国是一个最需要慈善的地方。按照国家民政部的统计：目前中国除了每年有6000万以上的灾民需要救济、2200多万城市低收入人口享受低保以外，还有7500万农村绝对贫困人口和低收入人口、6000万残疾人和1.4亿60岁以上的老年人需要各种形式的救助。然而由于种种制约，我们的慈善捐助还远远不够，我们应该如何规范我们的慈善事业呢？

主持人：下一个题板，我们的导播已经给我拿上来了，中国的慈善最该规范的是什么？也是选择题，按照刚才的套路，也是应该可以综合选项，或者A和B，C和D都可以，立法、财务透明度、免税收、善款的用途，这几项哪些最需要规范？

郭凡生：立完法，关于财务、关于税收，关于善款都有规定了，还是要立法//我觉得这个慈善法律首先是保证慈善捐款人的权益，他的钱不被挪用这是非常重要的，那如果要没有这样一个法，慈善继续做下去，就会有许许多多。

王立伟：法肯定要有。

主持人：那王老师，既然大家都谈到立法非常的重要，那现在相关的立法到什么程度了？

王名：是这样，我刚刚讲，基金会条例已经出台了，基金会是一个很重要的慈善组织，对于慈善组织的规范的相关法规，已经比较健全了，就是2004年3月份的这个条例已经比较健全了，那么慈善行为，这个我们最近有一个，我刚才讲的这个，中华人民共和国慈善事业促进法，这个法律已经在讨论，这个法律现在有一个很重要的问题。一个是什么呢？这个慈善这部分形成的这个财产怎么保护。

主持人：那郭总，我们今天节目基本上快接近尾声了，我还很有兴趣的再次问您，您关于慈善的观点，在今后的日子里会不会有些变化？

郭凡生：现在不会有变化，将来有没有变化，那要随着我本身的这种履历看，我基本认为不会有太大的变化。

主持人：看来您也是留有一定的余地，就是企业为慈善捐款能不能用笼统的一句话我们评价一下？

郭凡生：善款不问用途，慈善不分动机，我觉得还是这样两句话。

王立伟：人人都能够成为慈善家，多和少都是对于受助者都是需要的。

王名：慈善实际上需要全社会的参与，同时慈善需要公开透明的这样一个制度环境。

主持人：几位嘉宾概括的都非常的具体了。立法，相关慈善的立法也是一步一步的正在完善，在将来的日子里我们依然会看到慈善很忙，但我们更希望看到慈善忙到点上。**好**，感谢大家收看今天的《环渤海·新视野》再会。

主持人：大家好，欢迎收看这期的《环渤海新视野》，今天我阿龙给您主持，您看这演播室里特别喜庆，明眼人一眼看出来了，今儿说的是关于年俗的话题，在这该过年了，阿龙祝福各位几句，祝您合家团圆，身体康健，工作顺利，多把钱赚，只要看这节目的来年月薪都是一百万，您要不信咱走着看，到2009年您没挣到1百万，您找我来，来年咱哥儿俩一块干，这不跟没说一样吗。咱们言归正传，这么大一场子，肯定不是我一人，今天请到了三个重量级的嘉宾，待会儿这三个嘉宾，用自己独特的方式也给您拜个年，咱一个一个介绍，坐在我正对面的是天津的著名相声表演艺术家，佟守本佟老先生，佟先生，您是表演相声的，咱都知道说相声的，四门功课必不可少。

佟守本：**对**。

主持人：肯定您这拜年方式跟别人不一样，您怎么给大伙儿拜年。

佟守本：我用天津话给大伙儿拜年吧。

主持人：行行行，**来**，欢迎欢迎。

佟守本：佟守本，相声演员，给您老作揖拜个年，祝您吉庆。

主持人：谢谢佟先生，坐到这边的是来自唐山的，唐山市曲艺家协会主席，王洪谊先生。王先生您用本地特色给大伙儿拜个年。

王洪宜：我是唐山人，都管我们唐山人叫唐山老坦儿，实际上这个老坦儿，是又坦率又实在，那今儿我就用唐山话给大伙儿拜年。

主持人：那太好了。

王洪宜：祝大家身体健康，万事如意，多挣人民币。

佟守本：**好**。

主持人：实在这话，坐在我旁边这位是来自北京的，咱们本地的，民俗博物馆。**好**，坐在我旁边这位先生，是来自北京民俗博物馆的尚鸿尚老师，尚老师咱都是本地人了，刚才我已经拜完年了，您就不能跟我重了，您也用自己的方式。

尚宏：我用传统的这个青龙三点头，这样给大家拜年。

主持人：青龙三点头这听说，我还真没见过，您今天来来，让我们长长眼。

尚宏：**好**，大家过年好。

王洪宜：一层是蒸的肉，一层是蒸的鱼。

主持人：腾的。

王洪宜：一层是这个馒头，一层一层的，一层蒸一层，一层蒸一层，蒸蒸日上，蒸蒸日上这词是这么出来的。

主持人：有这个寓意，**是吧**，但我听说是，不动刀，这是有这么个说法，女人不动针线，也有这个说法。

尚宏：怕长针眼，还有一个是不动剪子，起口舌，这些都是不能动的。

主持人：有的说是不动剪子怕挑龙颈，不动针线把是劳累一年，因为那会女人不是家里没事干，男的下地干活，女的就缝缝补补，给人洗洗涮涮挣点钱，说你这过年还动针线，你肯定来年是劳累命，有这个不动针线的说法。

王洪宜：来年干一年活。

主持人：咱说说吃吧，年夜饭少不了，年夜饭全家在那团圆吃，那我先起个头，一般来说早年前吃这个，可能北京，不说天津和唐山，我不太了解，北京吃年夜饭的时候，一定是一桌子人是圆桌，包括现在可能去饭馆，如果讲究点的，说我定桌，我三十晚上吃饭，也使圆桌，这一家子人团团圆圆，一年到头有缘分，坐一块吃饭，那会要吃饭的时候，包括吃饭的规矩都很有讲究，说谁这主坐，次坐是谁就不说了，吃饭的时候都讲究筷子，不差饭碗，那因为祭奠死人的，这个不说了，这筷子还不能悬空搁着，这按老理来说，这叫天秤筷子，第一是什么呢？其实有一科学道理，你一说话，一聊天，一打，这筷子飞起来了，剜眼睛，很危险，不能搁天秤筷子，这筷子还不能说这头不齐，戳齐了搁这，不齐这叫三长两短，那会儿讲究这个棺材，开盖的棺材三块长板，两块短板一堵，三长两短，那咒人家呢，还有一个吃饭的时候，这筷子一般都是放在一边，很少说一根搁这一根搁这，一般说是兄弟散伙，两口子离婚，这么吃饭，有这规矩是吧，饭桌上还有什么规矩？您来说，佟先生。

佟守本：过年天津没有什么特殊的，反正就是穷也过年，富也过年，上午炖一锅肉，哪怕借钱去的，炖一锅肉，叫孩子们，孩子们的年，解解馋，然后晚上是包饺子，尽量多搁点肉，所谓天津老太太讲话，一个肉丸饺子。

王洪宜：或者是三鲜馅儿。

主持人：那除了吃饺子，天津还有什么吃的？您想想，为什么呢？我们这编导给我底下放的那小碗，这是说是您带来的，**是吧**，就见老太太戴花的，没见白米饭戴花的，您给讲讲这个，可能北京有，**但是说实话**，我出生那年就已经没有了。

佟守本：这个我小时候记事的时候，比这碗大，是这么大的饭碗，到三十晚上，老太太，家庭主妇，主要司厨人员。

主持人：真惨那。

佟守本：然后一碗米饭上头带枣的，然后插上一朵这叫石榴花，插上一朵石榴花。

主持人：这是自己做的。

佟守本：摆到是祖先堂，或者是有这个长辈的画像，摆到那跟前，然后再摆上鲜花、点心，但这是主要的，一直摆到初五以后吧，才允许再把它吃了，因为这个饭好像是没有做熟，有点半生不熟的。

主持人：我就知道结婚半生不熟的。生不生啊，生。

佟守本：初五以后，把它搁到锅里重熬一遍。

主持人：**然后呢**？

这段文字选自北京电视台《环渤海新视野》栏目 2008 年的两期节目。在这个文本中,出现话语标记共 18 个。对它们赋值后统计如下表:

表 4.30 示例语篇所用话语标记判断值和统计值

使用的话语标记	直接判断	自身 DM 率(R)	口语度(D)
从理论上讲	否	1	0
对不对	是	0.741	1
对	是	0.737	1
这是一个	是	1	1
这是一个	是	1	1
对吧	是	0.809	1
对不对	否	0.741	1
对不对	否	0.741	1
好	是	0.941	0.998
对	是	0.737	1
来	是	0.111	0.984
好	否	0.941	0.998
好	是	0.941	0.998
好	是	0.941	0.998
是吧	是	0.614	1
是吧	是	0.614	1
但是说实话	是	1	1
然后呢	否	0.97	1
总量	13	14.579	

由于话语标记有自身 DM 率,因此应以该值作为话语标记实际出现次数来测定该语篇的话语标记密度:

$$\rho_t = \left(\sum_{i=0}^{n} R_i \right) / V_t \times 10000 \qquad \text{(公式 4)}$$

其中:ρ_t 是指出现在语篇中的话语标记序号;

n 是指出现在该语篇中的话语标记形式总数;

R_i 是指第 i 个话语标记的自身 DM 率;

V_t 是指该语篇的容量即长度。

将表 4.30 中的相应数值代入公式 4 进行计算,可得:

$$\rho_t = (14.579/5157) \times 10000 = 28.27$$

整个语篇话语标记平均口语度公式（与公式 4 相同符号具有相同意义）为：

$$CD_a = \Big[\sum_{i=0}^{n} (R_i \times CD_i) \Big]/n \qquad \text{（公式 5）}$$

其中，CD_a 是指被测语篇所有话语标记的平均口语度；

CD_i 是第 i 个话语标记的口语度。

将表 4.30 中的相应数值代入公式 5 进行计算，可得：

$CD_a = (1 \times 0 + 0.741 \times 1 + 0.737 \times 1 + 1 \times 1 + 1 \times 1 + 0.809 \times 1 + 0.741 \times$
$1 + 0.741 \times 1 + 0.941 \times 0.998 + 0.737 \times 1 + 0.111 \times 0.984 +$
$0.941 \times 0.998 + 0.941 \times 0.998 + 0.941 \times 0.998 +$
$0.614 \times 1 + 0.614 \times 1 + 1 \times 1 + 0.97 \times 1)/18$

$\qquad = 13.57/18$

$\qquad = 0.75$

我们从语料库中又找了 1 篇访谈对话语体的文本和 2 篇新闻独白语体的文本，用同样的方法测量计算，连同示例结果汇总如下表：

表 4.31 几个文本话语标记密度和平均口语度计算值

文件名称	所属语体	长度	话语标记总数	密度	平均口语度
环渤海新视野 2008（6）.txt	口语语体	5157	18	28.27031	0.7538889
天天影视 2008.txt	口语语体	5676	6	9.833236	0.5917327
北京新闻 2005004.txt	书面语体	5209	18	28.27315	0.162215
山东新闻 2008004.txt	书面语体	5324	1	1.878287	0.0545455

从表 4.31 可以看出，话语标记在文本中分布十分不均衡。上面示例的密度值远高于标准密度值，第二篇口语语体的文本话语标记密度值小于中间值。书面语体的两个文本中，一个文本话语标记密度值远远高于中间值，甚至超过了口语语体标准值，而另一个值则远低于标准值。因此，使用平均密度值来判断语篇语体准确率会很低。相反，话语标记平均口语度表现出了极高的语体一致性，准确率很高。

鉴于此，本文决定以 CD_a 值（公式 5）作为语体判断的参数。判断时，如果平均口语度大于 0.5，就判定该文本为口语语体；否则，判定该文本为书面语体。

4.8.4 程序实现及测试结果

从拿到文本开始到算出其语体度，整个算法如下：

第一步：读入待测文本；

第二步：对待测文本进行预处理，主要是去除空行、去除头信息、半角转全角等；

第三步：按句检索话语标记；；

第四步：查到话语标记，提取相应计算参数；

第五步：计算整个文本使用的话语标记的平均口语度；

第六步：语体判定；

第七步：输出结果。

下面的图 4.19 是根据计算步骤设计的流程图。

这里需要说明的是，在拿到一个文本时，计算机不知道是对话还是独白形式，也不知道是新闻还是访谈，运算时我们都假定文本为独白形式。另外，程序的编制主要考虑话语标记匹配和文本中话语标记平均口语度的计算。封闭测试是对从两个语体语料库中各取 10 个文本混合后进行的。结果如下：

表 4.32　封闭测试结果

语体	文本	CD$_A$ 值	判断结果	是否正确	文本总数	判断正确	正确率
新闻独白语体	新闻和报纸摘要 050711.txt	0.1284722	书面语体	正确	10	10	100%
	上海电视台新闻报道 2006005.txt	0.1093856	书面语体	正确			
	中国新闻 2008010.txt	0.1217278	书面语体	正确			
	全国经济联播 2007003.txt	0.2189405	书面语体	正确			
	吉林人民广播电台省内新闻 2004001.txt	0.3688971	书面语体	正确			
	天津午间经济报道 2006.txt	0.344676	书面语体	正确			
	头条报道 2003.txt	0	书面语体	正确			
	山西新闻联播 2009009.txt	0	书面语体	正确			
	新闻 30 分 2008007.txt	0.2313457	书面语体	正确			
	新闻联播 2009011.txt	0.1020239	书面语体	正确			

续表

语体	文本	CD$_A$ 值	判断结果	是否正确	文本总数	判断正确	正确率
访谈对话语体	22度观察2009006.txt	0.9041054	口语语体	正确	10	10	100%
	大家2009003.txt	0.7661907	口语语体	正确			
	心理访谈2008011.txt	0.7490742	口语语体	正确			
	情感密码2009008.txt	0.7855244	口语语体	正确			
	新闻1+12009007.txt	0.6887097	口语语体	正确			
	欢乐正前方2007003.txt	0.9032813	口语语体	正确			
	汽车天下2009（9）.txt	0.7891515	口语语体	正确			
	解码陈文茜2009004.txt	0.809207	口语语体	正确			
	走进他们2009007.txt	0.8685021	口语语体	正确			
	鲁豫有约2007000（9）.txt	0.7122482	口语语体	正确			

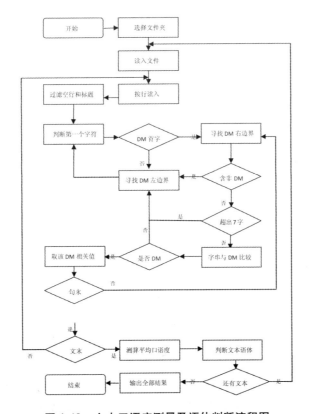

图4.19　文本口语度测量及语体判断流程图

从封闭测试结果看，文本所用话语标记的平均口语度在测量语体度和判定语体中是非常准确的，完全可以用作文本自动按语体分类的参数。

开放测试是对从传媒语言语料库中随机抽取的 2011 年《新闻联播》和《鲁豫有约》各 50 篇文本混合在一起进行的。这里需要说明的是，这些语料并没有经过过滤提取，我们依然假定它们归属于本研究设定的两种语体。测试结果如下：

表 4.33　开放测试结果

语体	数量	判断正确数量	正确率	总正确率
新闻独白语体	50	48	96%	98%
访谈对话语体	50	50	100%	

开放测试的结果再一次证明，以话语标记为参数进行文本的语体分类是非常有效的，尤其是对访谈对话类文本的判断上正确率达 100%。话语标记作为语体的显著特征，为区别语体起到了很重要的作用（阚明刚，2011）。

两篇判断"错误"的文本结果如下：

85. xwlb1110219. txt 总长度是 8079，其中出现话语标记共 9 个，它们是：

第一；第二；第三；第四；第五；第六；第七；第八；尽管如此；

该语篇属于口语语体，其 DM 口语度平均值是 0.5090702。

97. xwlb1110303. txt 总长度是 7823，其中出现话语标记共 4 个，它们是：

你看；来；这样吧；好；

该语篇属于口语语体，其 DM 口语度平均值是 0.6382092。

由于测试是将两种文本混合在一起进行，所以这两篇文本一个排名 85，一个排名 97。序号后边是文本名，由新闻联播汉语拼音声母组合外加日期构成。97 号文本所用的 4 个话语标记口语度都很高，其中"你看"和"这样吧"口语度都是 1，即只用于口语语体中，"来"和"好"口语度都在 0.98 以上。在核查文本后发现，该期节目中含有大量的现场采访报道。这种访谈对话内容夹杂在新闻独白之中，就造成了口语语体与书面语体融合。应该说，这个测算值从侧面反映了新闻节目真实面貌，这也是本研究建立语料库时需要过滤的原因。85 号文本中出现了 9 个话语标记，其中 8

个是话语分点，1 个是话语态度。这些话语标记都是两种语体共用的，前 8
个话语标记的口语度基本处于中等偏上水平，因此整体平均口语度就偏
高。85 号文本的这种现象虽然带有偶然性，即话语标记交集中口语度偏高
的一组同时共现于同一个语篇内，但是据进一步统计分析，在 50 篇《新
闻联播》文本中，口语度在 0.4 ~ 0.5 之间的还有 8 篇。这说明整体来看，
现场采访同期声混在文本中间、偶尔出现口语度较高的话语标记这两种情
况交织在一起，从而降低了《新闻联播》书面语体的纯度。

　　虽然有这样那样的原因，从效果看，话语标记的计算真实再现了文本
语体度倾向，是可以作为文本按语体自动聚类的重要参数的。在两种语体
分类上，口语语体效果最好；书面语体上，话语标记可以作为重要的辅助
参数参与自动分类。

　　本章对话语标记的概貌进行了总体描述和研究，并从语体角度进行了
全面的对比分析，尝试了研究结果的进一步应用。从下一章开始将探讨话
语标记的情感问题。

第五章　主观性体系描述和语料库标注研究

　　本章内容提要：话语主观性的体系构建是本章的主要内容，同时对语料库标注进行研究探索也是本章的另一个方面。

　　文本语义倾向（semantic orientation）计算是近年来计算语言学领域兴起的一个研究热点，它结合语言学理论和计算机技术，利用一定的先验语义资源，通过分析文本形式的自然语言中的各种主观性信息，计算出所处理对象的语义倾向，其目的是从文本中自动地获知他人的情感、观点、态度或立场。与此相关的研究，典型的如 Hatzivassiloglou（1997）、Turney（2002）、Wilson（2004）、Pang（2005）、Ding（2008）、徐琳宏（2008）、Taboada（2011）、杨江（2013）等，大多聚焦于提升分析方法（基于机器学习的方法和基于语言规则的方法）的效能、建设可用的语义资源（语义倾向词典和语料库）、挖掘语义倾向的关联对象（话题和语义倾向持有者及针对者）、对不同层次的语言单位（词、短语、句子、篇章）进行语义倾向分析等方面，而较少论及语言主观性的描述体系这一基础性的问题。这使得当前多数与此有关的应用研究招致一些诟病，如缺乏语言学理论的支持，缺少宏观性、整体化的分析框架，基础性语义资源的建设不能满足需求等等。为了解决上述问题，亟需建构一个以语言学理论为指导、面向文本语义倾向计算的语言主观性描述体系，使之成为理论与应用的中间"接口"，以期为不同语言层级、不同颗粒度和不同应用目标的语义倾向计算提供统一的、跨语言的描述标准，同时也为后续研究的不断拓展和逐步深化提供一份蓝图。

　　此前，Martin（2000，2005）的"评价系统（The APPRAISAL Systems）"对人际意义中发话人表达和协商特定的主体间关系以及意识形态的话语资源进行了系统的归纳，建立一整套运用语言表达态度的资源，其中与语义倾向计算有关联的态度（ATTITUDE）次系统又包含了情感（AFFECT）、判断（JUDGEMENT）和鉴赏（APPRECIATION）三个子系统。Taboada 等（2004）和 Read 等（2007）对将评价系统应用于语义倾向计算作了尝试性的探索，遗憾的是，这些研究并不能证实评价系统能为语义倾向计算带来帮助。Wiebe 等（2005）为建设 MPQA 观点标注语料库，设计了一套个人心理状态（private state）即不能被他人直接观察到的内心状态如观点、情绪、情感、思考、评价等等要素的标注框架，由直接型主观框架（direct subjective frames）和表述型主观元素框架（expressive subjective elements frames）组成，各自又包含文本锚点（text anchor）、来源（source）、对象（target，仅直接型主观框架含有）、属性（properties）等多个维度。此外，Kim 等（2004）面向观点挖掘为观点（opinion）制定了一个便于操作的描写体系，将其定义为由主题（Topic）、持有者（Holder）、陈述（Claim）、情感（Sentiment）组成的四元组，当前仍有许多应用研究和评测任务采用这一体系开展工作。上述研究对语言主观性描述体系的建构进行了有益的探索，Martin 着重从功能语言学的角度出发建立一套完整、详尽的评价资源，Wiebe 等运用心理学的相关研究设计个人心理状态标注框架，Kim 等则直接面向应用制定实用性的简明体系；但是，Martin 的评价系统并非专为语义倾向计算而创，其庞大复杂的结构和层层细分的精巧设计在现有水平的实际应用中难以实现，Wiebe 等的框架重点面向语料的人工标注，所分的两个子框架在实践中难以统一起来，不便于操作，而 Kim 的体系则过于简明，缺少了语义倾向计算中所需的一些必要元素，因而都不能满足当前和未来语义倾向计算的各种需要。

鉴于此，本文以语言主观性理论为基础，面向语义倾向计算的研究和应用，构建了一个语言主观性多维度描述体系。

5.1　语言主观性概述

语言意义的主观性（subjectivity）是附着在命题内容上的那部分话语意义。语言不仅用来表述命题，而且用以实现"自我"表达。语言主观性是语言的一个基本性质，日常话语中或多或少总是含有说话人"自我"的表现成分，说话人在说出一段话的同时也表明了自己对这段话的立场、态度和感情（沈家煊，2001）。自 Benveniste 在 1971 年从语言角度对"主观性"作出明确定义以来，语言的主观性问题得到了 Lyons、Langacker 和 Traugott 等人的阐释，语言的主观性已逐渐成为语言学研究中的核心内容，并成为认知语言学、功能语言学和语用学的元理论基础（刘瑾，2009）。

语言的主观性借助一定的语言手段、通过一定的语言形式得以实现，由此形成话语中的主观性表达（subjective expression），用以传递说话人的自我判断、感受、评价、意愿等主观性信息。对语言主观性以及主观性表达的关注，其实质是探索语言中"人"的因素，因为"语言不仅仅是客观地表达命题和思想，还要表达言语的主体即说话人的观点、感情和态度"（沈家煊，2009）。"'人'的因素"包括两重涵义。第一，语言不是简简单单对现实世界的直接反映，而是个人通过一个概念棱镜的观察来表示现实世界。第二，语言是民族集体意识的产物，是群体在言语中的实实在在的表现。在这个意义上，可以把语言的主观性分为两个层次，一个是宏观的，指体现在一种语言及其语法中的对现实世界的看法，另一个是微观的，体现了个人在语言使用中的主观选择，即在语言所提供的描写某个既定事件或事物的不同表达方式中，语言使用者的一个选择结果。正如洪堡特所说："每一种语言里都包含着一种独特的世界观。"语言正是通过人的主观加工包装着这种世界观。

正是因为"人"的因素的存在，描述语言中的主观性成为一项复杂的工作。我们认为，对语言主观性的描述应该是立体的、多层次的，宜从不同角度进行刻画；不但要考虑语言本身的因素，而且要紧紧围绕"人"的因素来进行，这既是出发点，也是目的。此外，语言主观性涉及形式、意义和使用三个方面的内容，其描述体系应在这些方面均得到充分有效的体现。

5.2　语言主观性的六维描述体系

面向语义倾向计算的语言主观性描述体系用一个多维空间表示，包含类别、程度、形式、成分、关联和模式六个不同的维度，如图 5.1 所示。这里所说的"维度"，既是一个数学的概念（表示参数的数目），也是一个物理的概念（表示空间的数量），还是一种视角，是判断、说明、评价和确定一个事物的多方位、多角度、多层次的条件和概念。直观地看，也可以将其理解为语言主观性的六种属性：它们相互独立，每一种属性都反映了语言主观性的一类性质；对于所描述的事物来说，它们缺一不可，任何一个具体的主观性表达式，只有在所有六种属性中均确定了一个对应的"值"，才可以将其确定为一种语言的主观性表达集合中的一个元素。下面对该描述体系的不同维度进行逐一阐释。

5.2.1　类别维度

语言主观性类别是指一个主观性表达式所表达的主观性的种类。根据语义倾向计算的现实需要，将语言中的主观性表达分为六类：主观情感、主观倾向、主观认知、主观推测、主观意愿和主观预期。

5.2.1.1　主观情感

"情感"是一个心理学上的概念，是人对客观事物是否满足自己的需要而产生的心理体验，但心理学界对情感的划分至今没有一个公认的标准。徐琳宏（2008）将情感分为七大类、二十小类，并在此基础上构造了汉语情感词汇本体。本文采用该情感体系，同时认为，该体系不但适用于词语层级，也适用于句子和语篇层级。主观情感体系如表1所示。

表 5.1　主观情感体系

编号	主观情感大类	主观情感小类	例词
1	乐	快乐	喜悦、欢天喜地
2		安心	踏实、问心无愧
3	好	尊敬	恭敬、肃然起敬\
4		赞扬	英俊、同情达理
5		相信	信任、毋庸置疑
6		喜爱	倾慕、爱不释手
7	怒	愤怒	气愤、七窍生烟
8	哀	悲伤	忧伤、伤痛欲绝
9		失望	憾事、心灰意冷
10		疚	内疚、问心有愧
11		思	相思、朝思暮想
12	惧	慌	慌张、手忙脚乱
13		恐惧	胆怯、胆颤心惊
14		羞	害羞、无地自容
15	恶	烦闷	憋闷、心烦意乱
16		憎恶	反感、深恶痛绝
17		贬责	呆板、杂乱无章
18		妒忌	眼红、嫉贤妒能
19		怀疑	多心、疑神疑鬼
20	惊	惊奇	奇怪、瞠目结舌

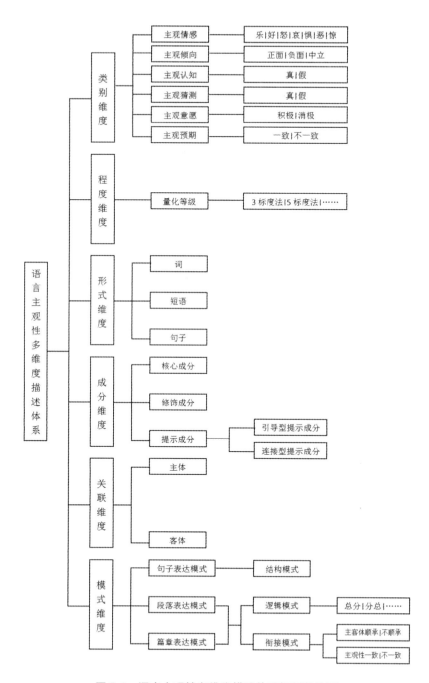

图 5.1　语言主观性多维度描述体系框架结构图

一般而言，主观情感的各个类别可以词语为形式标记进行区分。如：

（1）今天，参加庆祝北京大学建校一百周年的隆重集会，我感到十分**高兴**。（快乐）

（2）他私人的办公室里，满房间都堆满了样品，许多台湾来的产品，令人看了**爱不释手**。（喜爱）

（3）我们都很**生气**，怎么可以打一个女孩子呢！（愤怒）

5.2.1.2　主观倾向

主观倾向是指对人、物、事件所持有的赞成或反对、褒扬或贬抑、肯定或否定的态度、立场或观点。主观倾向要么是正面的（positive），要么是负面的（negative）；有的时候为了表示一种不偏不倚的态度，还可以取中立（neutral）值。例如：

（4）但无论怎么说，任志强的出现是对商业猥琐人格的反击，自有其廓清市场的功用。（正面倾向）

（5）这样的榜单，似乎并不是出于对文学和文学家的关怀，而是用市场逻辑和商业标准，对文学进行的一次骚扰，一次"削足适履"的图谋。（负面倾向）

需要特别说明的是，把情感和倾向区别开来，是二者确有不同：情感是个人的心理体验，侧重于自我的内心感受，具有类别多样化的特点；倾向是针对具体的外在事物的个人态度、立场或观点，具有取值极端性的特点。但在很多实际工作中，人们往往只在乎说话人的倾向，而不关心其情感，这时也可以把积极和消极的主观情感分别归入正面或负面倾向。

5.2.1.3　主观认知

主观认知指说话人从个人经验出发对人、物、事进行的主观认识活动。主观认知通常也有"真"和"假"的取值，判断的标准是公认的常识。例如：

（6）会叫的狗通常不咬人。（真）

（7）当初我妈一直跟我说，门当户对很重要，贫贱夫妻百事哀。（真）

主观认知的典型标记有"知道、明白、理解、绝对、往往、通常、一般"等。

5.2.1.4　主观推测

主观推测是指说话者对句子表达的命题是否成真做出的确定性上的主观推断（刘亮，2009）。主观推测的取值依据语境要么为真，要么为假。

例如：

　　（8）天气这么闷，一定是要下大雨了。（真）

　　（9）我敢打赌他没睡着。我进来时还看见他脚动呢。（真）

　　主观推测的表达手段分有标形式和无标形式两类，典型的有标形式又主要有推测动词"觉得、认为、猜想"等，情态动词"能、会、应该"等，推测副词"必、定、准"等，表推测的独立语"按理说、看来"等以及一些复句句式（刘亮，2009）。

5.2.1.5　主观意愿

　　主观意愿是语言形式在使用中所表示或蕴含的说话人的主观愿望或意向。主观意愿有积极意愿和消极意愿两种。例如：

　　（10）她宁可自己苦一点、累一点，也绝不亏待了孩子。（积极）

　　（11）一想到这，他再也不愿好好干了。（消极）

　　能愿动词"想、要、愿意、肯、希望"等常用来表达意愿。此外，副词如"偏偏、宁可、宁肯、宁愿、还是"等也能表示主观意愿。

5.2.1.6　主观预期

　　主观预期指语言形式在使用时蕴含了说话者主观上的某种期待、意料或预测。根据事实是否与主观预期一致，分为一致预期和不一致预期。例如：

　　（12）折腾了这么久，这家工厂果然是倒闭了。（一致）

　　（13）我那天开车，有一个斑马线上的人要过不过的，我给他搞得烦了，开过去也没压死他，警察竟然跑上来罚我钱，还抓我去上课，班都不能上了。（不一致）

　　主观预期的典型形式标记是一些副词，如"总算、终于、到底、偏偏、果然、竟然"等。

　　综上，语言主观性的类别维度如图 5.2 所示。

5.2.2　程度维度

　　主观性程度（或称"强度等级"）用来指示一个主观性表达式在主观强度上所达到的量级，这是一种主观量，是语言主观性在量范畴上的体现。根据不同的研究水平和研究需要，语言主观性程度的表示方法不尽相同。通常所说的程度的"高、中、低"是一种［0，1］3 标度法，其刻画能力仍可以细分为 5 标度（极高、较高、中、较低、极低）、7 标度（极

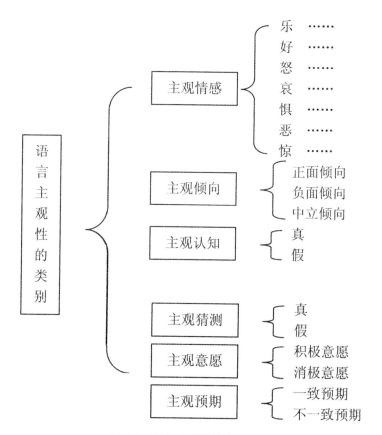

图 5.2　语言主观性的类别维度

高、较高、稍高、中、稍低、较低、极低）等。以"悲伤"为例，"非常悲伤、悲伤、些许悲伤"可以用 3 标度法表示，"极其悲伤、很悲伤、悲伤、比较悲伤、有点儿悲伤"适于用 5 标度法刻画。在实际工作中，研究人员常常倾向于使用数值而不是等级对强度进行描述，如用〔0，0.5）范围内的数值描述低等强度，用 0.5 描述中等强度，用（0.5，1〕范围内的数值描述高等强度。以主观倾向为例，可将强度的等级设置在〔-1，1〕的区间内，这样，〔-1，0）的取值区间表示负面倾向，0 表示中立，（0，1〕区间表示正面倾向。所取数值的绝对值越大，强度越高；反之则越低。

　　主观性程度适用于主观性表达的各个类别，它将促进语言主观性的研究从定性分析向定量分析不断推进。同时，这也是一个具有较大弹性的概念，可以满足理论和应用研究中刻画主观强度等级的需要。主观类别和主观程度是语言主观性最重要的两个属性，体现了主观性表达最基本的问题。

167

5.2.3 形式维度

语言的主观性形式即表达一个相对完整的最小主观性概念的语言形式，包括词、短语和句子。主观性表达借助各种语言手段表现出多样化的语言形式。此前的一项尝试性的研究（赵询思，2008）表明，语音、词汇、语法和语用等语言手段均可以表达各种情感。显然，表达手段和表现形式并不存在一一对应的关系，有的表达手段会体现为多种表现形式。语义倾向计算的研究对象是具体的语言形式，因此，对这些语言形式的深入考察成为一项重要的基础性工作。限于篇幅，本文仅作简要说明。

词的主观性本质上是词义的一部分。词义的主体部分是对客观事物本质属性的揭示，这种揭示是人们主观认识的结果，因此，在词义中，除客观性外，还存在着能反映出人们认知活动中的情感过程与倾向性等方面的主观性成份（邵敬敏，2001）。词义是多种因素的组合，除了与表达概念有关的理性义以外，还有附着于其上的色彩义。根据感情色彩划分出来的褒义词、贬义词和中性词体现的即是词的主观性。汉语中能表达主观性的词类主要有形容词、名词、动词和副词。如：

（14）勇敢、忠诚、虚伪、马虎（形容词）

（15）英雄、名著、小人、悲剧（名词）

（16）解放、康复、处死、憎恨（动词）

（17）按期、秉公、大肆、贸然（副词）

短语形式的主观性表达大多是习语。多数习语带有明显的主观性倾向，这跟习语的来源有很大的关系。此外，一些其他短语也表达明显的主观性。如：

（18）画蛇添足、走后门、跑得了和尚跑不了庙

（19）有头脑、绷着脸、低姿态、懂个屁

以句子形式来表达主观性，通常采用句法和语用手段实现，常见的有句类的选择和修辞手法的使用。如：

（20）明天就放假了！（感叹句）

（21）青春是一团熊熊燃烧着的火焰。（暗喻）

句子形式的主观性表达在主观性的形式和意义上表现出异常复杂的情况。认识到这种复杂性，能加深对于语义倾向计算研究任务艰巨性的理解；对其中的重点、难点逐一进行攻克，是语义倾向计算必须认真对待的问题。

5.2.4　成分维度

语言主观性的成分是组成一个完整的主观性表达式的相关元素，通常有核心成分、修饰成分和提示成分。其中，核心成分不可或缺，其它成分可以缺省。

核心成分是主观性表达的中心和关键元素。如5.2.3节所述，核心成分在形式上可以是词、短语或句子。例如：

（22）我不怀疑你的初衷是善良的，但你确实是在狗拿耗子。

（23）谁是地震中最伟大的英雄？无私无畏的志愿者！

（24）他呀，就是一木头。

修饰成分用以修饰核心成分，以副词居多。其中，一部分副词性的修饰成分也具有一定的主观性（如"都、还、真、总是"等），还有一部分则反映了主观性程度（如"稍微、非常、有点儿、极其"等），是影响主观性的重要因素。修饰成分中需要特别提到的是否定词语，它们对核心成分影响最大，常常颠倒所修饰的核心成分的语义倾向。此外，否定词语同其他的修饰成分有时叠加在一起修饰核心成分。例如：

（25）可是经过这几年战争的破坏，一般人家都穷得要命，这会儿又一烧，恐怕所有的家当都被毁了！

（26）弟子认为通天丐帮只是少数头目坏，下面的弟兄基本上都不坏，因此请诸位堂主不要多杀生！

（27）有同感，现在我感到上网易不是一般的郁闷啊。

提示表达成分有两类，一类用以引出核心成分（连同修饰成分一起），它们多数是表示心理状态的动词，如"想、认为、觉得、以为、希望"等。这类提示表达成分在位置上相当灵活，可以出现在句首、句中或句尾。如：

（28）我并不认为康熙给中国带来了根本性的希望，他的政权也做过不少坏事，如臭名昭著的"文字狱"之类；我想说的只是，在中国历代帝王中，这位少数民族出身的帝王具有超乎寻常的生命力，他的人格比较健全。

（29）"你们听听，他这说的还是人话么？你们见过这种谦虚得一塌糊涂的人么？我是没词儿了，冯先生您来伺候他。"

另一类即是常说的关联词语，用以连接两个或两个以上修饰表达成分或核心表达成分（连同修饰表达成分一起），如表并列关系的"既…又…"，表顺承关系的"然后"，表解说关系的"就是说"，表选择关系的"宁可…也不…"，表递进关系的"不但…而且…"，表转折关系的"虽然…但是…"，表条件关系的"无论…都…"，表假设关系的"即使…也…"，表因果关系的"因为…所以…"，表目的关系的"以便"等等。

这两类提示成分不是互斥的，有的句子中两类提示成分均能出现。提示表达成分本身一般不具有主观性，它的作用在于帮助辨识和分析主观性信息。提示表达成分有一个管辖范围的问题：一般地，第一类成分的辖域较大，管辖了除它本身以外的整个句子；第二类成分的辖域则不确定，有时是整个句子，有时则是句子的一部分。

5.2.5　关联维度

除类别、程度、形式和成分外，主观性还关涉两个事物：一是主观性的来源，即某一类别主观性的发出方；二是主观性的对象，即某一类别主观性的接收方或者针对的主题。将其称为主观性的关联属性。例如：

（30）**我**讨厌**你**。

（31）**家人**认为：**我**存有这些书，不是好事。

上述两例中的语义倾向来源分别为"我"、"家人"，对象则是"你"和"我存有这些书"。

5.2.6　模式维度

语言主观性的表达手段多样，形式繁杂，然其背后隐藏着特定的表达模式。研究主观性的表达模式将进一步加深对语言主观性表达的认识以及对表达规律的理解。

主观性表达模式是句子、段落和篇章表达整体主观性的特定规律。在句子层面，体现为结构模式；在篇章层面，体现为逻辑模式和衔接模式。结构模式是从微观的角度来观察的，它概括了句子（小句）内主观性表达的组织结构；逻辑模式和衔接模式是从宏观的角度来观察的，分别归纳了篇章中以句子为单位的独立的主观性表达形式在逻辑上和在衔接上如何表达整体主观性的规律。

篇幅所限，仅以篇章衔接模式为例说明。篇章中语义倾向的"衔接"是指语义倾向对象 T 和语义倾向 O 在相邻主观句子间的对应关系。用 T_p –

O_p 和 $T_q - O_q$ 分别表示篇章中的任意两个句子的语义倾向，它们分属于两个不同的集合 S_p 和 S_q，则每个集合中都有两个元素 T 和 O，表示为 $S_p =$ $[T_p, O_p]$，$S_q = [T_q, O_q]$。定义任意两个句子的衔接模式为两个集合间的对应关系，则篇章的语义倾向有 4 种衔接模式：

模式 1：$T_p = T_p$ 且 $O_q = O_q$（对象顺承，语义倾向一致）

模式 2：$T_p = T_p$ 且 $O_q \neq O_q$（对象顺承，语义倾向不一致）

模式 3：$T_p \neq T_p$ 且 $O_q = O_q$（对象不顺承，语义倾向一致）

模式 4：$T_p \neq T_p$ 且 $O_q \neq O_q$（对象不顺承，语义倾向不一致）

至此，我们完成了语言主观性多维度描述体系各个维度的论述。

5.3　语义倾向标注语料库的建设⑤

主观性（subjectivity）是语言的基本属性，语言意义的主观性是指话语中伴随命题内容产生的说话人的"自我"（self，ego）表达。日常话语中或多或少总是含有说话人"自我"的表现成分，说话人在说出一段话的同时也表明了自己对这段话的立场、态度和感情（沈家煊，2001）。语言的主观性借助一定的语言手段、通过一定的语言形式得以实现，由此形成话语中的主观性表达（subjective expression），用以传递说话人的自我判断、感受、评价、意愿等主观性信息。对语言主观性以及主观性表达的关注，其实质是探索语言中"人"的因素，因为"语言不仅仅是客观地表达命题和思想，还要表达言语的主体即说话人的观点、感情和态度"（沈家煊，2009）。

语言中的主观性表达是近年来语言学和自然语言处理领域的一个研究热点。语言学的相关研究着重从语言的角度探讨主观性表达的意义、使用、认知机制和描写手段，由此引发了对语言主观性的大量论述，使其逐渐成为认知语言学、功能语言学和语用学的元理论基础，并推动了"评价系统"的产生；自然语言处理的相关研究则主要从信息的角度关注主观性表达的辨识、抽取、分类和计算分析，从而产生了情感分析、观点挖掘、舆情监测等一批新兴研究方向。

研究语言中的主观性表达，不论是基于语言还是基于信息的视角，也

---

⑤　本节内容参见：杨江，李薇，彭石玉. 汉语语义倾向语料库的建设［J］. 中文信息学报，2014，05：74 - 82.

不论是面向基础研究还是应用研究，都需要积累大量的语言素材，以帮助人们观察和把握语言事实，分析和研究语言的规律。具体而言，主要体现在其或为论证提供例句支持，或为描写提供统计数据，或为统计模型提供训练数据。这就要求建立基于既定标注体系、符合潜在研究需求、具有一定规模和加工深度的主观性表达语料库。

然而，就我们所知，目前国内外可获得的相关汉语语料库资源较少。古伦维等（2005）的评价语料库对语料的篇章、句子、词语的情感倾向进行了标注，区分了显式和隐式观点持有者，但未能涉及词法分析信息；徐琳宏等（2008；2008）创建的100万字的情感语料库基于情感词汇本体进行情感类别、主体、接受者、修辞类别等的标注，语料规模大，设计精细，标注信息详尽，但以句子为单位的加工层次略嫌粗糙；宋鸿彦等（2009）完成了600余句的汉语意见型主观性文本标注语料库的标注，包含了词法和句法分析信息，但语料均为汽车评论，来源相对单一且规模较小；彭宣维等（2012）遵循"评价系统"建立了100万词的汉英对应评价意义语料库，是首次按照一种语言理论体系构造的双语对应语料库，标注信息详尽，但其设计目的主要针对语言评价意义的研究；崔晓玲（2013）构建了汉语网络新闻评论情感语料库，同样基于系统功能语言学的评价理论来设计，但其规模仅为13万字，语料来源均为单一的新闻评论，也不包含词法分析信息。除了上述的语料库以外，尚有一些零散或未经人工标注但值得一提的资源，如中文信息学会信息检索专业委员会提供的历届中文倾向性分析评测（COAE）语料，中国计算机学会主办的历届自然语言处理与中文计算会议（NLP & CC）提供的中文微博情感分析评测语料，谭松波（2013）的中文情感挖掘语料等，但它们均用途单一，且难以形成规模。

由此可见，此前为研究汉语主观性表达而建设的语料库资源，由于标注体系不同，加工深度各异，应用目的多样，难以将其整合或统一；由于设计思路的差异，对领域研究认识的不同，其中的部分资源不能为当前研究背景和当下研究需求下的情感分析、语义倾向计算、观点挖掘等提供有力支持。在这样的背景下，我们从2011年开始，历经三年，完成了100万字的汉语语义倾向语料库（Chinese Semantic Orientation Corpus，CSOC）的标注工作，同时开发了集语料检索与统计、标注结果检查与可视化于一体的专用语料库工具箱系统（CSOC Toolkit）。汉语语义倾向语料库具有以下特点：

（1）从语言和计算两个角度综合考虑了语料的可用性，因而既能在语言学上为汉语主观性表达的基础研究所用，又能在自然语言处理上为主观性表达的计算和分析等应用研究所用；

（2）自觉地接受语言学理论的指导，每个加工环节、每项标注元素都既有语言学上的理据，又实实在在地面向相关研究和应用需要；

（3）标注体系遵从预先设计的"语言主观性多维度描述体系"；

（4）规模适中，同时尽量保证语料在领域、体裁、语体等方面的平衡性；

（5）标注过程有严格的质量保障机制，标注结果质量高。

5.3.1　设计思路和概念界定

汉语语义倾向语料库的设计思路遵循我们自行构建的"语言主观性多维度描述体系"。语言主观性多维度描述体系是一个以语言主观性理论为指导、面向文本主观性分析应用、衔接理论和应用的中间"接口"，它上连各种语言学理论、下接各类主观性分析，旨在为不同语言层级、不同颗粒度和不同应用目的的主观性分析提供统一的、跨语言的描述标准。该体系用类别、程度、形式、成分、关联和模式六个维度表示，每个维度反映语言主观性的一种属性，也代表一类研究视角，涵盖了当前学界正着力解决和未来可能进行的各项子任务。该体系的创建借鉴了 Martin（2000；2005）的"评价系统"、Taboada 等（2004）和 Read 等（2007）将"评价系统"应用于语义倾向计算所做的尝试性探索、Wiebe 等（2005）为建设 MPQA 观点标注语料库设计的个人心理状态（private state）标注框架、Kim 等（2004）面向观点挖掘为观点（opinion）制定的由主题（topic）、持有者（holder）、陈述（claim）、情感（sentiment）组成的四元组以及徐琳宏等（2008）的情感词汇本体，其框架结构如图 5.1 所示。篇幅所限，本文不对此展开详细论述。

语义倾向（Semantic Orientation）是语言主观性的一个子类，同其他子类一样，对它的刻画可以继承自语言主观性描述体系，只需在类别维度稍作修改，即可产生一个语义倾向描述子体系。汉语语义倾向语料库就是基本依据这个子体系设计的。需要指出的是，考虑到对语义倾向程度的描述大多以词典形式提供，加之句、段、篇的表达模式一般可以从其他维度的标注中间接推导得到，因而我们在标注体系中剔除了程度和模式两个维度。

下面对语料标注中涉及的一些基本概念进行界定和说明。

（1）语义倾向。语义倾向指倾向主体（subject）对倾向客体（object）所持有的赞成或反对、褒扬或贬抑、肯定或否定、积极或消极的态度、立场、观点或情感，分正面、负面和中立倾向三类。

（2）倾向主体。倾向主体是语义倾向的持有者、评价者或体验者，一般为有生命的人或由人组成的群体，在特殊语境下，如神话传奇、童话故事、科幻小说中，也可以是人格化的动物和物件。

（3）倾向客体。倾向客体是语义倾向的评价对象、接受者或针对方，通常为人、物、事件、动作行为等。

（4）正面倾向。指表达赞成、褒扬、肯定或积极类主观性的语义倾向。

（5）负面倾向。指表达反对、贬抑、否定或消极类主观性的语义倾向。

（6）中立倾向。指表达不偏不倚类主观性的语义倾向。

（7）核心成分。核心成分是表达语义倾向的中心和关键要素，形式上多为负载语义倾向的词和短语，少数情况下为句子（含小句），如"怀疑、善良、大公无私、让一切随风而去"。

（8）修饰成分。修饰成分指用以修饰核心成分，使其倾向程度增强或减弱的成分，以程度副词和否定副词居多，如"有点、非常、不"。

（9）提示成分。提示成分是本身不对核心成分产生影响，但具有引出或连接核心成分作用的成分。提示成分又分为引导型和连接型两类，其中，引导型提示成分用以引出核心成分，多数为表示心理状态的动词，如"想、认为、觉得、以为、希望"等；引导型提示成分用以连接两个或两个以上核心表达成分，即通常所说的关联词语，如"和、既…又…、虽然…但是…"等。

上述基本概念也即标注的主要元素，它们之间的关系可以用图 5.3 直观地表示。

5.3.2　标注体系和标注方法

汉语语义倾向标注语料库的标注体系由文档结构标注体系和语义倾向

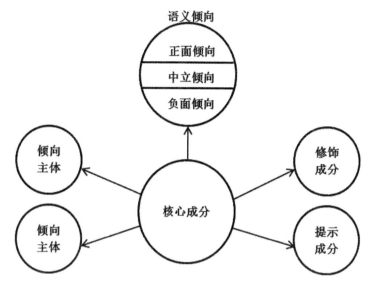

图 5.3　主要标注元素关系图

标注体系构成，前者标注文档（即篇章）的层次结构，分为篇、段、句、词四级，后者则标注语义倾向的类别、形式、成分、关联四个维度的信息。语料标注遵守 Leech（1993）提出的七条基本原则，采用国际通行的 TEI 标注模式，标注结果用 xml 格式文件储存。

　　文档结构标注体系表示成 text =（head，body），其中，头信息表示成 head =（title，time，author，source，addr，info），正文表示成 body =（para，sent，word）。此外，每级语言层次都附加了必要但并不完全相同的其他信息。例如，词、句、段三级都含有序号（id），而仅词语层级包含词性信息（pos）。文档结构标记集及其说明见表 5.2。

表 5.2　文档结构标记集及其说明

序号	标记	含义
1	< text > </text >	文档
2	< head > </head >	头信息
3	< time > </time >	发表时间
4	< author > </author >	作者
5	< sour > </sour >	出处
6	< addr > </addr >	网址

序号	标记	含义
7	< info > </info >	其他需要说明信息，或非正文内容
8	< body > </body >	正文
9	< para > </para >	段
10	< sent > </sent >	句
11	< word/ >	词
12	id	段、句、词的序号，从0开始
13	cont	句、词的文字内容
14	pos	词的词性

不同的语言层级在语义倾向标注体系上略有差别。在篇、段级，我们标注其语义倾向类别和倾向客体，表示为 textSO/paraSO =（senti，obj）；在句一级，标注其语义倾向类别、句子核心话题、是否否定句、是否疑问句、是否修辞句，表示为 sentSO =（senti，topic，neg，que，fig）；而在词一级，我们围绕核心成分，标注它的语义倾向类别、成分、关联元素，表示为 coreSO =（senti，sub，obj，modi，clue）。语义倾向标记集及其说明见表5.3。

表5.3　语义倾向标记集及其说明

序号	标记	含义
1	senti	语义倾向
2	po	语义倾向类别，正面倾向
3	ne	语义倾向类别，负面倾向
4	zl	语义倾向类别，中立倾向
5	sub	倾向主体
6	obj	倾向客体
7	topic	句子核心话题
8	modi	修饰成分
9	clue	提示成分
10	neg	是否否定句
11	que	是否疑问句
12	fig	是否修辞句
13	span	核心成分跨距

续表

序号	标记	含义
14	yes	布尔值，真
15	+	分隔多个 id 所代表的词语
16	–	连接两个 id 所代表的词语
17	数字	词语 id

下面的图 5.4 是一个句子的标注示例。

```
<para id="12" senti="ne" obj="这" >
  <sent id="0" neg="yes" que="" fig="" senti="ne" topic="2" cont="我以为这是最没有出息的人。
">
    <word id="0" cont="我" pos="r" />
    <word id="1" cont="以为" pos="v" />
    <word id="2" cont="这" pos="r" />
    <word id="3" cont="是" pos="v" />
    <word id="4" cont="最" pos="d" />
    <word id="5" cont="没有" pos="v" />
    <word id="6" cont="出息" pos="n" senti="po" sub="0" obj="8+2" modi="5+4" clue="1" />
    <word id="7" cont="的" pos="u" />
    <word id="8" cont="人" pos="n" />
    <word id="9" cont="。" pos="w" />
  </sent>
  ......
</para>
```

图 5.4　一个句子标注示例

文档结构标注主要由机器自动完成，后期进行了必要的人工核查，主要针对分词和词性标注的错误；语义倾向标注主要由人工手动完成，后期辅以标注结果检查程序进行自动纠错，主要针对各级 id 错误、标记拼写错误、xml 合法性等问题。

如图 5.4 所示，在语义倾向标注上，对于 sub、obj、modi、clue 等属性的值，我们使用了数字，这些数字代表当前句子中词语的 id。由于每一个词都有唯一的 id，因此，为了节省存储空间，我们用其 id 代表其文字内容，这样做也能减轻标注人员的劳动强度。篇、段、句的标注内容基本相同，从图中可直观看出，不赘述。对于词一级的语义倾向各维度的属性，我们将其标注在核心成分上，这主要是考虑到核心成分在表达语义倾向时具有的关键作用；另外一重考虑则是针对含有多个核心成分的句子，这些

177

句子中的 sub、obj、modi、clue 等属性会出现交错和重叠，而将其放置在核心成分上，相互之间的关系就会很清楚，层次感强，标注人员也方便理解和操作。

对于以下两种情形，我们引进 span 标记进行特殊处理：（1）句中的核心成分不是词，而是短语，如"没/得/说、吃/空饷"等；（2）核心成分被分词软件切分成了多个词，但从分词的角度看又并非错误，如"死守/不/放、功/在/当代"等。上述情形下，我们采用 span 标记将多个词组成的核心成分连接起来，将其视为一个整体，形如"span = "id$_{起始}$ − id$_{终止}$""，span 标记放置在终止 id 所代表的词语上。

5.3.3 研制过程

汉语语义倾向语料库是一个百万字符级规模的共时、非平衡、单语标注语料库。主要的建设过程包括语料收集、预处理、标注和校对。

5.3.3.1 语料收集

语料选取的首要原则是来源语料中含有较丰富的语义倾向，在满足这一前提后，尽量保证语料在语体、文体、领域等属性上的平衡。根据这个思路，我们收集了来自文艺期刊、童话故事、小说戏剧、语文课本、网络评论的文本 960 篇，各类来源的字数控制在约 15–30 万之间。表 5.4 列出了语料的组成信息。

表 5.4　汉语语义倾向语料库的组成信息

语料来源	内容简介	字符数	词数	句数	段数	篇数
文艺期刊	《读者》《青年文摘》选篇	305520	211134	10184	3659	192
童话故事	《安徒生童话》《格林童话》《王尔德童话》《一千零一夜》《郑渊洁童话》《中国童话故事百篇》选篇	200459	139756	8265	3218	60
小说戏剧	《雷雨》《北京人在纽约》《新结婚时代》《五星大饭店》全本	192717	151136	13050	6618	25
语文课本	人教版小学、初中、高中语文课本、对外汉语教材《桥梁》《中级汉语》、新加坡小学语文课本选篇	200555	144412	7789	2061	162
网络评论	书籍、电影、电视剧、酒店、手机、电脑等网络评论	143884	93892	4230	1728	521
总计		1043135	740330	43518	17284	960

5.3.3.2　语料预处理

生语料文本经过清洗、核对和文档规格化处理后，进入文档结构标注和词法分析序列。文档结构标注环节主要完成篇章内段落和句子的切分，词法分析环节则完成词语切分和词性标注任务。词法分析采用中国传媒大学文本切分标注系统（CUCBst 1.0），这是一个基于规则的词法分析系统，整体正确率超过97.45%。生语料文本经过上述步骤后被转换成类似图5.4所示的xml格式待标文件，其中尚存的各种错误在语义倾向标注时一并纠正。

5.3.3.3　语料标注

语义倾向标注在文本编辑软件 UltraEdit 上进行，标注过程包括培训、试标、讨论、正式标注等环节。首先由研究人员对标注人员进行标注培训，讲解相关背景、应用前景、设计思路、标注体系、有关概念、注意事项等知识，然后 10 名标注人员按语料来源分成五组，各组成员分别独立进行前期五万字的试标注。试标注完成后，小组内部各自展开讨论，对小组成员的标注结果进行比对，利用文本比较软件 Beyond Compare 找出异同，重点讨论差异之处，并记录无法达成一致的标注差异。小组讨论后再召开全体人员大会，逐条讨论各组提出的标注差异，共同探讨以解决分歧，逐步完善标注体系和标准。接着开始正式标注，研究人员分批次将任务发放给各组，各组内人员同时标注相同语料。每批次标注完成后，各组仍先行在组内讨论，再进行全体讨论。如此反复，直至全部任务结束。标注过程中严格遵循"分批次发放任务—组员独立标注—小组讨论—大会讨论—返修—提交结果"的循环工作模式，基本保证了人工标注的一致性。

标注一致性（Inter – Annotator Agreement）是衡量语义标注语料库质量的一个重要指标，常用 Kappa 统计量衡量。我们统计了各组内部标注人员在各阶段对部分主要标注元素的完全相同实例数量（严格相等），用相关公式在 SPSS 中计算了对应的 Kappa 系数值，以掌握标注语料的状况。详细数据见表5.5。

表5.5　各组标注一致性统计

K值（%）	第1批（试标注）			第2批			第3批		
	核心成分	倾向主体	倾向客体	核心成分	倾向主体	倾向客体	核心成分	倾向主体	倾向客体
组1	79.8	60.6	72.2	91.9	74.7	83.5	91.7	75.9	85.8
组2	80.3	66.3	73.8	93.2	77.1	83.4	92.8	79.6	83.3

续表

K 值（%）	第1批（试标注）			第2批			第3批		
	核心成分	倾向主体	倾向客体	核心成分	倾向主体	倾向客体	核心成分	倾向主体	倾向客体
组3	78.1	64.4	70.4	90.6	75.9	79.7	91.1	78.4	82.5
组4	79.5	70.8	74.3	91.4	81.3	83.6	91.3	81.2	83.9
组5	82.4	68.2	74.9	92.7	78.1	84.2	93.2	80.5	84.6

5.3.3.4　质量保障

人工标注的语料质量主要体现在标注的正确性上，这又可以从两个方面来衡量：一是对标注规范的理解是否准确，二是标注结果是否一致，尤其是由多人完成的大型标注工作。虽然我们在标注过程中采取了一定的措施，以尽量保证标注人员理解准确，标注一致，但仍然无法避免问题和错误的存在，因此，仍有必要对标注语料进行人工校对。校对的步骤与标注过程大致相似。保障校对质量的手段包括：（1）研究人员编制了详细的校对操作手册，集中阐释了标注过程中遇到的典型难点、疑点问题（如倾向主体和倾向客体的标注），并提供给校对人员参考；（2）研究人员与校对人员集体办公，以便随时讨论。

由于标注和校对都是人工进行的，在标记的输入、更改上难免出现输入错误，加之标注文件和校对文件都是具有结构层次关系的 xml 格式文件，极易破坏原有格式，而这些错误人工往往难以识别。因此，我们专门编制了一系列辅助检查和自动纠错工具软件，保证了标注和校对结果文件的完整、合法和正确。

通过上述步骤，我们完成了汉语语义倾向语料库的建设。表 5.6 列出了标注语料的部分统计信息。

表 5.6　汉语语义倾向语料库的部分标注结果统计信息

语料类别	核心成分	倾向主体	倾向客体	修饰成分	提示成分	倾向句	正面倾向句	负面倾向句	非倾向句	否定倾向句
文艺期刊	16764	5528	8668	2574	2317	5294	2985	2126	4890	100
童话故事	7630	2630	3611	928	484	412	167	238	7853	53
小说戏剧	8957	5195	4440	1666	311	4533	1361	3064	8517	69
语文课本	7018	2853	3424	1172	818	1267	746	513	6522	62

语料类别	核心成分	倾向主体	倾向客体	修饰成分	提示成分	倾向句	正面倾向句	负面倾向句	非倾向句	否定倾向句
网络评论	9937	2337	6887	2382	638	3484	1589	1820	746	400
总计	50306	18543	27030	8722	4568	14990	6848	7761	28528	684

5.3.4　汉语语义倾向语料库专用工具箱系统

为了更好地利用汉语语义倾向语料库，我们开发了 CSOC Toolkit 专用工具箱系统。它由四大模块组成：检查抽取工具集、检索模块、统计模块和可视化模块。

（1）检查抽取工具集。工具集的开发初衷本是为了在标注时辅助人工完成检查和纠错任务，随着需求的不断增加，新添功能逐渐增多，于是将其整合到一起，作为工具箱的一个独立模块。除了能够检查标注错误和对一部分错误进行自动纠错外，工具集还提供了标注语料信息概览、原始语料抽取等功能。

（2）检索模块。这个模块提供两类的检索功能：一类是固定的与语义倾向相关的内容检索，如倾向词、倾向句、倾向主体、倾向客体等的检索，另一类是任意字符串或标记的检索。检索完成后可以纯文本或富文本格式保存结果。图 5.5 是倾向词语检索的某个结果截图。

（3）统计模块。该模块提供对固定项的统计，如统计语义倾向成分、倾向句、非倾向句、正面倾向句、负面倾向句、否定倾向句等，统计结果以表格的形式呈现，并提供排序功能。统计结果可存为纯文本或 Excel 表格格式。

（4）可视化模块。为了方便人对语义倾向成分标注结果的直观观察，我们特别开发了可视化模块，在其中可以逐句浏览原始文本、分词文本、词性标注文本和语义倾向标注文本。语义倾向标注结果在呈现时，用不同颜色突出显示相关文本内容，并在文本顶部用带颜色和箭头的弧线表示他们之间的语义倾向关系，词性标记则在文本的底部显示。图 5.6 是《恶毒的王子》标注结果的可视化显示效果。

图 5.5　固定类别"倾向词语"项的检索结果

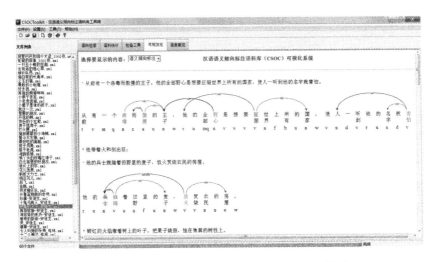

图 5.6　《恶毒的王子》标注结果可视化显示效果

5.4　总结

　　本章建构了一个以语言主观性理论为基础、面向文本语义倾向计算的
语言主观性多维度描述体系，并基于这个描述体系，构建了一个中等规模

的汉语语义倾向语料库，并为之配备了相应的检索、统计和可视化工具。从现实的角度看，描述体系是一个上连语言学理论、下接文本语义倾向计算的理论与应用的中间"接口"，也是一个力图为不同语言层级、不同颗粒度和不同应用目的的语义倾向计算提供统一的、跨语言的描述标准的框架。标注语料库既适用于汉语主观性表达的基础研究，又适用于与主观性相关的应用研究。其他研究工作包括一部人工标注、机器可读并应用于舆情监测系统中的语义倾向词典，一个基于规则的句子语义倾向计算系统（杨江，2013）和一个基于浅层篇章结构的篇章语义倾向计算系统（杨江，2011）。实践表明，语言主观性的多维度描述体系设计合理、易于操作、契合应用。

第六章　语义倾向计算与话语标记主观倾向研究

本章内容提要：构建语体语料库，从中提取限定的话语标记，是本章的主要内容。其中涉及到语料的选择、语料库的规模、提取话语标记的实验、最后话语标记集合的获得。

6.1　语义倾向计算

6.1.1　概述

文本语义倾向（semantic orientation）的计算近年来受到学界的广泛关注。相关的研究通常试图解决四个方面的问题：（1）区分一个语言表达式是主观的还是客观的，即主客观分类；（2）确定一个主观性语言表达式的语义倾向，即语义倾向判别；（3）测量一个主观性语言表达式的语义倾向强度，即倾向强度计算；（4）识别与语义倾向有关的倾向持有者（holder）和倾向对象（object），即关联元素识别。

语义倾向计算的现实基础是语言具有的主观性。"主观性"是说话人在言语中表现出来的立场、观点、态度、情感等"自我"的印记，它借助一定的语言手段、通过一定的语言形式得以实现。语言的主观性是与"客观性"相对而言的，言语交际中既有客观叙述、说明和描写人、物、事件等的客观性表达，又有传达说话人自我判断、感受、评价、意愿等因素的主观性表达。语言具有主观性的特质使得人们可以开展与主观性有关的各种研究，也使语义倾向计算成为可能。

语义倾向计算的可行性依据是 Osgood 等（1957）提出的"语义差异（Semantic Differential）"理论。在《意义的测量》（The Measurement of Meaning）一书中，Osgood 等人进行了词义量化的心理学实验，基于"语义空间（semantic space）"概念从向量的角度表示人概念化词义的方式，发现评价（evaluation）是对词义产生影响的最简单可辨的因素，且易于测量；运用"一致（congruity）"概念描述多个词语在意义上的相互作用，即共现的词语在倾向和强度上具有联合（association）和解离（disassociation）的对立关系；指出"两极性（bipolarity）"是语义差异的基本特征之一，词义在两极（正向极和负向极）之间的完美对称这种数学上迷人的构想在心理学上并不成立。语义差异理论为语义倾向计算提供了心理学上的可行性依据。

基于上述现实基础和可行性依据，本文采用基于规则的方法对汉语句子的语义倾向计算进行研究，以期在一定程度上解决从既有文本中获知言语交际主体的主观性信息这一问题。需要说明的是，本节讨论的内容不包含对语义倾向关联元素的识别。

6.1.2 相关工作

当前语义倾向计算通常在词语、句子和篇章三个语言层级上展开，运用的主流方法有两类：基于语义的分析方法和基于机器学习的分类方法。基于语义的方法本质上是一种基于规则的方法，它视词语为语义倾向的最小载体，较大语言单位主观性表达的语义倾向由较小单位的语义倾向组合而成，原则上可以通过带符号的算术运算逐级得到不同大小语言单位的语义倾向。基于机器学习的分类方法是一种基于统计的方法，它把语义倾向分析看作一类特殊的文本分类，技术的关键是采用合适的机器学习算法以及选择有效的文本特征。目前学界大多采用基于机器学习的方法，其特点是技术手段较为成熟，在受限领域内性能表现良好。

同基于机器学习的方法相比，基于规则方法的语义倾向计算有其自身的优势。第一，它符合人类思维和解析语义倾向的基本模式，能对人的这种认知方式进行模拟，尤其是模拟语境对语义倾向产生的影响。第二，诸如支持向量机（Support Vector Machine，SVM）的机器学习模型对训练语料的依赖性较大，它们在所训练的领域表现良好，但如果同一个分类器用于其他领域，其性能将大大下降。领域的通用性差几乎是这类模型的一个通病。基于规则的方法则具有更强的领域通用性，不同领域在表达语义倾向上存在的差异一般不会对这种方法的分析结果带来太大的影响。第三，如前所述，语义倾向计算涉及多项子任务，类似 SVM 的分类方法在子任务的结合处理上往往效果不佳，而基于规则的方法则能将多个相关任务很好地结合在一起完成，如把语义倾向判别和倾向强度计算合并为一个复杂任务，设置其输出结果为一个带正负号的数值，则正负号表明了语义倾向类别，数值指示了倾向强度。第四，虽然机器学习方法善于处理分类任务，但对于分类的单位（即分类对象在语言层级体系中的所属类别）而言，是宜大不宜小的。在句子甚至更小的单位上进行分类，基于机器学习的方法仍然面临着很大的挑战，而自底向上、层层推进的规则方法则能很好地在小单位上胜任分类及其相关分析工作。

基于规则方法的语义倾向研究已经取得了一定的进展。早期人们利用连词的特性来推断被连接在一起的两个词语的语义倾向（Hatzivassiloglou 1997）；后来又选用典型的褒、贬种子词来分析目标词语的语义倾向（Turney 2002）以及基于词典和上下文规则的策略来计算句子和篇章的语义倾向（Ding 2008；Taboada 2011）。在汉语方面，Tsou（2005）、朱嫣岚（2006）、李钝（2008）、王素格（2009）、党蕾（2010）、赵妍妍（2010）等提出了各种分析和处理汉语主观性文本语义倾向的方法。然而，这些工作也存在一定的局限。一是规则的系统化、深入化程度仍嫌不足，二是对文本中既有的各种语言特征的利用还不够充分，在句子层面很少借助句法关系解决复杂形式的语义倾向计算问题；三是对语言主观性表达的基础性研究相对薄弱，相关的基础资源较为匮乏，人工标注的情感词典极少。本文的研究将在上述提及的方面有所加强。

6.1.3　语义倾向及其主要性质

一般地，语义倾向指对人、物、事件所持有的赞成或反对、褒扬或贬抑、肯定或否定的态度、立场或观点。从更广义的角度看，也包括倾向主体自身积极或消极的心理状态，即喜、怒、哀、乐等情感。通常把语义倾向分为正面（positive）、负面（negative）、中立（neutral）三个类别，用 1 表示正面倾向，−1 表示负面倾向，0 表示中立倾向。这种对立体现了语义差异的两极性。

语义倾向具有程度差异。这种程度是一种主观量，是语言主观性在量范畴上的表现。常说的"高、中、低"是对程度差异的一种粗糙的描述，这种三标度法的刻画能力可不断增强至更细致的五标度法（高、较高、中、较低、低）、七标度法（极高、高、较高、中、较低、低、极低），最后直至使用数值来代替等级。

语义倾向具有可组合性。这里有两层意思，以句子"王后长得非常漂亮，但她很骄傲自负，嫉妒心极强"为例说明。其一，一个完整的语义倾向表达式有三类组成成分：核心成分、修饰成分和关联成分。核心成分主要是词和一部分结合紧密、使用稳定的短语，它们是负载语义倾向的最小单位，具有不可再分性，如句中的"漂亮、骄傲、自负"等；句法上修饰核心成分且对其倾向程度产生加强或减弱影响的成分称为修饰成分，主要是程度副词和否定词语，是影响语义倾向的重要因素，如"非常、好、很"等；用来关联多个核心成分或修饰成分的成分称为关联成分，它们大多是关联词语，如"（虽然）……但"。核心成分、修饰成分和关联成分可以进行有限组合，并共同决定着一个具有语义倾向的主观性句子的最终语义倾向值，如"（虽然）非常漂亮、但……很骄傲（和）（很）自负、（但）嫉妒心极强"共同决定了例句的整体语义倾向值。其二，不同大小语言单位的语义倾向可以进行逐级运算，较大语言单位的语义倾向值是其所有组成成分语义倾向值的加权和，如小句"但她很骄傲自负"的语义倾向值由"但她很骄傲"和"但她很自负"组合而成，其内部两个组成部分的权值取决于它们之间的语义关系。运算的顺序从单个的词或短语开始，依次提升至更大的短语、小句，最后直至句子。运算时以核心成分为中心，以包含单个核心成分的语义倾向表达式为基本单元，通过不断合并多个基本单元的方式得到句子的整体语义倾向值。

词语的语义倾向具有"多义性"，这是由词语的多义性造成的。如果一个词语（如"骄傲"）的多个义项具有不同的语义倾向，那么它的语义倾向具有不确定性，这时往往需要根据特定的语境，进行"歧义"消解。由此，处理词语的语义倾向"歧义"问题，成为语义倾向计算中的一项必要任务。

词语的语义倾向存在静态和动态的区别。所谓"静态"指词语的词典义所表现出来的语义倾向，具有凝固性和共识性的特点；所谓"动态"则指词语在语境中所体现的语义倾向，它可能与其静态语义倾向一致，也可能不一致。语言中语用手段的使用使得语义倾向计算变得异常复杂，如一个不含任何语义倾向词语的句子可以表达某种倾向，一个含有正面语义倾向词语且不含否定词语的句子可以表达负面倾向。如何有效解决词的动态语义倾向的计算问题，是目前的一个挑战。

6.1.4 基于规则的句子语义倾向计算

6.1.4.1 基本思路

基于上述认识，我们形成如下主要观点：（1）语义倾向具有可测量性；（2）词是表达语义倾向的最重要的最小单位；（3）语义倾向具有可组合性，语言单位的语义倾向值是其组成成分语义倾向值的加权和，不同大小语言单位的语义倾向值可以逐级求得。（4）语境对语义倾向的表达具有较大影响。

据此，确定基于规则的汉语句子语义倾向计算的基本思路为：首先对输入的句子进行分词、词性标注和依存句法分析等基本处理，然后利用句法分析结果，结合语义倾向词典及其附加词典等词典资源，依次根据分类规则、识别规则、合并规则和计算规则（调用消歧规则），逐步完成主客观分类、语义倾向判别和语义倾向计算等任务，最后求得句子的语义倾向值。处理流程如图 6.1 所示。

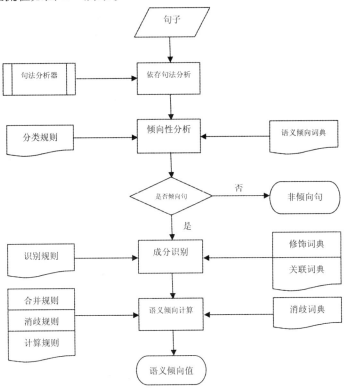

图 6.1　基于规则的句子语义倾向计算工作流程图

6.1.4.2 词典资源准备⑥

基于规则的句子语义倾向的计算依赖于一部预先编制好的语义倾向词典和若干附加词典。语义倾向词典收录词典义中具有语义倾向的词和部分结合紧密、使用稳定的短语,为了计算的需要,每个词条项目除了词性等基本信息外,采用人工方式标注了语义倾向值。语义倾向词典的作用主要是进行主客观分类以及为核心成分提供具有语感证据和明确区分度的语义倾向值,其结构信息规划如下:

表6.1 语义倾向词典的信息结构

编号	词条项	类别	正面语义倾向值	负面语义倾向值	是否多义词
3371	骄傲	形容词	+0.375	-0.25	是

附加词典包括修饰词典、关联词典和消歧词典。其中,修饰词典用来处理修饰成分,关联词典用以处理关联成分,均由人工编制和标注;消歧词典则用于语义倾向"歧义"的消解,先从搭配语料库中自动抽取搭配和共现词语实例,再经人工筛选完成。附加词典的结构信息规划如下:

表6.2 修饰词典的信息结构

编号	词条项	类别	修饰正面倾向程度加强/减弱值	修饰负面倾向程度加强/减弱值
132	非常	副词	+80%	+80%

表6.3 关联词典的信息结构

编号	词条项	类别	配对词语	关联关系	影响倾向程度值
39	不但	连词	还;而且	递进	+25%

表6.4 消歧词典的信息结构

编号	词条项	类别	正面语义倾向 搭配/共现词语	负面语义倾向 搭配/共现词语
11	骄傲	形容词	成就;自豪;值得;令;深感;兴奋;中华民族;引以为;光荣;为此;为之;勇敢;……	自满;防止;不能;惭愧;自大;不;不要;怕;毁;克服;反对;丝毫;从不;起来;……

---

⑥ 本节内容参见:杨江,侯敏. 基于规则的汉语句子语义倾向计算 [J]. 当代语言学,2013,04:405-416+500-501.

目前已经完成的词典资源的基本情况见表6.5，消歧词典仍在不断扩充。限于篇幅，所有词典的设计、加工和验证拟另文讨论。词典资源的准备为后续工作奠定了基础，本文的实验结果反过来也证实了这些词典的可行性和可用性。

表6.5　部分词典资源的基本情况一览表

词典名称	词条信息				词性信息			
语义倾向词典	总条目	正面条目	负面条目	歧义条目	形容词	动词	名词	其他
	19，625	8，899	9，983	743	3，740	4，013	2，742	9，130
		45.34%	50.87%	3.79%	19.06%	20.43%	13.98%	46.53%
修饰词典	总条目	加强类条目		减弱类条目	副词	动词	形容词	其他
	182	120		62	138	11	7	26
		65.93%		34.07%	75.82%	6.05%	3.85%	14.28%
关联词典	总条目	配对类条目		非配对类条目	连词	动词	副词	其他
	160	47		113	92	31	20	17
		29.38%		70.62%	57.5%	19.37%	12.5%	10.63%

（表中的"其他"包含了数量较多的高频成语和惯用语。）

6.1.4.3　规则制定及说明

作为输入单位的句子经过词法和句法分析处理后，送入句子语义倾向计算器（Sentence Orientation Calculator，SOC）。SOC的主体是一系列语义倾向计算的规则集，它根据输入句子的不同，实施相应的处理策略。目前共有五类处理规则，分别是分类规则（R_f）、识别规则（R_g）、合并规则（R_u）、消歧规则（R_a）和计算规则（R_c）。下面分别予以说明。

分类规则对倾向性句子和非倾向性句子进行分类。现有的分类规则主要利用语言形式特征如词语（是否倾向词语）、词性、标点符号等来完成分类任务，其中最为重要的特征是词语。

识别规则对各种语义倾向成分进行识别。识别规则又可进一步分为三个小类，即语义倾向核心成分的识别、修饰成分的识别以及关联成分的识别。由于各种成分已经编入相应的词典，规则中的主要动作即是对词典的查询和对查询结果的标注。

合并规则将两个以上具有某种句法关系的语义倾向成分"捆绑"成一

个更大的相对完整的语义倾向单位。前文述及，语义倾向具有可组合性，其中的一层意思就是指各种语义倾向成分存在组合关系，这种关系总是以核心成分为中心的，即围绕着某个核心成分，对其语义倾向程度或形成加强作用，或形成减弱作用，或形成逆转作用。修饰成分与核心成分的组合如"很痛苦"、"不赞成"，关联成分与核心成分的组合如"既……美……（，又……科学……）"，三种成分的组合如"（我非常珍视它，）尽管它已经很破旧了"。此外，具有定中或中补关系的核心成分之间也具有这种组合性，应该合并成一个更大的整体，如"致命的毒药"、"帅呆了"。将这些可组合的语义倾向成分"捆绑"在一起，既是为了理顺它们之间的关系，也是出于进一步计算的考虑。表6.6描述了四个例子中所含语义倾向成分的合并结果。

表6.6　4个例子所含语义倾向成分的合并结果

例序	语义倾向成分			合并结果	结构关系
	关联成分	修饰成分	核心成分		
1		很	痛苦	很 + 痛苦	状中结构
2	既		美	美	平行关系
	又		科学	科学	
3		非常	珍视	非常 + 珍视	转折关系（前转）
	尽管	很	破旧	很 + 破旧	
4			致命	致命 + 毒药	定中结构
			毒药		

计算规则对句子的整体语义倾向程度进行计算，以合并后的语义倾向单位为基本的计算单位。根据合并结果，对于每一个基本计算单位，存在两种可能的计算类型：单位内部的语义倾向程度计算（如表6.6中的例1、例4）和单位之间的语义倾向程度计算（如表6.6中的例2、例3）。单位内部的计算主要依赖于句法分析的结果，不同类型的句法结构需要制定不同的规则，以符合语义倾向表达的实际情况；单位之间的计算则主要利用语言形式上的特征，如关联词语、标点符号等，来判定多个单位之间的句法语义关系，从而制定相应的规则。

先说单位内部的计算规则，主要涉及如何处理修饰成分和核心成分的结合问题。这里重点讨论两类修饰成分：程度副词和否定词语。

程度副词是现代汉语副词的一个小类，一般修饰形容词和心理动词，在句中充当状语,出现和使用频率较高。基于倾向性标注语料库的统计数据表明,每 10 个核心成分中约有 1 个受到程度副词的修饰(杨江,2011)。程度副词又分为相对程度副词和绝对程度副词(王力,1985),但在语义倾向分析中宜以量级的差别来考察其与所修饰的核心成分的关系。由此,将程度副词分为语义倾向加强型和减弱型两类,按照量级的差别赋予相应的百分比值,表示其对所修饰成分的影响力(参见表 6.2、表6.5)。计算规则为,由程度副词修饰核心成分所构成的语义倾向单位,其语义倾向程度值为核心成分的语义倾向值与程度副词对其的影响值之和,用公式表示为:

$$SO_{unit} = Val_{core} + Val_{core} \times Val_{modifier} \qquad (1)$$

其中,$Val_{modifier}$ 表示程度副词的相对影响力值,Val_{core} 表示核心成分的语义倾向值。

举例说明如下:

(1)这个方案很无聊。$SO_{很无聊} = -0.25 + (-0.25 \times 70\%) = -0.425$

(2)我非常珍视我的中国根。$SO_{非常珍视} = 0.625 + (0.625 \times 80\%) = 1.125$

否定词语在语义倾向计算中不容忽视。据统计,超过 7% 的核心成分被否定词语所修饰(杨江,2011)。否定词语对核心成分的影响是它常常颠倒所修饰核心成分的倾向性,使正面倾向变为负面,或使负面倾向变为正面,如"没有成功"、"不赞成"、"绝非恶意"等。然而对否定词语的处理并非如此简单,就目前我们的认识,至少应考虑两个方面的问题:

一是否定词语的光杆与非光杆形式的区别。修饰成分中仅有一个否定词语的情况称为光杆形式,含有多个否定词语或者是否定词语与程度副词连用的情况称为非光杆形式,如"很不高兴"、"不很高兴"、"不是很高兴"。"很不"、"不是很"属于左向结构,即后面的副词先修饰中心语,然后再一起受前面副词的修饰(张谊生,2000)。"不很"是形容词否定级次的一种表现,所表达的言外之意与语表形式相比有一个质的变化,具有一定的整体性(谢晓明,2006),因此"不很高兴"所要表达的意义不是"高兴"的程度不高,而是"有点难过"的意思,是说话人的一种委婉说法。

二是否定词语所修饰的核心成分的主观小量和主观大量的区别。拿"不合格"和"不优秀"来说,其中"合格"是主观小量,"优秀"是主观大量。否定主观小量,同时也就否定了主观大量,因此"不合格"是负面倾向；否定主观大量，不能排除余下的主观中量和小量，不能做"非此即彼"的二值语义转换，否则，"不优秀"将会等同于"恶劣"。

依据上述考虑，分别对光杆否定词语修饰主观小量核心成分、光杆否定词语修饰主观大量核心成分、非光杆否定词语（各种组合和连用情况）修饰核心成分等不同情形制定具体规则。依据规则计算出来的一些语义单位的语义倾向程度结果如下（$SO_{合格} = +0.375$，$SO_{优秀} = +0.625$）：

$$SO_{不合格} = -0.375 \quad SO_{不优秀} = -0.0781$$

$$SO_{很不优秀} = -0.1513 \quad SO_{不是很优秀} = 0.1875 \quad SO_{不很优秀} = -0.125$$

单位外部的计算规则主要依赖关联成分识别单位之间的关系。将关联成分之间的关系划分为四类：平行、选择、转折和虚拟。平行关系包含一般所说的并列、顺承、解说、递进、因果关系，具有这种关系的语义倾向单位前后之间没有偏正之分，可以进行等权相加。例如：

（3）这次展出的年画，不但形式多样，而且题材新颖。（平行）

$$SO_{(3)} = 0.25 + 0.375 = 0.625$$

选择和转折关系沿用原有的说法、同原有的意义。选择关系按未定选择和已定选择分别处理：具有未定选择关系的语义倾向单位，如果倾向性一致，则整体倾向程度为部分倾向程度的平均值，如果倾向性不一致，则整体倾向程度为0（即中立倾向）；具有已定选择关系的，只计算含"取"义的单位。例如：

（4）桂花姐在家里不是帮助父母洗衣做饭，就是帮助哥嫂照看孩子。（未定选择）

$$SO_{(4)} = (0.375 + 0.375) \div 2 = 0.375$$

（5）与其束手就擒，不如背水一战。（已定选择）

$$SO_{(5)} = 0.25$$

转折关系按"前转"和"后转"作加权处理：前转的为居前的语义倾向单位赋较高权值（如0.8），居后的赋较低权值（如0.2）；后转的则反之。例如：

（6）她们外表很美丽，但是内心却非常丑陋邪恶。（转折）

$$SO_{(6)} = 0.425 \times 0.2 + (-2.475) \times 0.8 = -1.895$$

虚拟关系包含一般所说的条件、假设、目的关系，虚拟关系表达的往往不是现实意义上的语义倾向，需要特别处理。限于篇幅，规则的详细内容不一一列举。

消歧规则对在语义倾向上具有"多义性"的核心成分（如"骄傲"）进行"歧义"消解。基本的思路是采用基于消歧词典搭配/共现实例的方法；同时为了克服所有的搭配和共现词语不可能被全部记录和抽取出来的事实，利用语义知识词典（"同义词词林扩展版"）动态地扩大常规搭配/共现词语的规模，算法上采用一般的词义相似度计算公式，此处不赘。消歧规则在计算规则运行时调用。

6.1.5 实验结果及讨论

实验从汉语倾向性标注语料库中抽取出 400 个句子，来自记叙文、说明文、抒情散文和议论文 4 种不同文体，其中倾向句 360 个，非倾向句 40 个。

评测标准，即每个句子由人工评定的带符号的语义倾向程度值，由标注人员预先给定。评测指标使用正确率，正确率定义为：当实验的输出结果与评测标准的正负号相同且它们的值差范围在一个等级内（即 [-0.2, 0.2]）时，认为正、负面语义倾向程度计算结果正确；当实验结果与评测标准相等（即均为 0）时，认为中立语义倾向计算结果正确。

实验的输入为经过依存句法分析（使用哈尔滨工业大学社会计算与信息检索研究中心开发的"语言技术平台 LTP"）的句子，输出为一个带符号的数值，表示该句子的语义倾向程度值。表 6.7 列出了实验的结果数据。

表 6.7 句子语义倾向分析结果数据

分析正确的句子数		分析错误的句子数	
倾向句	非倾向句	倾向句	非倾向句
277	36	83	4
313	87		

进一步得到句子语义倾向分析的正确率：

$$正确率 = \frac{计算句子数}{实验的句子总数} \times 100\% = 78.25\%$$

总的看来，实验结果基本达到预期目的，表明基于规则的句子语义倾向计算方法的可行性和有效性，但正确率仍不令人满意。正确率受多个因素的影响：一是人的语感与计算结果的差异，二是语义倾向词典及其附加词典的不完善之处，三是倾向性与非倾向句的识别性能，四是部分规则存在一定问题，五是依存句法分析错误导致的错误蔓延。例如：

（7）卷云和卷积云都很高，那里水分少，它们一般不会带来雨雪。

（8）大熊猫小的时候很活泼，喜欢爬上爬下。

（9）一听他要在自己整洁漂亮的小床上睡觉，就哭了起来。

（10）这是一个顶漂亮的城市！

例（7）被识别为倾向句，词语"高"、"少"均出现在语语倾向词典中，但这些词语在有的语境中确实具倾向性，因而语义倾向排歧问题是应该着力解决的一个难点。例（8）的实验结果为 +0.8，而评价标准给出语义倾向程度值仅有 +0.5，说明有时候计算结果与人的语感存在一定的差异。例（9）的实验结果是 +0.375，与评价标准完全不符，是由于规则中对"一……就……"所表示的顺承关系用算术和方式计算的。例（10）的错误原因在于依存句法分析将"顶漂亮"误判为动补结构。因此，对于各种规则，仍需进行反复地检查、验证和完善。

6.1.6 结论

语义倾向具有程度差异、可组合性和潜在歧义性，存在静态和动态的区别。语义倾向计算具有现实基础和可行性依据。基于规则的句子语义倾向计算符合人类思维和解析语义倾向的基本模式，能模拟语境对语义倾向产生的影响，具有较强的领域通用性，能将语义倾向分类和倾向程度计算很好地结合在一起。其工作流程为：在对输入的句子进行依存句法分析后，利用句法分析结果，结合语义倾向词典及其附加词典，依次根据分类、识别、合并、计算和消歧规则，逐步完成句子的主客观分类、语义倾向判别和语义倾向计算。实验结果取得了 78.25% 的正确率，证明了该方法的科学性和有效性。

从应用的角度看，目前取得的正确率仍不能令人满意。因此，提高分析结果的正确率将是下一步工作的重点，这主要又集中在对各种语言事实的不断总结和深入分析、对各类词典的不断改进和完善、对各项规则的不断修订和补充上。此外，本章的工作基于一个并不成立的假设：一个句子中包含的所有语义倾向表达式均来自于一个相同的持有者且针对一个相同的对象。因而，将语义倾向与其持有者和主题一一对应起来，以区别不同持有者针对不同主题产生的不同语义倾向，也是下一步工作要解决的问题之一。

6.2　基于浅层篇章结构的评论文倾向性分析

6.2.1　概述

随着我国互联网事业的迅速发展，网络作为一种新型媒体不但成为各种社会思潮、利益诉求和意识形态较量的场所，而且也是民众评议时政、谈是论非、交流观点的集散地。有关网络舆情监测的研究由此引起研究人员的重视。网络舆情监测中一个重要的内容是对各种言论进行倾向性分析，利用计算机自动地挖掘和处理文本中的观点、情感、态度、倾向等主观性信息，这类研究又称作"情感分析"或"观点挖掘"。近年来，由于在观点搜索、舆情分析、产品推荐、自动问答系统等诸多领域有着重要的应用，倾向性分析越来越受到人们的关注。

倾向性分析以主观性文本为处理对象。主观性文本"主要描述了作者对事物、人物、事件等的个人（或群体、组织等）想法或看法。"（姚天昉、程希文，2008）其中，评论文是一类典型且常见的主观性文本，它针对具体的人、物、事件，就其有关方面做出主观的批评议论。评论文，尤其是新闻评论，是社会舆论的集中反映。因此，评论文的倾向性分析对网络舆情监测具有重要的价值和意义。

6.2.2　相关工作

目前倾向性分析通常在词语、句子和篇章 3 个语言层级上展开，所采用的技术主要有基于语义的方法和基于机器学习的方法。基于语义的方法认为倾向性本质上是一种语义，一般可以从计算词语的倾向性开始逐级获得句子和篇章的倾向性。基于机器学习的方法则把倾向性分析看作一类特殊的分类问题，关键的环节在于构造合适的分类器以及选择恰当的特征。

研究篇章倾向性的工作以 Turney（2002）、Pang 等（2002）、Yi 等（2003）为代表。Turney 采用无指导的学习算法对评论文进行褒贬分类，首先通过计算给定词或短语与"excellent"和"poor"的互信息差来度量其语义倾向，然后将文本中词和短语的平均语义倾向作为给定评论文的整体倾向。Pang 等分别使用朴素贝叶斯（Naïve Bayes）、最大熵（Maximum Entropy）和支持向量机（SVM）三种分类模型对电影评论文本的倾向性分类进行了研究，选取的特征包括词语的一元组、二元组、词性、位置以及特征的频数和特征出现与否等。Yi 等首先使用语法分析器对句子进行语法分析，然后参照情感词汇表和情感模式库对句子进行倾向性分类，并将其运用到文本的倾向性分类中。

　　由于语言是具有层级体系的符号系统，因此篇章的整体倾向性分析要以句子和词语的倾向性为基础。Wiebe 等（2000）的研究表明，形容词可以作为判别句子主客观性的依据。Kim 和 Hovy（2004）、Wiebe 和 Riloff（2005）探讨了主客观句子的分类，Yu Hong 等（2003）提出了面向自动问答系统的观点句抽取方法，再对抽取的观点句进行情感分类，判断其极性。Hu 和 Liu（2004）通过 WordNet 的同义词—反义词关系，得到情感词汇及其情感倾向，然后由句子中占优势的情感词汇的语义倾向决定该句子的极性。Wang 等（2005）选取形容词和副词作为特征，提出了基于启发式规则与贝叶斯分类技术相融合的评论句子语义倾向分类方法。王根、赵军（2007）提出了一种基于多重冗余标记的 CRFs 句子情感分析方法，刘康、赵军（2008）进行了基于层叠 CRFs 模型的句子褒贬度分析的研究。

　　本节研究内容与以往的研究不同之处在于：这里我们提出了一种基于浅层篇章结构的评论文倾向分析方法。

6.2.3　问题分析和方法描述

6.2.3.1　篇章结构和浅层篇章结构

　　篇章的整体倾向性是其组成部分倾向性的总和，但各组成部分在特定篇章中的重要程度却有不同。这是因为不同的文章体裁有不同的篇章结构，而篇章结构体现了组成部分的重要程度。

　　篇章结构是篇章内部的语言组织规律，又分为宏观结构和微观结构，主要包括开头和结尾、过渡和照应、段落层次关系及谋篇布局的手段和方法。篇章结构在形式上标志了篇章内容的层次性，在意义上保证了篇章内容的完整性，在逻辑上体现了篇章内容的连贯性。可以说，篇章结构是篇章形式、意义和逻辑的统一体。从形式上看，篇章内部大于句子的意义单位中，自然段是人们可以自然察觉到的基本单位，节、章等则是建立在自然段基础上的更大意义单位。从意义上看，篇章由若干个意义段组成，篇章的中心意义是各意义段的中心意义按一定逻辑关系的组合。

　　意义段是篇章内部表达相对完整意义的自然段的集合，小到一个自然段，大到一个章节。不同文体划分意义段的依据不尽相同。就议论文而言，一篇典型的议论文依据其结构模式可以分为"引论"（或"总论"）、"分论"和"结论"等意义段。划分意义段对理解文章的篇章结构、把握中心思想具有重要意义。

浅层篇章结构指的是较大篇章单位（如意义段）之间的语义关系，是篇章总体上的、高层次的语义结构。它是一种宏观结构，体现的是篇章主题思想的构建方式，忽略较小篇章单位（如句子）之间的结构关系。进行浅层篇章结构分析的目的，在于直接、快速地获取篇章的中心思想，进而准确地得到篇章的整体倾向性。

6.2.3.2 评论文的特点

评论文是议论文的一种，也称作"评论"，根据所评论的对象，分为人物评论、时事评论、经济评论、政治评论、军事评论、文学评论（含书评）、艺术评论（含影评、剧评、乐评）、商品评论（如汽车评论）、服务评论（如机场服务评论）等。评论文具有以下特点：

（1）主题明确。评论文与一般的议论文不同，它总是针对具体的人、物、事件的有关方面做出评议，议论的对象明确。

（2）一篇评论文通常只有一个主题，评论者对主题有明确的倾向性。有的评论文会对主题的下位主题展开议论，但不影响其对该主题的基本立场。对下位主题的评论同样具有上述 2 个特点。

（3）评论文的主题与其标题有着密切的关系。评论文为了让读者看到标题即了解主旨，通常会用精炼的语言道出文章的主题，有时甚至概括出主题和主旨。因此，一般来说，总可以在标题中找到文章的主题。

（4）评论文的结构通常遵循一定的"范式"。概括起来，评论文的结构有 3 种基本类型：归纳型、演绎型和演绎归纳结合型，并分别对应 3 种主要的表达模式："分—总"式、"总—分"式、"总—分—总"式。评论者对主题的情感表达一般会出现在"总论"和"结论"部分，而"分论"部分的情感不影响其基本的倾向。在有的评论文中，对下位主题的情感表达会出现在"分论"部分。

对 560 篇评论文的考察印证了评论文的上述 4 个特点。统计数据见表6.8：

表6.8 评论文各项特点统计结果

评论文特点		比例（%）
主题明确		100
一个主题		100
标题反映主题		99.64
表达模式	引—分—总	40.17
	引—总—分—总	33.9
	引—总—分	18.75
	其他	7.18

6.2.3.3 以主题情感句表示的评论文浅层篇章结构

由以上分析得知，评论文的倾向性通过若干意义段按照特定的表达模式反映出来，其整体倾向一般出现在"总说"部分。因此，一个自然而简单的想法是，通过划分意义段和判定表达模式的方法对评论文做篇章结构分析后，仅需对"总说"部分所在的意义段进行倾向性分析，即可获得评论文的整体倾向。

然而，篇章结构自动分析本身是一件困难的工作，这个过程中损失的精度直接影响着篇章倾向性分析的准确率。为了避免完全的篇章结构分析，同时又能在一定程度上利用文章的篇章结构信息，我们引入主题情感句的概念，利用主题情感句能够隐式地表达评论文的篇章结构这一特点，对评论文进行倾向性分析。

主题情感句是主观性文本中包含主题概念及与之相关的情感倾向的句子，它既包含着文章的主题，又表达了针对该主题的主观态度。就评论文而言，主题情感句是表达文章中心思想（这里指主题和情感）的最典型、最直接、最有力的手段。主题情感句对于主题情感的表达具有鲜明的特点。首先，主题情感句在主题上是"同质"的。也就是说，主题情感句针对相同的主题发表意见。这就使得每个主题情感句中的情感可以计算。以往的研究（Turney，2002；Pang 等，2002）没有考虑主题及与之相关的情感应该相互对应这一问题，导致有可能把不同主题情感或不相关情感混合在一起计算，影响了结论的可信度。其次，主题情感句与文章主题的语义相似度潜在地反映了主题情感句与不同意义段的相关度。主题情感句与文章主题的语义相似度越大，它出现在"总说"部分的可能性就越大；反之，出现在"分说"部分的可能性则越大。再次，主题情感句的分布情况，包括分布的密度和广度，不但隐式地表示了评论文的篇章结构是"总—分"，"分—总"抑或是其他类型，而且还或多或少地体现了作者对所讨论主题的情感强度，对深层次的情感分析有所帮助。

总之，对评论文倾向性分析而言，充分利用文章的篇章结构既符合人的思维方式，也能带来极大的帮助。在当前完全的篇章结构分析难以获得满意效果的情况下，采用以情感主题句表示的浅层篇章结构分析方法，不失为一个好的策略。

6.2.3.4 方法描述

综上，我们提出一种基于浅层篇章结构的评论文倾向性分析方法。基本的思路是，在确定评论文主题的基础上，抽取出主题句；然后对主题句进行主客观分类，抽取出主题情感句；计算主题情感句与评论文主题的语义相似度，选取相似度最高的若干个句子计算情感倾向，将其平均值作为评论文的整体倾向。下面分别进行论述。

6.2.4 评论文主题识别和主题情感句抽取

6.2.4.1 评论文主题识别

将评论文的主题概念表示为词语串集合 $T = \{Wn_1, Wn_2, \cdots, Wn_i\}$，其中，$Wn_i$ 是一个或多个词语组成的词语串。评估 Wn_i 是否属于 T，依据的指标是其位置和频次信息。Wn_i 的位置信息表明了其分布度 $D(Wn_i)$：Wn_i 在评论文中的分布越广，它与主题相关的可能性越大。Wn_i 的频率信息表明了其重要度 $I(Wn_i)$：Wn_i 在评论文中出现次数越多，其重要性越大，与主题相关的可能性也越大。由此，将 Wn_i 隶属于 T 的程度称为 Wn_i 的隶属度，Wn_i 的隶属度 $C(Wn_i)$ 定义为：

$$C(Wn_i) = \alpha \cdot D(Wn_i) + \beta \cdot I(Wn_i) \qquad (1)$$

其中，α 和 β 是加权系数，用以调节 $D(Wn_i)$ 和 $I(Wn_i)$ 的权重。

为了快速有效地获取评论文的主题，采用一种基于 n 元词语匹配的方法进行识别。按照下述算法获取 T：

（1）对评论文标题和正文进行分词标注，分词标注结果分别存入队列 T_q 和 B_q 中。

（2）当 n≤m 时（其中，1≤m≤T_q 中词语的个数，n 初始值为 1 并自增），循环执行以下操作：连续地从 T_q 中取出一个 n 元词语串 Wn_i，并在 B_q 中进行查找；如果 B_q 中存在 Wn_i，则将其插入索引表 $G = \{Wn_i, \text{posi-}$

tion，frequency｝中。规定当 n = 1 时，$W1_i$ 必须为实词。

（3）根据公式（1）分别计算每个 Wn_i 的隶属度，将隶属度大于预设阈值 L_c 的 Wn_i 加入 T 中。

6.2.4.2　评论文主题情感句抽取

主题情感句是主观性文本中包含主题概念及与之相关的情感倾向的句子，它既是主题句，又是情感句。主题情感句决定评论文的情感极性，是判别评论文整体倾向的关键。基于主题情感句的评论文倾向性分析方法将与主题无关的情感要素排除在外，使所分析的情感具有"主题同质性"，从而获得可计算性。主题情感句的抽取分为 2 个步骤。

（1）从评论文中抽取主题句。在已确定主题概念 T 的前提下，抽取主题句即选取与 T 在语义上相似度较高的句子，其相似度大小主要取决于二者等同词串的数量、等同词串的长度、非等同词的语义相似度、候选主题句的位置等因素。根据索引表 G 中每个 Wn_i 的位置信息，可以确定一部分主题句。由于这些句子中含有一个或多个等同词串 Wn_i，按照 Wn_i 的数量及长度赋予一个相应较高的权值，表示这些句子与主题 T 的相似度较高。对于其他句子，根据刘群、李素建（2002）提出的基于《知网》的词汇语义相似度计算方法，依次计算其所含词语与 T 中长度为 1 的 Wn_i 的语义相似度。考虑句子在文本和段落中的位置，将所有相似度大于预定阈值 L_s 的句子确定为主题句。为了获得较高的召回率，L_s 的值通常设置得较小。

（2）从主题句中抽取主题情感句。从主题句中抽取情感句，其实质是进行主客观分类。这里采用一种基于词典匹配的方法，使用预先编制好的情感词典来判别一个句子是否含有情感倾向。

通过以上步骤抽取评论文中的若干个主题情感句，每个句子均带有一个表示其与主题语义距离的权值，将这些句子称为候选主题情感句。

6.2.5　基于主题情感句的评论文倾向性分析

基于 6.2.3.3 节的认识，在评论文中，与主题相似度越高的主题情感句，越有可能成为作者表达基本倾向的关键句子。同时，为了避免过度依赖于少数候选主题情感句，又要求对更多的句子进行分析。因此，从候选主题情感句集中选取的用于最后分析和计算的句子数量，是一个值得考虑的问题。评论文主题情感句的数量是不定的,这受多种因素影响。根据我们对 560 篇评论文的考察发现,一般而言,一篇评论文所包含的主题情感句不多于 7 个,而平均的主题情感句数量约为 4 个。此外,篇幅较长的评论文,其所包含的主题情感句也通常较多。由此,定义一个可调节的参数 γ(依据所分析的评论文篇幅与参考篇幅确定),则对于任一评论文,其所需分析的主题情感句数量 N(tss)为:

$$N(tss) = 4 \pm \gamma \tag{2}$$

从候选主题情感句集中提取 N(tss)个权值最大的句子,将所有句子的倾向性(sentence orientation,SO)的平均值作为评论文的整体倾向 O(r),即:

$$O(r) = \frac{1}{N(tss)} \sum_{i=1}^{N(tss)} SO(tss_i) \tag{3}$$

对于句子的倾向性分析,采用基于词典的语义方法进行。对于每一个待分析的句子,首先使用依存句法分析器对句子成分做依存分析,然后依据一个预先编制好的情感词典计算句子中情感表达式的情感倾向,并以此作为句子的倾向性。分析过程中主要考虑了以下句法和上下文因素:(1)情感表达式与主题的关系;(2)情感表达式与其修饰成分的关系,包括否定词、强调成分等;(3)连接词语;(4)话语标记;(5)标点符号。

6.2.6 实验及结果

6.2.6.1 数据

实验中使用的语料为汉语时事评论,原始语料采集自人民网观点频道(Uhttp://opinion. people. com. cn),均经过了清洗和基本整理,使必要的文本结构信息可用。从中随机挑选出 400 篇文本,训练和指导 3 名标注人员独立地标注其情感主题句和整体倾向性。以下是部分标注结果。

表 6.9 测试语料部分标注结果

标注者	正向情感文本	负向情感文本	其他
1 号	87	302	11
2 号	93	298	9
3 号	88	288	14

对标注结果进行了一致性检查,最终得到 370 篇(其中,正向情感文本 86 篇,负向情感文本 284 篇)标注结果完全一致的评论文,将其作为测

试数据。

6.2.6.2　资源和工具

为了进行倾向性分析，实验使用了以下资源和工具。

（1）情感词典。我们手工建设了一部正向情感词典（CUCPosSentDic）和一部负向情感词典（CUCNegSentDic），分别收集词条 9701 和 11681 例。每个词条均包含词性、正向情感值和负向情感值。不同于其他情感词典，我们由专家对词语的情感倾向进行 5 级赋值。所收词条部分来源于"知网"情感分析用词语集（beta 版）和 NTUSD（国立台湾大学情感词典），也收录了《学生褒贬义词典》《褒义词词典》《贬义词词典》等词典条目。

（2）影响倾向性分析的上下文词典。包含否定词、连接词、话语标记等词典。

（3）知网（2000 版）。使用了免费的知网（2000 版）用于词语相似度计算。

（4）语言技术平台 LTP。使用了其中的依存句法分析器用于句法分析。

（5）中国传媒大学分词标注软件（CUCSeg）。使用 CUCseg 进行词语切分和标注。

6.2.6.3　实验结果

主题情感句的抽取是本文工作中至关重要的环节，我们对此进行了实验。采用传统的准确率（precision）、召回率（recall）以及 F_1 值（F-measure）等评价指标对性能进行衡量。实验结果如下：

表 6.10　主题情感句实验结果

隶属度阈值 L_s	准确率（%）	召回率（%）	F_1 值
0.64	89.9	82.3	86.1
0.55	86.1	90.6	88.3
0.37	77.8	98.4	88.1

可见，当隶属度阈值 L_s 为 0.55 时，可以获得较好的准确率和召回率。

对于评论文整体倾向性分析实验，采用准确率这一指标衡量本文方法的性能。分别采用 Turney（2002）、Pang 等（2002）以及本文所述方法在同一测试数据集上进行实验，实验结果与 Turney（2002）、Pang 等（2002）在不同英文测试数据上所报告的结果比较如下：

表 6.11　评论文倾向性分析实验结果

方法	不同英文测试数据集上的准确率（%）	相同中文测试数据集上的准确率（%）
Turney	74. 39	70. 54
Pang（SVM）	82. 9	80. 81
本文		86. 8

显然，本文的方法在准确率上有较大提高。

我们对 49 个错误结果进行了分析，检查了各个环节的中间分析结果。分析显示，约有 35% 的错误来自主题识别阶段，大约 49% 的错误是由于对主题情感句分析错误所导致，此外还有约 4% 的错误由情感词典造成。因此，提高主题识别的准确率，加强对句子级倾向性的研究以及编制更好的情感词典，将有助于提高基于主题情感句的评论文倾向性分析结果。

6.2.7　结论

汉语评论文的特点使得我们可以利用情感主题句表示它的浅层篇章结构。本文由此提出了一种基于浅层篇章结构的评论文倾向性分析方法。该方法采用一种基于 n 元词语匹配的方法识别主题，通过对比与主题的语义相似度和进行主客观分类抽取出候选主题情感句，计算其中相似度最高的若干个句子的倾向性，将其平均值作为评论文的整体倾向性。基于浅层篇章结构的评论文倾向性分析方法避免了进行完全篇章结构分析，排除了与主题无关的主观性信息，实验结果表明，该方法准确率较高，切实可行。

6.3　搭配超常化与词语新义自动发现⑦

6.3.1　相关研究

上个世纪 80 年代以来，新词语一直是语言学界关注和研究的热点问题，国家语言资源监测与研究中心近年来也对新词语进行了大量的调查研究，并逐年出版新词语编年本词典，以建立高精密度的"新词语档案馆和监测台"（中国语言生活状况报告课题组，2006）。词语新义（也称"旧词

---

⑦　本节内容参见：杨江，赵晗冰. 语言监测中的词语新义自动发现［J］. 湖南科技大学学报（社会科学版），2013，01：151–155.

新义")指一种语言中的词汇系统在不增加新的词语的情况下,充分发挥和利用现有的语言材料表达新义的一种语言现象,或者说,是一种旧词形增加或改变意义的词汇现象,即形式与原来词语相同而词义通过引申、比喻等途径发生增加或改变(侯敏,2010)。可见,词语新义有两种情况:一种是词义的增加,如"菜单"原指"餐厅开列有各种菜肴名称的单子",现也指"电子计算机程序运行中显示在显示屏上的选项列表";另一种是词义的改变,如"短线"原指"短的线"(现已基本不用,趋于消失),现指"生产能力不足,须扩大生产规模或增加生产的产品或行业"。

学界对词语新义的研究目前主要集中在词义的变化(宋培杰,2004;姚柏舟,2004)、新义产生的原因(李亚军,2004;曹国军,2004)、新义词汇的用法(赵黎明,2004)等方面,研究的对象主要是单个词语或少量的词语。此外,张勇、何婷婷(2006),郑家恒、李文花(2002),贾自艳、史忠直(2004),刘华(2006)等对新词语的自动发现进行了研究,杨芸等(2008)面向隐喻理解提出了文本中语义超常搭配的自动发现方法。相关研究为本文的工作奠定了基础,提供了借鉴方法和思路。

就我们所知,目前鲜有探讨有关词语新义自动发现的研究工作。本文提出一种自动识别汉语文本中词语新义的方法,以期为语言监测和文本情感分析的相关研究提供参考和支持。词语新义自动发现的价值和意义正如张普(2000)所说"新词、新义、新术语、新用法只能靠计算机收集,人工收集的结果只不过是挂一漏万、以偏概全……只能靠计算机才能做到随时随地进行评价,以决定是把他们增入系统中的滚动知识库,还是放在暂存知识库,亦或是作为非语言知识或错误进行删除。"另外,需要说明的是,尽管新词语的出现必然产生新的意义,但本文不对这类新义现象进行讨论。

6.3.2　词语新义的自动发现方法

6.3.2.1　基本观点

一般来说,词语新义的自动发现需要解决三个方面的主要问题:(1)旧义的形式化表示;(2)新义的形式化表示;(3)旧义和新义的量化比较。这和词义消歧问题在本质上具有很大的相似性,因为多义词的歧义消解关键也在于一个义项与另一义项的比较。两者的不同之处主要在于时间视角的不同:词义消歧着眼于共时平面上义项的区分,而新义发现则立足于历时平面，在确定了分隔时点后，旧义既存在于分隔时点之前，也存在于分隔时点之后，而新义则主要存在于分隔时点之后。这里需要说明的是，词义的演变是一个渐进的过程，很难在时间轴上为新、旧义找到一个界限分明的点。常用的办法往往是依据新义出现的频次作模糊的切分。

词语的多义现象是自然语言中普遍存在的事实，但词语的意义在特定的语境（上下文）下是确定、唯一的，即语境使词义具体化和单一化。因此，在词语新义自动发现问题上，词语意义的形式化实质上可以转化为对该词语出现的所有语境的形式化。然而，形式化语境是一件困难的事情，即便能够做到，后期的计算将会异常复杂，耗费巨量的计算资源。因此有必要对语境进行简化，即对与特定词语的意义限制不相关、影响力小、区分度低的冗余信息进行删减，只保留语境中用于区分意义相关的有效信息。为了实现这一目标，可以抽取出语境中特定词语的搭配成分，利用搭配成分完成词语新义的自动发现。

基于以上观点，本文实现了基于搭配的词语新义自动发现计算方法。根据"对搭配研究，应该把认为（词语）w，wi 可能发生的联系的上下文限定为句子"（1997）的观点，计算时把搭配的语境限定为独立的句子，超句单位不予考虑。下面对基本思路和关键问题进行说明。

6.3.2.2　基本思路和流程

为了更好地说明问题，先看 2 组例句。

第 1 组例句

教我怎么号脉

这个给病人号脉的小女孩

给秦可卿号脉

陈本善迅速为患者号脉

专程过来就是为他号脉施治

有志愿者在为患者号脉

第 2 组例句

电瓶车"号脉"

本周视点为医疗改革号脉

为企业及时号脉给出药方

让樊刚教授为中国经济号号脉

为占路电杆"号脉"

一起为全装修房"号脉"

　　第 1 组例句中的"号脉"是旧义，即"诊脉"的意思；第 2 组例句中的"号脉"是新义，为"找出问题或症结所在"之义。经观察知，第 1 组例句中与"号脉"搭配、表示号脉对象的词语分别是"我、病人、秦可卿、患者、他"等，而第 2 组例句中则为"电瓶车、医疗改革、企业、中国经济、占路电杆、全装修房"等。

　　如果用义素分析法进行分析的话，两组共现词语存在明显的差别：第 1 组词语有［＋生命］的语义特征，而第 2 组词语有［－生命］的语义特征。然而，囿于义素分析法的种种不足，如义素分析法缺乏周遍性和普适性，对于部分词语的适用性难以普及到对所有词语的分析上；又如目前尚无可用的相关基础性语义资源，而建设这样的资源在短期内又无法完成，因此，在词语新义发现问题上，需要寻求一种更可行的通用方法。

　　语言在不断发展演变的过程中不但会形成系统的语法规则，而且会在词语的相互组合上产生不同的制约关系，这种制约关系称之为词语搭配。词语搭配不是任意形成的，既要受到词性和语法的制约，也要受到词义、语境等的制约，这就是为什么我们说"吃饭""喝水"而不说"吃水""喝饭"的原因。排除其他的可能性（如学生的习作错误或外国留学生的学习偏误等），倘若碰到"为企业及时号脉"这样的说法，人们一般会判断"问题"出在"号脉"身上。为什么呢？因为词语总是在组合中实现其交际功能，一个词语总是和一些词语在组合中共现，而与其它的词语相排斥，形成一种词语的互补分布。当一个词语的搭配成分发生变化时，其词义也有可能发生了相应的变化，同时也会和另外一些词语形成新的搭配关系。比较"号脉"的新旧义就会对此有很深的体会，而本文解决新词义自动发现问题的基本思路也源于此：通过搭配词语发生的变化来判断词义的变化，从而识别新义的产生。本文以动词为例说明新义自动发现的基本思路，其他词类的处理方法与此类似，不赘。主要的工作流程如下：

　　（1）建立动词搭配库。按照动词的性质，划分四种搭配类别：主谓、动宾、状中、动补搭配。根据语言学知识给每个类别赋予相应的权重（如主谓搭配的权值为 0.3，动宾搭配的权值为 0.5，状中搭配的权值为 0.1，动补搭配的权值为 0.1）。从分隔时点前的大规模语料库中抽取出每个动词的搭配词语，将搭配词语归入相应类别，形成搭配知识库。每个搭配词语与中心动词的搭配强度值附于该词之后。

（2）输入文本预处理。对分隔时点后的输入文本进行断句、分词标注和依存句法分析，依次得到每个句子的依存关系树。依据依存关系，分别抽取出句子中与每个动词形成上述四种搭配的词语，称为候选词语。

新义度计算。对每个候选词语，逐一依类别在动词搭配知识库中与动词的搭配词语进行匹配。匹配成功的，取其与动词的搭配强度值再加权后作为其新义度；匹配不成功的，利用语义知识库，逐一依类别计算其与动词搭配词语的语义相似度，取相似度最大的搭配词语的搭配强度值乘以相似度值再加权后作为其新义度。新义度值越小，说明候选词语越有可能与动词构成''不同寻常"的搭配关系，从而使得动词越有可能具有新的意义。

6.3.3　实验及结论

6.3.3.1　数据准备

实验从《中国青年报》《北京青年报》《新民晚报》《光明日报》四家报纸 2008 年的文本语料库中抽取出 400 个典型的句子作为实验数据，共含动词 462 个，其中具有新义的动词 50 个。这四家报纸使用的语言规范，排除了因使用不当而造成伪新义的可能性；同时，对于新义词语的使用既谨慎又不刻意排斥，可以从中搜获一些相对鲜活的语言材料，新义词语能在其中找到但又不至于太"泛滥"。

预先编制的动词搭配知识库的来源是 1998 年 1—6 月份的《人民日报》语料库，约 1300 万字、730 万词。动词搭配知识库中的动词实例覆盖了实验数据中包含的所有动词。

预先准备的语义知识库是"知网（2000 版）"。"知网"是一个以汉语和英语的词语所代表的概念为描述对象，以揭示概念与概念之间以及概念所具有的属性之间的关系为基本内容的常识知识库，采用了 1500 多个义原，通过一种知识描述语言来对每个概念进行描述。

6.3.3.2　实验过程

首先，将实验用的 400 个典型句子作为输入，使用"语言技术平台

LTP"进行分词、词性标注和依存句法分析后，得到句法分析树，并提取出句子的主要动词及与其支配的成分，将重复的动词及其搭配词语合并，获得候选词语集合。

然后，对每个动词逐一进行新义度计算。提取出大于等于预设阈值的新义词语，将其作为输出结果。对预设阈值的设置是在新义发现的准确率与召回率之间寻找一个折衷。一般来讲，预设阈值越高，准确率越高，召回率越低；预设阈值越低，准确率越低，召回率越高。实验根据多次实际测试的结果，将预设阈值设定为 5.5。

6.3.3.3 实验结果

用于实验的 400 个句子经自动判别后，输出所发现新义的动词 34 个。经人工校验后发现，其中有 26 个动词的分析正确。进一步统计得新义自动发现的召回率和准确率分别为：

召回率 = 系统识别的新义动词数量/实际的新义动词数量 ×100% = 68%

准确率 = 系统正确识别的新义动词数量/

系统识别的新义动词数量 ×100% = 76.47%

6.3.3.4 结果分析

实验结果基本达到预期的目标，表明基于搭配的词语新义自动发现方法的可行性，但召回率和准确率仍不能令人满意。召回率受预设阈值的影响，准确率则主要是句法分析错误（2 例）、修辞手段的使用（3 例）以及语义相似度计算结果不准确（2 例）造成的。此外，搭配知识库信息量的大小也间接影响了语义相似度的计算。可见，提高汉语信息处理的基础性技术，不断扩充和改善搭配知识库和语义知识库的质量，对于词语新义的发现具有较大的意义（2011）。

词语新义是语言固有的现象，也是语言监测的重要内容之一。人工收集和判别新义的产生具有一定的局限性，利用计算机实时、自动地识别词语新义能弥补人工方法的不足。词语新义的产生在语言形式上表现为搭配词语的超常化，可以通过模拟人在识别词语新义时的大脑反应来实现词语新义的自动识别：词语之间新出现的超常搭配与储存在大脑记忆皮层中的常规认知之间的矛盾会使人作出新义产生的判断；同理，新义词语的当前搭配词语与其所有旧义搭配词语（形式化为搭配知识库）之间的异动可以使机器作出新义产生的判断。

基于搭配的词语新义自动发现实验结果基本达到预期的目标，表明基于搭配的词语新义自动发现方法的可行性和合理性，但召回率和准确率仍不能令人满意。词语新义是一种普遍存在但重复率低的语言现象，要提高准确率，仍然需要不断挖掘人类处理语言的一些认知和心理上的机制。由此，进一步的工作除了努力扩充和改善机器可读的搭配知识和语义知识外，还可能需要根据语言自身的特点和人类处理语言的机制制定有效的规则，将经验主义与理性主义结合起来，取长补短，使其真正做到实用化。

6.4 话语标记的主观倾向性研究

6.4.1　理论上的切合

对话语标记的重要性，专家学者已趋于一致。但对如何给话语标记进行分类说法不一。冉永平（2000）按照在话语交际中的作用将话语标记语分成了八类：(1)话题标记语；(2)话语来源标记语；(3)推理标记语；(4)换言标记语；(5)言说方式标记语；(6)对比标记语；(7)评价性标记语；(8)言语行为标记语。陈新仁（2002）最早借鉴了三大元功能思想，将话语标记分为概念性的、人际性的和语篇性的三类。刘丽艳（2005）从形式上将话语标记划分为非词汇形式话语标记和词汇形式话语标记，从功能上用 Grice 的理论将话语标记分为中心交际活动话语标记和非中心交际活动话语标记。于海飞（2006）从话轮角度给话语标记分成三类：(1)话轮获得中的话语标记，包括首话轮获得、接应话轮获得、抢夺话轮三种；(2)话轮保持中的话语标记，包括话轮未结束语类、有声停顿类、非疑问类三种；(3)话轮放弃中的话语标记。安娜（2008）按照语用功能将话语标记分成了十二类：(1)表引领话题，如引入话题、延续话题、结束话题；(2)表话语来源；(3)表推理；(4)表解释或补充说明；(5)表说话内容真实性；(6)表对比关系；(7)表自我评价；(8)提示听话人注意话语进程；(9)表思维过程；(10)表强调；(11)表应答；(12)表求证。殷树林（2012）总结分析了前人分类的优缺点，并将话语标记分成三大类：语篇标记、人际标记、互动标记，然后在各大类下又划分为各种小类，并标明小类的无尽性，等等。

从第四章研究可以看出，这些分类确实具有一定的解释力，但同时也存在一些问题。首先，做话语标记的词语并不是在任何场合都做话语标记，比如刘丽艳的非词汇形式的"啊"。其次，有的话语标记并不是一个功能，比如于海飞的话轮保持中的话语标记"你知道"。再者，有的分类稍有遗漏，比如冉永平没有涉及思维过程类；而有的分类稍显重叠，如殷树林分类第三种本身也可以算作人际标记。最后，以前的分类基本上是在口语语体范围内进行的，很少从语体角度考虑，像安娜第（6）类表对比关系的"事实上"明显在书面语体中也会用到。鉴于此，本文从语体角度入手，考虑语言形式和使用位置进行分类，并依照韩礼德三大元功能对话语标记进行功能类划分，然后利用自建大规模语体语料库对话语标记在两种语体中的使用情况进行研究，研判了哪些话语标记有非话语标记用法，位置如何，属于何种功能类型，理清了两种语体使用话语标记特征，从而最终验证了分类方式的合理性。

参照韩礼德（2000）的元功能理论，我们认为，话语标记本身不表达概念意义，或是不使用其概念意义，因此不具有韩礼德所说的概念功能，只具有部分人际功能和语篇功能。语言的概念功能是指语言可以用来表现语言使用者对主客观世界的认识和反映，而话语标记是表述说话人说话的角度、态度以及思维过程，在语篇上则具有连贯功能。在运用语言交流时，说话者不仅表明自己的角度、态度等，还随时提醒、引导听话人跟随自己思维和交际，甚至对语境进行操纵。韩礼德人际功能下言语角色的"给予"和"求取"，反映在话语标记上就是说话人"给予"听话人对自己话语的明示，即说话人是什么态度、选择了什么角度、说话内容的层次如何；或"求取"听话人对自己话语的注意与坚持倾听，即提请听话人注意要说的内容或让听话人知道自己并没有结束。鉴于此，我们在人际功能下将话语标记细分为五小类：（1）话语态度；（2）话语角度；（3）话语分点；（4）思维过程；（5）提请注意。在语篇功能中，处于"主位"的"已知信息"通常都是交际双方前言后语即段落或话轮的话题。构建语篇的话语标记，就是要建立前言后语的话题关系。因此，对具有语篇功能的话语标记也分为五种：（1）话题顺接；（2）话题逆接；（3）话题转移；（4）话题来源；（5）话题总结。

从语言主观性的多维度看，话语标记也可以从各个维度进行研究和分析。从类别维度看，话语标记中从功能类来说，就有"话语态度"一类，它们表达了说话人的主观情感、主观倾向、主观认知、主观猜测、主观意愿和主观预期。从第二个维度即程度维度看，话语标记对前后话语即整个句子或意群的主观倾向是加强还是减弱，程度如何，就决定了这个话语标记自身的主观倾向程度。从形式维度看，话语标记也可以体现为词，也可以体现为短语，也可以体现为句子。当然，体现为句子的话语标记并不能单独存在，只不过从形式上还有句子的影子。从成分维度来讲，话语标记在语言主观性多维体系中，不属于核心成分，也不属于修饰成分，只属于提示成分。话语标记中有一类就体现着提请注意的功能。从关联维度看，话语标记都是出自说话人之口，但是其标记的指向可能是主体，也可能是客体，即可能从说话人角度出发，也可能从听话人或者是第三方的角度出发。因此其本身具有关联维度的两个方面的选择。最后从模式维度看，句子层面也好，段落层面也好，语篇层面也好，话语标记对前言后语的连接，是意义的、衔接的、逻辑的。本书中的语篇层面的五种功能，是语言主观性的另一种划分方式。这里，两个研究的语篇的概念是不同的。话语标记研究中的语篇是包括一切形式的独立使用单位。而语言主观性的研究中，语篇则是语法单位，是句子构成段落、段落构成语篇的终极单位。从语法单位的大小来划分话语标记，也不失为一种有效的探讨方式。

正如话语标记对应于功能是多对多的一样，一个话语标记可以在语言主观性的多个甚至全部的维度上有所表现，而每个维度上会有多个对应的话语标记存在。同时，一个话语标记也可能只出现在一个维度上，当然也可能一个维度只对应着一个话语标记。

6.4.2　常用话语标记的主观倾向性研究

从功能角度看话语标记，对应每一种功能，其无论从语音语调和前后链接的分句而言是一致的，因此，都表达了同一种主观倾向。因此，对常用的前 200 个话语标记进行主观性分析就从功能角度入手。显然，如果一个话语标记只有一种功能，那么这个话语标记表达的主观倾向性是恒定的。自然，这个恒定的主观倾向性也由多个维度来体现。下表的分析结果就是对主观性维度的总结。当然，话语标记的性质决定了其在成分维度上都是提示成分，因此，这个维度没有必要体现在这个分析表中。话语标记形式上比较凝固，因此在话语主观体系中，一个话语标记有统一的一个形式维度，词用字母 C、短语用字母 D、句子用字母 J 表示，这个维度，不会随着功能发生变化。语言主观性的关联维度也不受功能影响，若是主体，用字母 ZT 表示，若是客体则用字母 KT 表示。模式维度则与功能相关，比如话题的顺接、逆接、转移，以及话题的总结等等，具有内部同一性。在分析话语标记的功能时，我们是以主要功能为主来定位的，因此，本书中也以主要功能为出发点来讨论。这里需要说明一点，模式在本书中分为了句子、段落和篇章三种，但实际上是以句子间的倾向一致性为基础的。细分下来的结构模式、逻辑模式、连接模式三者并不是非此即彼的关系，三者可能重叠。比如有的话语标记可以用总分的模式来顺承话题，因此也具有连接模式。这里我们直接用话语标记的功能类别来标注它们的模式维度。类别维度也需根据功能类型予以分析，话语标记对各个次类别的侧重也不同。为标记方便，我们也采用字母代码形式，主观情感的各个小类"乐 L""好 H""怒 N""哀 A""惧 J""恶 E""惊 J"；主观倾向个小类"正面 ZM""负面 FM""中立 ZL"；主观认知和主观猜测的"真"和"假"采用一致的"T"和"F"；主观意愿我们采用"XJ"表示消极、用"JJ"表示积极；主观预期如果朝向一个方向用"YZ"表示一致、用"BY"表示不一致。在程度维度上我们按照三等级划分，不牵涉情感用最低等级 0 来表示，中等等级用 1 表示，高等级用 2 表示。对每一个话语标记按照以上规定标注如下：

表 6.12　高频 200 个话语标记主观体系表　　　　　续表

序号	话语标记	形式维度	关联维度	模式维度			类别维度						程度维度
				模式1	模式2	模式3	情感	倾向	认知	猜测	意愿	预期	
1	对	C	KT	HYTD	HTSJ		L	ZM	T	T	JJ	YZ	2
2	好	C	KT	HTSJ	HTZY	HYTD	L	ZM	T	T	JJ	YZ	2
3	好的	C	KT	HTSJ	HYTD		L	ZM	T	T	JJ	YZ	2
4	对不对	D	KT	HYTD	HTSJ			ZM	T	T	JJ	YZ	0
5	第二	C	KT	HYFD									
6	是吧	D	KT	HYTD	HTSJ			ZM	T	T	JJ	YZ	0
7	另外	C	KT	HYFD	HTSJ								
8	所以	C	KT	HTSJ	HYTD				T	T		YZ	1
9	第一	C	KT	HYFD	HTSJ								
10	对吧	D	KT	HYTD	HTSJ			ZM		T	JJ	YZ	0
11	但是	C	KT	HTNJ	HYTD				T	T	XJ	BY	1
12	是这样的	J	KT	HTSJ	HYTD			ZM	T	T	JJ	YZ	1
13	对对对	D	KT	HYTD	HTSJ		L	ZM	T	T	JJ	YZ	2
14	好了	C	KT	HTZY	HYTD		L	ZM	T	T	JJ	YZ	2

序号	话语标记	形式维度	关联维度	模式维度			类别维度						程度维度
				模式1	模式2	模式3	情感	倾向	认知	猜测	意愿	预期	
15	嗯	C	KT	HYTD	SWGC		L	ZM	T	T	JJ	YZ	1
16	那么	C	KT	HTSJ									
17	哎	C	KT	HTSJ	TQZY	HYTD	L	ZM	T	T	JJ	YZ	1
18	就是说	D	KT	HTSJ	HYTD			ZM	T	T	JJ	YZ	1
19	对对	D	KT	HYTD	HTSJ		L	ZM	T	T	JJ	YZ	2
20	第二个	C	KT	HYFD				ZM	T	T	JJ	YZ	1
21	对啊	D	KT	HYTD	HTSJ		L	ZM	T	T	JJ	YZ	1
22	哦	C	KT	HTSJ	HYTD	SWGC	L	ZM	T	T	JJ	YZ	1
23	当然	C	KT	HYTD	HTNJ		L	ZM	T	T	JJ	YZ	2
24	比如说	D	KT	HTSJ									
25	行	C	KT	HTSJ	HTZY	HYTD	L	ZM	T	T	JJ	YZ	1
26	也就是说	D	KT	HTSJ	HYTD			ZM	T	T	JJ	YZ	1
27	是不是	D	KT	HYTD	HTSJ		L	ZM	T	T	JJ	YZ	0
28	我觉得	D	ZT	HYJD	HYTD		L	ZM	T	T	JJ	YZ	1
29	但是呢	D	KT	HTNJ	HYTD				T	T	XJ	YZ	1
30	啊	C	KT	HYTD				ZM	T	T	JJ	YZ	1
31	第一个	C	KT	HYFD									
32	请听报道	J	KT	HTSJ									
33	就是	C	KT	HTSJ	HYTD	HTNJ	L	ZM	T	T	JJ	YZ	2
34	对呀	D	KT	HYTD	HTSJ		L	ZM	T	T	JJ	YZ	2
35	这样的话	D	KT	HTSJ					T	T	JJ	YZ	0
36	第三	C	KT	HYFD									
37	你知道吗	J	KT	TQZY	HYTD		E	FM	F	F	XJ	BY	1
38	喂	C	KT	TQZY			L	ZM	T	T	JJ	YZ	1
39	当然了	D	KT	HYTD	HTNJ		L	FM	T	T	XJ	BY	2
40	怎么说呢	J	ZT	SWGC	HYTD			FM	T	T	XJ	YZ	0
41	你看	D	KT	TQZY	HYTD			FM	T	T	XJ	YZ	1
42	然后呢	D	KT	HTSJ									
43	所以说	D	KT	HTSJ	HYTD			ZM	T	T	JJ	YZ	1
44	就这样	D	KT	HTSJ	HYTD			ZM	T	T	JJ	YZ	1

214

续表

序号	话语标记	形式维度	关联维度	模式维度			类别维度						程度维度
				模式1	模式2	模式3	情感	倾向	认知	猜测	意愿	预期	
45	首先	C	KT	HYFD									
46	因此	C	KT	HTSJ	HYTD			ZM	T	T	JJ	YZ	1
47	所以呢	D	KT	HTSJ	HYTD			ZM	T	T	JJ	YZ	1
48	不过	C	KT	HTNJ	HYTD		E	FM	T	T	XJ	BY	1
49	确实	C	KT	HYTD	HTSJ		L	ZM	T	T	JJ	YZ	2
50	这是一个	J	KT	HYFD									
51	然后	C	KT	HTSJ									
52	换句话说	D	ZT	HYJD									
53	其实	C	KT	HYTD	HTNJ		E	FM	T	T	XJ	BY	1
54	说实话	D	ZT	HYTD	HTNJ		L	ZM	T	T	JJ	YZ	1
55	我跟你说	J	ZT	TQZY	HTNJ	HTSJ	L	ZM	T	T	JJ	YZ	1
56	本台消息	D	ZT	HTSJ									
57	再一个	D	KT	HYFD									
58	就是这样	J	KT	HYTD	HTSJ		L	ZM	T	T	JJ	YZ	1
59	来	C	KT	HTSJ	HYTD		L	ZM	T	T	JJ	YZ	1
60	实际上	C	KT	HYTD	HTNJ		L	ZM	T	T	JJ	YZ	1
61	另外一个	D	KT	HYFD									
62	我们知道	J	ZT	TQZY	HYTD		L	ZM	T	T	JJ	YZ	1
63	的确	C	KT	HYTD	HTSJ		L	ZM	T	T	JJ	YZ	2
64	第三个	C	KT	HYFD									
65	对了	D	KT	HTSJ	HTZY	HYTD	L	ZM	T	T	JJ	YZ	1
66	事实上	C	KT	HYTD	HTNJ		L	ZM	T	T	JJ	YZ	1
67	我告诉你	J	ZT	TQZY	HTNJ	HYTD	E	FM	T	T	XJ	YZ	1
68	可是	C	KT	HTNJ	HYTD		E	FM	T	T	XJ	YZ	2
69	这是第一个	J	KT	HYFD									
70	另一方面	D	KT	HYFD									
71	另外一方面	D	KT	HYFD									
72	好吧	D	KT	HTSJ	HTZY	HYTD	L	ZM	T	T	JJ	YZ	1

序号	话语标记	形式维度	关联维度	模式维度			类别维度						程度维度
				模式1	模式2	模式3	情感	倾向	认知	猜测	意愿	预期	
73	第二点	C	KT	HYFD									
74	说实在的	D	ZT	HYTD	HTNJ		L	ZM	T	T	JJ	YZ	1
75	一	C	KT	HYFD									
76	这样吧	D	KT	HTSJ			L	ZM	T	T	JJ	YZ	1
77	那好	C	KT	HTSJ			L	ZM	T	T	JJ	YZ	1
78	我觉得是这样	J	ZT	HTSJ	HYTD		L	ZM	T	T	JJ	YZ	1
79	还有	C	KT	HTSJ									
80	这个	C	KT	SWGC									
81	大家都知道	J	KT	TQZY	HYTD		L	ZM	T	T	JJ	YZ	1
82	还有一个	D	KT	HYFD									
83	你知道	J	KT	TQZY	HYTD		L	ZM	T	T	JJ	YZ	1
84	据了解	D	KT	HTLY	HYTD		L	ZM	T	T	JJ	YZ	1
85	这是第一	J	KT	HYFD									
86	应该说	D	KT	HYTD	HTSJ		L	ZM	T	T	JJ	YZ	1
87	你比如说	D	KT	HTSJ									
88	然而	C	KT	HTNJ	HYTD		E	FM	T	T	XJ	BY	2
89	我跟你讲	J	ZT	TQZY	HYTD		L	ZM	T	T	JJ	YZ	2
90	可以这么说	J	KT	HTSJ	HYTD		L	ZM	T	T	JJ	YZ	1
91	所以我觉得	D	ZT	HTSJ	HYTD		L	ZM	T	T	JJ	YZ	1
92	据我所知	D	ZT	HTLY	HYTD		L	ZM	T	T	JJ	YZ	1
93	就是这样的	J	KT	HYTD			L	ZM	T	T	JJ	YZ	1
94	除此之外	D	KT	HTSJ	HYFD									
95	而且	C	KT	HTSJ									
96	一般来说	D	KT	HYJD	HYTD		L	ZM	T	T	JJ	YZ	1
97	这是第一点	J	KT	HYFD									

续表

序号	话语标记	形式维度	关联维度	模式维度			类别维度						程度维度
				模式1	模式2	模式3	情感	倾向	认知	猜测	意愿	预期	
98	此外	C	KT	HTSJ									
99	第四	C	KT	HYFD									
100	于是	C	KT	HTSJ									
101	举个例子	J	KT	HTSJ									
102	但是我觉得	D	ZT	HTNJ	HYTD		E	FM	T	T	XJ	BY	2
103	这是一个方面	J	KT	HYFD									
104	我举个例子	J	ZT	HTSJ									
105	这样子	C	KT	HTSJ	HYTD		L	ZM	T	T	JJ	YZ	1
106	不管怎么说	D	KT	HYTD	HTNJ		E	FM	T	T	JJ	BY	1
107	应该是这样	J	KT	HTSJ	HYTD		L	ZM	T	T	JJ	YZ	1
108	最后	C	KT	HTSJ	HYFD									
109	接下来	C	KT	HTSJ									
110	据报道	D	KT	HTLY	HYTD				T	T	JJ	YZ	1
111	而且呢	D	KT	HTSJ			L	ZM	T	T	JJ	YZ	0
112	这是一方面	J	KT	HYFD									
113	您看	D	KT	TQZY									
114	可以说	D	KT	HYTD	HTSJ		L	ZM	T	T	JJ	YZ	1
115	我就觉得	D	ZT	SWGC	HYTD		L	ZM	T	T	JJ	YZ	1
116	二	C	KT	HYFD									
117	我举一个例子	J	ZT	HTSJ									
118	与此同时	D	KT	HTSJ									
119	另外呢	D	KT	HTSJ									
120	比方说	C	KT	HTSJ									

序号	话语标记	形式维度	关联维度	模式维度			类别维度						程度维度
				模式1	模式2	模式3	情感	倾向	认知	猜测	意愿	预期	
121	应该是	D	KT	HYTD			L	ZM	T	T	JJ	YZ	1
122	有人说	D	KT	HTSJ	HYTD				T	T	JJ	YZ	1
123	一般来讲	D	KT	HYJD	HYTD				T	T	JJ	YZ	1
124	这样的	C	KT	HTSJ	HYTD		L	ZM	T	T	JJ	YZ	1
125	结果呢	D	KT	HTSJ									
126	还有一点	D	KT	HTSJ									
127	你想	J	KT	TQZY									
128	噢	C	KT	HYTD			J	ZM	T	T	JJ	YZ	2
129	一方面	C	KT	HYFD									
130	可是呢	D	KT	HTSJ	HYTD		E	FM	T	T	XJ	BY	2
131	比如	C	KT	HTSJ									
132	大家知道	J	KT	TQZY	HYTD		L	ZM	T	T	JJ	YZ	0
133	第一点	C	KT	HYFD									
134	同时呢	D	KT	HTSJ									
135	不管怎么样	D	KT	HYTD	HTNJ		E	FM	T	T	XJ	BY	1
136	我觉得是这样的	J	ZT	HTSJ	HYTD	HTZJ	L	ZM	T	T	JJ	YZ	0
137	恩	C	KT	HYTD			L	ZM	T	T	JJ	YZ	1
138	其次	C	KT	HYFD									
139	你知道吧	J	KT	TQZY	HYTD		L	FM	T	T	JJ	YZ	1
140	再有	C	KT	HTSJ									
141	为此	C	KT	HTSJ									
142	第二呢	D	KT	HYFD									
143	对我来说	D	ZT	HYJD					T	T	JJ	YZ	1
144	总的来说	D	KT	HYJD									
145	或者怎么样	D	KT	SWGC									
146	应该是这样的	J	KT	HYTD	HTSJ		L	ZM	T	T	JJ	YZ	1

218

续表

序号	话语标记	形式维度	关联维度	模式维度			类别维度						程度维度
				模式1	模式2	模式3	情感	倾向	认知	猜测	意愿	预期	
147	这样一来	D	KT	HTSJ	HYTD								
148	真的是	C	KT	HYTD	HTSJ		L	ZM	T	T	JJ	YZ	2
149	是是	D	KT	HYTD	HTSJ		L	ZM	T	T	JJ	YZ	2
150	这是一点	J	KT	HYFD				ZM	T	T	JJ	YZ	1
151	但是有一点	D	KT	TQZY	HYTD		E	FM	T	T	JJ	BY	1
152	得	C	KT	HTSJ	HYTD		E	FM	T	T	JJ	YZ	1
153	其实我觉得	D	ZT	HTSJ	HYTD		L	FM	T	T	XJ	BY	1
154	是这样子	D	KT	HTSJ	HYTD				T	T	JJ	YZ	1
155	再有一个	D	KT	HYFD									
156	可以这样说	D	ZT	HTSJ	HYTD			ZM	T	T	JJ	YZ	1
157	三	C	KT	HYFD									
158	就是啊	D	KT	HYTD	HTSJ				T	T	JJ	YZ	0
159	那就是说	D	KT	HTSJ					T	T	JJ	YZ	0
160	在我看来	D	ZT	HYJD	HYTD		L	ZM	T	T	JJ	YZ	1
161	嗨	C	KT	TQZY	HYTD		J	ZM	T	T	JJ	YZ	1
162	随后	C	KT	HTSJ									
163	同样	C	KT	HTSJ				ZM	T	T	JJ	YZ	1
164	或者说	D	KT	HTSJ									
165	知道吗	D	KT	TQZY	HYTD				T	T	JJ	YZ	0
166	相反	C	KT	HTNJ			E	ZM	T	T	JJ	YZ	2
167	这么说吧	D	ZT	HYJD	HYTD		L	ZM	T	T	JJ	YZ	1
168	但是不管怎么说	D	KT	HYTD	HTNJ		E	FM	T	T	XJ	BY	1
169	那么这样的话	D	KT	HTSJ	HYTD		L	ZM	T	T	JJ	YZ	1

续表

序号	话语标记	形式维度	关联维度	模式维度			类别维度						程度维度
				模式1	模式2	模式3	情感	倾向	认知	猜测	意愿	预期	
170	那这样	D	KT	HTSJ									
171	来看报道	J	KT	HTSJ									
172	第三点	C	KT	HYFD									
173	这是一	J	KT	HYFD									
174	就是这样子	J	KT	HTSJ	HYTD		L	ZM	T	T	JJ	YZ	1
175	我们也知道	J	ZT	TQZY	HYTD		L	ZM	T	T	JJ	YZ	1
176	第二个呢	D	KT	HYFD									
177	说实在话	D	ZT	HYTD	HTNJ		L	ZM	T	T	JJ	YZ	1
178	第二个方面	D	KT	HYFD									
179	那个	C	KT	SWGC									
180	总而言之	D	KT	HTZJ					T	T	JJ	YZ	0
181	还是那句话	J	ZT	HTLY	HYTD		L	ZM	T	T	JJ	YZ	1
182	是这个意思	J	KT	HYTD			L	ZM	T	T	JJ	YZ	1
183	我想是这样	J	ZT	HTSJ	HYTD		L	ZM	T	T	JJ	BY	1
184	原来	C	KT	HTSJ	HYTD		L	ZM	T	T	JJ	BY	1
185	这样呢	D	KT	HTSJ					T	T	JJ	YZ	0
186	第四个	C	KT	HYFD									
187	我感觉	D	ZT	HYJD	HYTD		L	ZM	T	T	JJ	YZ	1
188	所以你看	D	KT	HTSJ	HYTD		L	ZM	T	T	JJ	YZ	1
189	第五	C	KT	HYFD									
190	说老实话	D	ZT	HYTD	HTNJ		L	ZM	T	T	JJ	BY	1
191	据说	C	KT	HTLY	HYTD				T	T	JJ	YZ	0
192	看来	C	ZT	HYJD					T	T	JJ	YZ	0
193	其二	C	KT	HYFD									

220

序号	话语标记	形式维度	关联维度	模式维度			类别维度						程度维度
				模式1	模式2	模式3	情感	倾向	认知	猜测	意愿	预期	
194	总之	C	KT	HTZJ									
195	说句实话	D	ZT	HYTD	HTNJ		L	ZM	T	T	JJ	BY	1
196	举一个例子	D	KT	HTSJ									
197	就像你说的	D	KT	HTLY				ZM	T	T	JJ	YZ	1
198	应该这么说	D	KT	HTSJ	HYTD			ZM	T	T	JJ	BY	1
199	另外一个方面	D	KT	HYFD									
200	对的	C	KT	HYTD			L	ZM	T	T	JJ	YZ	2

对表格中的数据具体分析我们会在以后的工作中进行。这里只是一种初步的分析结果。每一个话语标记具体体现了主观性，下面举例说明。

6.4.3　举例一："来"的意义和情感

首先说明，本节内容独立成章，因此例句、图表独立编号。

对汉语中的"来"，目前学者多是讨论它做趋向补语（陈忠 2007）、概数助词（刑福义 2011）、代动词（左双菊 2009，陈昌来 2011，张寒冰 2013）、事态助词（龙国富 2005，梁银峰 2005）或者一些固定结构中的功能用法（曾传禄 2008，陈晓蕾 2010，陈满华 2010）。这些研究都是对"来"同动词或数词连用、或者充当谓语情况的研究，研究对象"来"都位于刑福义（1995）所定义的小句内部，和其他词语或句法成分组合，因此我们可称这些研究为"组合形式'来'"的研究。但是在语言生活中，"来"还有一种独立使用情况，这个"来"不与其他词语组合，即独立构成小句。如：

（1）（有客人来访，敲门）

（开门）主人:哟,哪阵香风把您给吹来了!【来】,快来! 请进请进。（自拟）

（2）主持人：好，让我们坐下来交谈好吗，朗先生，这边请，【来】，杰姆。杰姆，你在中国做过很多次巡回的演讲，每次都引起一阵，他们叫

做罗杰斯风暴啊，在这些观众里面，他们问你最多的一个问题是什么？（《头脑风暴》2005）

为和以前的研究区别并能涵盖各种独立使用情况，我们统称这种"来"为"独立小句'来'"。独立小句"来"在会话之中极为常见，而对其进行的分析研究目前不多，我们看到的，只有侯国金（2012）有所提及。从意义和语气上看，例（1）和例（2）中的"来"表达的是"从别的地方到说话人的地方"（吕叔湘2000）这一概念，语气是陈述语气或祈使语气，即陈述说明自己或他人、邀请命令听话者执行"来"的动作。然而，还有另外一些用法和上面的例（1）和例（2）不大相同：

（3）母亲：他妈妈也培养了一个好儿子。——邢云：【来】，哪个新娘跟我发表一下感受？来到天安门广场了，感觉怎么样？来说说感受？（《人物周刊》2009）

（4）（火车上，人比较拥挤。这时，乘务员推着卖货的小推车过来了）卖货乘务员：啤酒饮料面包火腿肠啦。【来】，前边这位再往里边靠靠。（自拟）

（5）你坐好，我给你拍张照片，那后边是一株白白的桃花，【来】，一二三，笑一个，好。（《人物周刊》2008）

例（3）中独立小句"来"没有了前两例中"来"的空间位移意义，代之的是一种邀请听话人对说话人做某个动作的心理位移。在（4）句中，"来"不是"向说话人的地方"进行位移，正好相反，说话人实际想让那些挡在通道上的人离开。（5）句中的"来"则完全失去了位移意义，只在话语上表示一种语言前后的接续，只有引发听话人注意的人际功能。

看来，独立小句"来"也不简单，有必要予以重视。本文重点对其语义进行分析，并通过语料库考察它在共时平面内的用法分布，以抛砖引玉、填补空白。

6.4.3.1　基于运动事件框架的语义研究

认知语义学家 Talmy（1985，2010）的"运动事件框架"能很好的解释动词的心理认知模式。他认为框架具有中心成分和非中心成分。中心成分有四个组成部分，即 Figure（运动主体）、Motion（运动状态）、Path

（运动路径）和 Ground（运动衬底），而非中心成分包括 Manner（方式）、Cause（原因）、Circumstance（环境）、Resultant State（结果）。在实际交际过程中，"来"的运动事件也会涉及到这些内容。

交际一般涉及说话人、听话人、第三方。"来"这一运动的参照点即部分或整个衬底可能是任何一方，也可能是运动的起点或终点。交际时交谈双方所共处的环境为交谈环境，而即将或未来产生位移的环境为动作环境，有时两者重合。某些实际情况可能比这还要复杂。

下面我们将独立小句"来"按虚化程度分成四种情况进行语义分析。

1）"来₁"——零度虚化的"来"

零度虚化使用的是本身的实在意义即实意。"来"的实意就是指表示物理空间位移的实在意义，即基本义，也即《现代汉语词典》上给出的第一条定义"从别的地方到说话人所在的地方"。基本义指明，"来₁"的使用表示物理空间位移，在移动方向上所参照的是说话人，亦即动作从他处朝说"来"者即说话人自身或位置移动。以"说话人所在的方位为参照点"是"来"的典型用法（文旭 2007）。例如：

（6）主持人：来，那边那个女孩子，【来】，过来，告诉叔叔，今年有多大了？（《乡约》2009）

（7）曾琴芳：来了。——主持人：【来】，小朋友，我们欢迎，还不好意思了，快来吧，小帅哥，你好！来来到这儿来，好帅哦，阿姨问你几岁了？六岁了，叫什么名字？（《金土地希望周刊》2007）

（8）主持人：我们马上请出他们二人，有请。【来】。——张建均（四川省北川县居民）：主持人你好。（《对话》2009）

（9）主持人：现在我们把八岁的马芝琳请上来，【来】，马芝琳，我们掌声欢迎。（《缘分》2007）

（10）A：明儿你还来不来体育馆？——B：【来】。（自拟）

（11）C：明儿他还来不来体育馆？——D：【来】。（自拟）

例（6）和例（7）是说话人对听话人直接要求"向说话人方向移动"，是祈使语气，显得生硬。从句子的语境可知，这个"来"用在了大人对小孩、长辈对晚辈话语中。例（8）中的"来"的动作是当时第三方发出的，也是一种祈使语气。说话人的话语最初并不是对不在场的第三方

"他们二人"而言，在"我们""请出"使"他们二人"转换为听话人之后，"来"就成了"请""他们二人"向说话人包括现场观众方向移动，因此目的地扩大。例（9）和例（8）"来"的意义相同，但在句中的位置不一样，一个在话轮尾部，一个在话轮中间。这两个"来"前后有"请"或"欢迎"这样的礼貌词语，语气比较客气。例（10）是答话人 B 在回答问话人 A 的提问中使用了"来"。这个"来"表示"明天"B 会从家里或其它地方再次到目前的说话所在地"体育馆"。这个动作是 B 自己发出的，位移方向是从目前距 B 较远的地方到 A 和 B 所已知的地方。例（11）中的"来"是针对第三方"他"来说的。和例（10）一样，这个"来"表示"明天""他"会从家里或其它地方再次到目前的说话所在地"体育馆"。不同的是，"来"的动作本身不是说话人 D 发出的，但参照点和位移方向没有发生变化。和前面例子不同，最后两例是陈述语气。

针对以上分析可以构建概念框架图示如下。图中，CC 即谈话环境用实线方框表示；MC 即运动环境用点线虚线方框表示；S 表示说话人；L 表示听话人；H 表示另一时空的第三方；F 表示运动主体；D 表示运动目的地；G 表示运动衬底；W 表示物体；点状虚线表示尚未发生或没有存在的想象或虚构的事物。

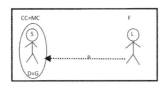

图 1. 例（6、7）框架图示

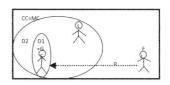

图 2. 例（8、9）框架图示

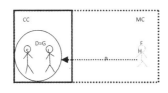

图 3. 例（10、11）框架图示

从图可知，"来₁"的四个运动框架组成部分主体、状态、路径和衬底都是明确的。首先运动主体明确，运动的执行者是说话人（例10）、听话人（例6）或第三方（例11）；其次运动状态明确，"来₁"所表示的是未来或即将要发生的动作，没有已发生和正在进行的意味，总体是一种向目的地 D 的动态位移；再次路径明确，都是向着物理空间中说"来"者移动；最后运动衬底明确，参照点也即说"来"者一直处于目的地中心。

在语篇层面上，"来₁"在话轮中位置灵活，但总是用在自身移动上，或者用在熟人间、上对下级的陈述、祈使话语中。如果不是这样的对象，"来₁"前后必须有礼貌词语。它的这一使用特征决定了它不会出现转换位移参照点和方向来进行移情表达。如：

（12）（在酒馆里）客人："服务员，服务员！"——服务员："**来啦**。（来到客人跟前）先生，您要点儿什么？"（自拟）

上例中移情表达"来啦"伴随的是说话人自身向听话人位移，在认知框架内把位移参照点和方向转移到了听话人身上，拉近了和听话人的距离。显然这里不能使用"来₁"。

2）"来₂"——浅度虚化的"来"

使用独立小句"来"的一个目的，是要求、命令、邀请他人进行某一动作，引出这个动作就是它的主要功能。这种情况我们称之为"来₂"。这个被引出动作要求由面对着说"来"者的那个人来做。我们来看几例：

（13）和晶：我先给你一个简单的测试，好不好，【来】，把那个黑板拿上**来**。（《实话实说》2006）

（14）（火车站进站口，车站管理人员在抽查身份证）车站管理人员：这位同志请您等一下，耽误您一会儿。【来】，请您把身份证拿出来登记一下。（自拟）

（15）余显林：因为我知道他一吸毒，一分钱都不要从我手里拿走。——主持人：那你不是花言巧语，嘴巴很能讲吗？——余显林：他能讲，啊，母亲啊，你多么伟大啊。啊，姐姐啊，你是世界上最好的姐姐，【来】，给两百块。（《实话实说》2005）

例（13）中，说话人不是想让某个人移动，而是想让"黑板"来到自己的身边。当然，"黑板"自身不能产生位移，因此句中的"来"也不是对"黑板"说的，而且也不会是说话人对自己说的。实际上，无论是对听话人还是第三方比如工作人员，即使这一祈使语气使他或她产生了以说话人为参照点向说话人靠近的位移，也都不是句中"来"的本意，更何况听话人本来就在说话人身边。很明显，由于"来"和黑体的趋向助词"来"

的相互呼应，产生位移的主体开始从人向物隐喻投射，焦点开始泛化。图4是这个"来"的运动事件框架图示。

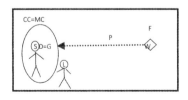

图 4. 例（13）框架图示

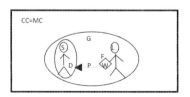

图 5. 例（14、15）框架图示

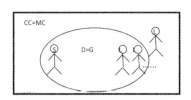

图 6. 例（16）框架图示

例（14）和例（15）隐喻虚化程度加深，产生位移的主体不但从人投射到了物，而且位移距离几近为零。如例（14）中听话人根本无需产生位移，因为"这位同志"和说话人已经近在咫尺，"这位同志"所需做的只是执行另外一个动作，真正位移的是"身份证"。例（15）是说话人转述"他"的话语，"他"用"来"指"两百块（钱）来"，运动主体是"两百块"。这种情况如图5所示。

看来，这几个实例中的"来"在运动事件框架中的运动主体上发生了隐喻，这个隐喻的发生是通过"人是物"这个基本隐喻完成的，是在人们不知不觉、不假思索地使用的（胡壮麟，2004）。如此造成的结果，就是运动主体开始转移泛化。当然，上面这几个例子中的"来"隐喻程度还不是太深。下面的例子也是独立小句"来"的"运动事件框架"成分的隐喻虚化：

（16）主持人：这个大家都熟悉了，你看马上就有人举手了，【来】，告诉我们正确答案。（《对话》2009）

（17）主持人：那我们看看网友对于这件事情怎么看，现在我们在网上看到有一位朋友叫"咕咚"，【来】，她通过视频加入到我们的现场讨论，

咕咚，你好。（《今日观察》2009）

（18）马斌：好，掌声欢迎科大讯飞总裁刘庆峰。【来】，请继续看下一个短片。（《商务时间》2007）

（19）主持人：村子里种的又红又漂亮的草莓都带到了现场，愿意尝一尝的就举手。【来】，拿给大伙儿尝一尝吧。（《对话》2008）

例（16）中，"来"所要求出现的动作"告诉"自身是有方向的，"告诉"的运动模式是"说——>听"，相应的信息流动是"发出——>接收"。本例中的信息是"答案"，说话人要求听话人将"答案"发出，然后"我们"接收。在这个位移过程中，运动主体进一步从物向抽象的话语投射，同时，在没有实物运动的情况下，位移参照点开始泛化，由说话人扩展到包括观众在内的"我们"，框架图示如图6。例（17）网友加入现场，并非是说话人要求真人来到近前，位移路径被取消。"来"将交际各方的注意力转移到"视频"上，同时将"咕咚"引入交谈环境。图7显示，路径P已经消失；目的地D和运动衬底G业已偏离。例（18）类似于上例，只是没有了虚拟的场外向内位移，运动主体进一步隐喻为目光，因此更加抽象不可见，使得运动路径更加虚化，如图8。例（19）中说话人使用"来"引出"拿给"的动作，动作的执行者是听话人。语义框架内的运动主体"草莓"现在是在"现场"的，而"大伙儿"显然在物理空间中离说话人和听话人以及"草莓"位置相对较远，因此，在图9所示的运动衬底中"拿给"的对象"大伙儿"和"来"的参照点强制重合。说话人将"来"的运动模式投射到心里空间中，突破物理空间限制，将自己和"大伙儿"划分在了一边，听话人自己单独为另一方发出动作朝向"大伙儿"。这时，运动主体的运动方向更加发散和不确定。

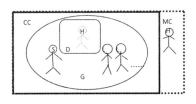

图7. 例（17）框架图示

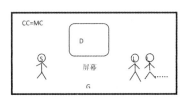

图8. 例（18）框架图示

例析与认知图示表明，"来$_2$"是"来$_1$"的隐喻，是在认知领域从人类自身的经验由物理空间到生理空间再到心里空间投射的结果，在语义框

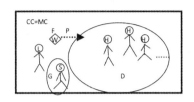

图9. 例（19）框架图示

架内除了运动状态外，各个组成部分都在发生隐喻映射。隐喻的过程，使得"来₁"在语义框架内的运动主体、运动路径或运动参照点发生了某种程度的泛化或抽象而变得模糊。隐喻的结果是实意减弱，减弱的实意凸显了引出另外一个动作的功能。在语气上，陈述语气已尽，祈使语气增强。

3）"来₃"——深度虚化的"来"

从一个认知域向另一个认知域上的隐喻映射，造成了语义框架内要素的泛化，也必将带来语义上的虚化，只是"来₂"程度还不太深。"来₂"要进一步虚化，就必须突破［施事/受事的位移］这样的语义限制，因为只要有这种限制存在，"来"就还具有动词性（梁银峰2004）。"来₂"进一步虚化的结果就变成了"来₃"。请看：

（20）罗总编："大难在头啊！""闯，这个企业是靠闯出来的。【来】，拿凳子到我房间去。"（《纪事》2007）

（21）张锋：还有我们北京站售票车间主任杨淑丽，【来】，和听众朋友打个招呼。（《城市服务管理》2008）

（22）主持人：你看，我这一见面就要做自我介绍，说到自我介绍，今天的话题来了。【来】，那个小伙子站起来。（《乡约》2009）

（23）主持人：现场有多少人认得我们今天请上台的第一位创业课的老师，【来】，认识他的请举手。这个比例满意吗？（《对话》2009）

例（20）中"来"的位移方向较例（19）更明确的远离。说话人要听话人"拿凳子到我房间去"，运动主体"凳子"明确，但位移方向与"来"的基本义相反，"来"进一步被虚化。句中"去"的使用更加剧了"来"实意的丢失。例（21）的"来"引出的动作是"打招呼"，运动主体是抽象的"招呼"。"来"的参照点不再包括说话人，因为说话人已将参照点转移到了"听众朋友"身上。由于转移了参照点，"招呼"抽象的位移方向路径也不再指向说话人。本例中，物理空间中说话人和"来"的祈使对象距离较近，而且早就进入同一空间，自然是无需向说话人"打招呼"的。这个"招呼"指向了两个人空间外的第三方，也可以视为交谈环境外的听话人。"招呼"位移方向是远离说话人。例（22）中"来"引出的动作"站起来"已经取消了"从听话人到说话人的地方"这个水平方向的位移，只有一个相对于说话人没有距离变化的垂直动作，运动路径虚化，这样也就无所谓参照点，"来"的位移义的虚化被加强。要不是有黑体趋向助词"来"在句中，"起"所引发的些许位移都会消失。这一点我们可以在例（23）更明显。例（23）中"举手"是"来"祈使的结果，但听话人相对说话人没有任何位移发生，参照点变为听话人，目的地被取消。不仅如此，"来"所要求的运动主体在本例中也开始泛化变得模糊。框架图示如下。

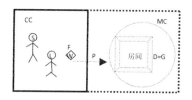

图 10. 例（20）框架图示

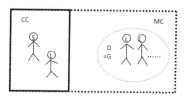

图 11. 例（21）框架图示

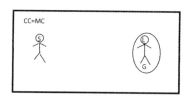

图 12. 例（22、23）框架图示

再看几个例子：

（24）主持人：谢谢白琳，【来】，稍微等一等，白琳是我们北川中学几年级的同学？（《对话》2008）

（25）主持人：谢谢，真的送我了，你好漂亮谢谢。【来】，我们再掌声感谢这四位的表演，谢谢。（《金土地希望周刊》2007）

（26）主持人：行，谢谢俩小朋友，【来】，手拉手下去。（《环渤海新视野》2008）

例（24）中"来"所引出的动作"等"不但没有位移发生，而且是以不动为动。更确切地说，是限制了听话人离开的动作，语义框架内运动状态发生改变。"来"的运动方向、路径是在这种限制离开的过程中反衬出来的，即不离开就是靠近。例（25）中，说话人用"来"要求"掌声感谢"，"我们"是"掌声"送出去的出发点，方向指向"这四位"。因此，运动主体的方向是与"来"的基本义完全相反，参照点也已经完全翻转，"来"的原来实意已完全消失。例（26）和例（25）相似，后续引出的动作和"来"的基本义没有任何联系，"来"在这里只有引发下一个动作"拉手"的功能，位移框架完全被打破，虚化更加深入了一步。

总的来说，"来₃"随着隐喻虚化的加深逐渐将语义框架内的所有要素都予以抛弃，不再具有实意，最后成为只具有祈使语气的小句，行使引出一个动作的功能。同时，"来₃"引发的动作已经脱离其控制，该动作表达的意义甚至和"来"的基本意义完全背离。"来₃"和"来₂"共同点就是祈使语气的存在。祈使语气伴随"来"的虚化、实意上的减弱而越来越凸显。

4）"来₄"——完全虚化的"来"

如果"来₃"进一步虚化，最后连祈使语气甚至引发另一个动作的功能也消失，就变成了完全虚化的"来₄"。从例（5）我们看到，"来₄"已经没有了任何位移，不再具有趋向意义，也没有引发另外一个动作，祈使语气弱化。"来₄"的使用主要是为了话语衔接顺畅，或是对听话人进行提醒。因此"来₄"已经成为一种话语标记，它具有 Schourup（1999：232）总结的在句法语义层面得到共识的三大特征：①连接性，②可选择性，③非真值条件性。"运动事件框架"内各要素已经全部失去意义。例如：

（27）冯云飞：这佛手真不愧为金华一宝，我觉得如果要是能吃的话就更好了。——盛佳佳：想吃还不容易，【来】，我给你削一个。（《每日农经》2009）

（28）席：天凉了，【来】，垫上一个坐垫别着凉了。（《数说北京》2007）

这两个例子中"来"后仍然是一个动作，但是"来"并没有使用基本义，也没有祈使语气，因为一个人不可能请求自己去做事情。"来"的使用是说话者对后续自己要做的动作进行铺垫，如果去掉"来"，对这两句话在传递命题内容上并没有什么影响。"来"在句中主要作用是增强了前言后语的连贯，使得话语在逻辑上更加顺畅。例（27）中"来"链接的是两个动作"想吃"和"我给你削"，前一行为是后一行为的目的，句子结构是"为了……我做……"，在话语上起的是顺接作用；在例（28）中，"来"也是顺接功能，但链接的是原因"天凉了"和行为"垫坐垫"，同时，行为目的"别着凉"也在后边小句出现。另外，"来₄"有一种类似于例（12）的移情功能，它拉近了说话人和听话人之间的距离，对后边动作在语气上起了缓和的作用。再看另外一些实例：

（29）主持人：对，我觉得我刚刚看到的一个网友的观点，跟你刚才所说的观点特别像。【来】，这位网友叫"蜗牛"，他说"没有受骗的，哪来骗子，可怜而又可憎的热衷于排名的大学校长们。"这是一位网友的观点。（《今日观察》2009）

（30）主持人：我们马上进行下一关的比赛。【来】，第一道题目。听好了，现场的朋友不要提醒他们，尤其是我们今天有专业的舵手和划桨手都在，不要提醒他们四位。（《实话实说》2006）

例（29）和例（17）不同。本例中的"来"顺接功能明显。说话人前面提到"网友"，下面的话语是对该"网友"的进一步叙述，中间用"来"接续。这个"来"不是对"网友"说的，没有概念意义和祈使语气，只起连接作用，已经完全虚化。例（17）是对网友"咕咚"做的祈使，有虚拟位移发生，但只有路径虚化了，虚化程度较轻。例（30）中，也是使用"来"接续前言后语。它不仅仅承接了上下文，而且也符合语境内的顺序关系。这个"来"语调短促，没有实意，也已经完全虚化，在整个句子中不做任何成分。这些特性，也完全符合张旺熹、姚京晶（2009）所定的实词虚化为话语标记的标准。"来₄"还有一种提醒功能，如：

（31）记者：小朋友们、小朋友们，来开饭了，【来】，这个大碗的给你，吃啊，为什么不吃呢？（《每日农经》2009）

（32）主持人：今天节目一开始呢，我要跟现场的观众做一个互动，【来】，那位大嫂我问您，这个想找个啥样的对象啊？岁数大啦，不琢磨这事啦，是吧？有孩子没有？（《乡约》2009）

(33) 主持人：我给你三秒钟，【来】，一二三。第一个优点是什么？(《实话实说》2006)

例（31）中，"小朋友们"肯定都坐在了餐桌旁注视着说话人。说话人在说"这个大碗的给你"时，用"来"提醒听话人，让其注意并配合。这个"来"没有任何概念意义，去掉它，也不会改变整个句子的真值条件。例（32）中"来"主要用来提示"我问"的对象"那位大嫂"，提请对方注意来自说话人的动作。提醒过程中，一般伴随手势指明是哪一位。例（33）中的"来"和例（5）中的"来"一样，主要是提醒听话人应该进行准备或开始某个行为。

经过以上四种语义分析可以看到，独立小句"来"的四种用法实际上是处在一个连续统之中，是对隐喻认知框架逐步打破、运动事件要素在隐喻虚化的数量和程度上加深的过程，这是因为隐喻虚化本身是一个程度的问题。此外从成句上看，四种用法中，"来$_1$"自成小句。"来$_2$"和"来$_3$"如果在语境中添加足够的指示动作比如手势，也可以单独作小句出现，这是因其具有位移义造成的；但从语法角度看，它们却依附于后边的小句而存在，这却是虚化的结果。"来$_4$"从语法和命题意义上来说是可有可无的，它不能成为独立小句，对后面的小句也没有依附性，它更关注的是语用功能和语篇功能。

6.4.3.2 四种用法的共时平面计量分析

我们从国家语言资源监测与研究中心有声媒体语言分中心的有声媒体语言语料库中选取了 5.5 千万字的口语语料建库，语料以访谈对话类型的《鲁豫有约》为标准（阚明刚、侯敏 2013），然后用 CJHJ 编程，从自建语料库中提取独立小句"来"的使用实例共 2172 个。

经过逐例分析发现，独立小句"来"的用法全部落在本文语义区分的四种类型之内，说明我们的研究分类是可行的。经过对每个实例进行标注，统计结果如下：

表 1. 独立小句"来"在自建口语语料库中的表现情况与数据统计

例 \ 型	来$_1$	来$_2$	来$_3$	来$_4$	合计
实例数	275	583	1063	251	2172
实例占总数比	13%	27%	49%	11%	100%

从表中我们看到，在整个共时平面内"来"的用法呈现出不平衡性，使用频率相差较大，由高到低排序是：

$$来_3 > 来_2 > 来_1 > 来_4$$

在四种用法中，"来$_4$"占11%，比例最低，也就是说，在我们的口语语体语料库中，独立小句"来"做话语标记的用法还不是主流，提醒功能和顺接功能不是主要功能。"来$_1$"的实例数也较低，占比为13%，说明表示陈述或要求"从别的地方到说话人的地方"这种位移也不是主要用法。造成这种情况的原因主要是，"来$_4$"和"来$_1$"的使用受到了语言的物理语境影响。而所用语料是来自电视谈话节目中有声语言的转写，这种节目的语境内有四方进行交流：主持人、嘉宾、现场观众和电视机前观众，各方之间所作的动作本来就少，节目前准备工作也降低了"来"的提醒功能的使用。同时，在语境中各方的相对位置也比较固定，"来$_1$"的使用率自然就低。即使要求嘉宾或现场观众上台，也爱采用例（34）类型的婉转表达形式。

（34）主持人：我们今天《乡约》的嘉宾，长得有一点点极致。【来】，掌声有请今天《乡约》的嘉宾——肥肥。（《乡约》2009）

例（34）显示，说话人并没有使用直接要求上台的"来$_1$"，而是深度虚化的"来$_3$"，将要求化为"掌声"，显示了对"嘉宾"的热情和尊敬。

"来$_2$"和"来$_3$"的实例数之和占到了总数的76%，表明独立小句"来"在语义上引出另外一个动作、语气上表祈使的用法是基本用法。"来$_3$"是这76%中的2/3，而且占总数的49%，说明虚化程度较深、认知上突破固有的位移框架模式的用法是最主要的用法。值得注意的是，使用"来$_3$"的话轮基本是说话人所发，比例高达97%。这主要是因为：在电视谈话中，主持人是节目程序和场面的控制人，要求嘉宾或现场观众进行一个动作来活跃气氛、邀请嘉宾上场、要求观众参与等都由主持人来进行。"来$_3$"的使用就能达到这个目的，这也是"来$_3$"使用率较高的原因之一。

6.4.3.3 与组合形式"来"的辨析

从《现代汉语词典》来看，组合形式"来"在语言实际使用中有"来信""问题来了""来一盘棋""让我来""他们俩谈得来""你来念一遍""他回家探亲来了""他摘了一个荷叶来当雨伞""这话我多会儿说来""来年""两千年来""十来天""他这次进城，一来是汇报工作，二来是修理机器""从来""不愁吃来不愁穿""把锄头拿来""说来话长"这些用法。而近十年现代汉语"来"的研究中，组合形式"来"主要有"来＋VP""VP＋来""来＋O""来＋（处所名词）＋VP""用……来""V＋V趋＋处所＋来""V＋V趋＋来＋非处所""数词或数量词＋来""V来V去"等。独立小句"来"没有陈昌来（2011）分析的组合形式"来＋O"中的代动词功能，也与刑福义（2011）所论概数结构"数词或数量词＋来"中概数助词用法以及其他的方位助词用法有本质差异。曾传禄（2008）探讨的"V来V去"结构中的"来"虽然也有实意和虚化用法，但都是以整个结构存在，和独立小句来没有可比性。其他如衬字功能和趋向功能，独立小句"来"也不具备。因此，下面我们以动词与"来"构成的组合形式为主要对象予以对比，特别是与表面功能相似的"来＋VP"结构进行比较研究。

1）"来₁"与组合形式"来"的区别

零度虚化做趋向动词用的"来₁"运动事件各要素（至少是交际双方欲突显的要素）清晰明显。其他各要素共现就构成组合形式"来"，即"F（S｜L｜H）＋P＋来＋G｜D"。如：

（35）A：明儿你还来不来体育馆玩儿？——B：明儿我还**来**体育馆玩儿。（自拟）

这个例子和独立小句"来₁"的区别在于："来₁"不仅结构简单明了、符合语言经济原则，而且表达的肯定语气更斩钉截铁、焦点更清晰，不管"来₁"是表征说话人自己的位移还是要求别人产生位移。这是因为例（35）中其他成份的共现削弱了说话人对"来"本身的意义突显，而且B回答的焦点可能转移到"明儿"或"体育馆"上，后接"但后天不来了"或"顺便去趟国图"之类的话语形成对比，其后的动词"玩儿"更没有出现的必要。当然，说话人自然可以控制重音、语调来表达语句重点或语气，但若强调"来"会产生其他意味。

例（6）中要求别人产生位移的"来₁"虽可换成"来这儿"或"你来这里"，但不符合语感；如果以趋向动词结构"到这儿来"，则语气生硬，也增加了冗余信息。因为"来₁"作为单音节词很难加重祈使语气，且足以传递说话人的要求。像例（12）中的组合形式"来啦"虽然表达趋向动作的意义，但已经不是主要目的和功能了。

2）"来₂"与组合形式"来"的区别

浅度虚化的"来₂"由于趋向动作意义还很重，而且兼有引出后面动作的作用，因此其功能像吕叔湘《现代汉语八百词》中所说的"来 + VP"的功能：表示要做某事；不用的话意思也相同。例（13）到例（19）中的"来₂"都可以拿掉，句子的表层意义和引发动作的祈使语气不变。同时，组合形式"来 + VP"中的动词基本是自主动词（王培敏2010），这点也相同，如实例中的"登记""告诉""加入""拿"等，而且大多数都可以将"来₂"直接移到这些动词前转换为组合形式"来 + VP"。独立小句"来₂"和组合形式"来 + VP"的主要区别在于：首先，"来₂"没有陈述语气而只有祈使语气，而"来 + VP"中的"来"并非都如此；其次，"来 + VP"即使有祈使语气，也由于VP的分担而使"来"的祈使语气较"来₂"轻得多；再次，"来₂"所引发的动作都是要求即刻发生的，组合形式则不然，如：

（36）（医院化验室）医务人员：你三天后**来**取结果！（自拟）

此例中的"来"无法转换成"来₂"，就是因为有"三天后"的限制；还有，"来₂"后边的小句即为焦点，从结构上来说可以是动词、动词短语、或者是句子，形式更灵活，如例（13）就是处置式句子；最后，"来₂"并不总是可以转换成组合形式，如例（15）。

3）"来₃"与组合形式"来"的区别

"来₃"和相原真莉子（2010）讨论的［NP 来 VP］中的"来"共同点是都失去了位移义，都后接动作。后者的中心功能是表示其后的 VP 是说话人的心理空间内需要有人做的事情。她所说的说话人心理空间包括"对话现场"、"说话人和听话人所属的集合体"和"说话人的视点所在的时空"三部分。其中"对话现场"就是本文的谈话环境 CC，后两者合并就是本文的运动环境 MC。但是，"来₃"的中心功能却是引起请求、命令、劝告等表示祈使语气的小句，并要求听话人在对话现场进行动作。两者虽有许多共同之处，但只有在说话人心理空间内，后续动作"需要"有人做、"有人"就是"听话人自己或包含听话人在内的一群人"并且这个

"事情""需要立即执行"的时候才能相互转换，如例（20）和（21）。又如：

（37）不久前，与朋友去喝咖啡，结账时我说：让我**来**付款。（相原2010）

例中"来"可以转换成"来₃"，即"结账时我说：【来】，让我付款。"下面例子则不行：

（38）丈夫：后天我会晚一点回家。不能做饭。——妻子：没事，我**来**做。（相原2010）

不能转换的原因是"做饭"的事情要在"后天"执行。例（22）到（26）也不能转换成组合形式，因为小句动作并非"需要"。这里指出的是，例（25）虽然可以转换成"我们再掌声来感谢这四位的表演"，而且"来"也是虚化用法，但两者差异明显："来₃"要求"感谢"，焦点在"掌声"，这点例（34）更突出；转换后"感谢"成了焦点表示目的，语气生硬。

4）"来₄"与组合形式"来"的区别

虚化成话语标记的"来₄"若像例（27）那样顺接说话人自己的动作，则当动作如陈晓蕾（2010）所分析的表示"责任"和"权力"时，可以转换成组合形式"我来VP"。两者区别在于：组合形式"来"没有语篇顺接功能；"来₄"焦点是后接的整个小句，后者多为说话人；像例（28）那样顺接没有"责任"和"权力"、需听话人辅助完成的动作时，无法转换。只顺接前言后语或只有提醒功能的"来₄"，很难找到相近功能的组合形式。

在考察中我们发现还有"来来来"这种变体。如：

（39）阿丘：马先生，**来来来**，我们俩去潘家园去淘了一些东西，想请您鉴别一下，看谁的东西更值钱一些，有升值的可能。（《人物周刊》2006）

（40）张：你是中国人，你要承认你中国的历史，就不要像阿扁一样，不承认他自己是中国人了，这个不对。我觉得要承认自己的中国历史。------主持人：来，阿扁也在看我们的节目，**来来来**，回到主题，你希望把这个五岳文化当中他刚才讲的生命力，你希望透过新的五岳产生，你希望把过去五岳文化当中步入什么样的源头活水呢？（《一虎一席谈》2006）

　　例（39）的"来来来"相当于"来₂"，但位移义强于"来₂"，使用时通常伴有动作，态度肯定。例（40）的"来来来"则相当于"来₄"，但突显急迫的心情，语气也比较生硬，如例（33）中的"来₄"可以拖长声音，而例（31）中的"来₄"婉转细语，语气柔和。

　　总之，虽然组合形式"来"与独立小句"来"都有实、虚用法，可以引出动作，但后者无论在语气、语调、功能、语义分布及语境限制等各方面都有其特殊性，值得特别关注。

6.4.3.4　主观性分析

　　本节对独立小句"来"进行语义分类分析，考察了使用情况及其分布，并与表面功能相似的组合形式"来"进行了比较研究：在语义上，可以将其分为零度、浅度、深度、完全虚化四种；在使用频率上，来₃＞来₂＞来₁＞来₄；和组合形式"来"的区别在于，独立小句"来"的焦点明确、语气缓和、中心功能相左。当然，本研究语料的选取有一定的局限性，将本研究扩大到大规模生活口语中进行研究是下一步重要工作。其次，我们的研究是共时平面内的研究，从历时角度去研究独立小句"来"的虚化过程也是全面认识"来"的功能和意义的必要补充。另外，和"来"相对的动词"去"独立结构情况，也有待进一步去发现。

　　从情感角度看，独立小句来做话语标记的用法时，主要用于熟人之间。它表示一种亲切感，拉近了谈话双方的心理距离。从主观性话语体系表来看，它属于略带喜感的表达，无论是单独使用，还是加上语气词，都可以体现出来这种感情。后面的话语，从发出者来看，基本都属于正面的表达，而且说话者的情感认知上应该是真的，对话语真实性的猜测也应该是真的。它的主观意愿积极，只是在程度上不是那么强烈，属于中等程度。从主观性体系中的关联维度来看，这个话语标记属于客体角度的话语标记，这是由于其本义所决定了的，因为"来"的本义就是要求对方向自己这一方靠近，或者是这种状态的描述，因此，其主观性的角度肯定都是从"你"的角度来说的。

6.4.4 举例二："我跟你讲"的使用和情感表达

由于本章节也是自成体系，因此例子、图表也是单独编号。如不特殊说明，编号在本节内都是互指的。

从形式上讲，字串"我跟你讲"结构相对完整。它以动词"讲"为核心，有动作发出者"我"，有由介词"跟"引导的动作的接受者"你"。该字串出现在话语中有两种情形。一种情形是和其他字串连用，比如：

（1）**我跟你讲**的话你不要跟别人讲啊。（自拟）
（2）刚才**我跟你讲**的是指数，接下来**我跟你讲**如何解题。（自拟）
（3）如果**我跟你讲**，我就得跟他讲。（自拟）

从以上三个例子来看，该字串前后添加其他字串时，可以作为限定成分后接修饰对象，比如例（1）的"话"，也可以构建"的"字结构做主语，也可以后接"讲"的内容，如例（2）的前半句"的"字结构和后半句的"如何解题"，也可以直接作为从句来使用，比如例（3）前面加上连词，或者如例（2）那样加类似于"刚才"的状语。

"我跟你讲"的另一种使用情形是以独立小句存在话语中，比如：

（4）——主持人：这儿的厨师水平高。
——张文明：**我跟你讲**，粉条炖猪肉是最简单的一道菜。（《乡约》2006）
（5）赵少康：马英九就说，不知道她有这么伟大的潜能，这样，甚至还说我三十年前娶对了人，马英九这个话，我觉得周美青要打他，**我跟你讲**。（《骇客赵少康》2009）
（6）王新陆：人参现在的野山参，基本上是求不着了我们大量的这个人参，就是在长白山区我去过嘛，那半山坡上一片一片种的，出来以后跟白萝卜一样。**我跟你讲**，人参它栽培的和我们现在，现在的人参有很多。（《文化大观园》2006）

上面三个例句显示，"我跟你讲"的独立使用形式和与其他字串连用的形式在用法和功能上有着明显的区别。后一种情形属于话语标记用法。这一用法目前学术界还鲜有人探讨。在中国知网上检索只有权彤、于国栋（2014）一篇文章。该文主要从对比角度分析了"我跟你讲"和日语"よ"在强调知识优先时呈现出来的序列结构特点。其他还有研究和"我跟你讲"近似的形式的，如：陈丽君（2010）对话语标记"我给你说"的演变过程进行了研究；董秀芳（2010）、张帆（2013）则对话语标记"我跟你说"进行了全面分析；干敏（2012）和张晶（2014）对与"我跟你讲"形式更近的话语标记"我跟你说"进行了阐述。本文拟从在话语标记体系中的地位、话轮位置分布、话题接续功能特点三个方面进行分析研究。

6.4.4.1　话语标记体系中的地位分析

我们根据话语标记的特性，从 11.22 千万字规模的语料库中提取了最长为七个汉字的字串进行研判，共得到话语标记类型 2817 个，实例 124541 个（阚明刚、侯敏，2013）。在操作过程中，我们区分了口语语体和书面语体。"我跟你讲"在 2817 个话语标记中，使用频率排在第 89 位，使用实例 133 个，而且全部用于口语语体中。例（4）、例（5）和例（6）都是出自该语料库。

从目前收集的语料看，在单独使用即作为小句使用时，"我跟你讲"只做话语标记。它没有更简化形式"我跟你"、"跟你讲"这类说法。但从语感上讲，在有的语言环境之中"我"可能弱化，但不会脱落；由于说话时在"讲"后有停顿，因此后边可以缀上"啊"之类的语气词。另外，独立小句"我跟你讲"虽然在我们的语料库中只用作话语标记，这样的话语似乎也可以碰到：

（7）甲：怎么都没人跟我讲道理啊？

　　乙：没人跟你讲，我跟你讲。（自拟）

像例（7）的这种使用情况，是我们虚构语境而得。它不属于话语标记用法，可这种用法在现实生活中不会太常见。这个例子也反映出语料库的局限性：即不管语料库多大，也只是一个言语的集合，不能代表人类的全部语言。

总之，字串"我跟你讲"在做独立小句使用时，在本研究范围内可以认定为话语标记，而且形式单一。该话语标记使用率较高，属于纯口语使用的话语标记。以下是对其具体使用方法和功能的分析。

6.4.4.2　话轮中的位置研究

从位于话轮轮首、轮内和轮尾三种情形来看，话语标记"我跟你讲"位置灵活，如上面的例（4）中的"我跟你讲"位于话轮首位，例（5）中的在话轮末尾，例（6）中的位于话轮中间。经过对133个使用实例进行统计，三种位置使用情况如下：

表1. 话轮中位置分布表

话轮位置	轮首	轮内	轮尾	合计
实例数量	60	69	4	133
所占份额	45%	51%	4%	100%

从表1可知，话语标记"我跟你讲"使用于话轮内部的情况最多，使用于话轮轮首的情况次之，但相差不大，而在话轮末尾的用法相对较少，仅仅使用五次。这表明大多数的"我跟你讲"有话轮占据和保持这个特点。

当"我跟你讲"用于话轮内部的时候，一般发话人宣示后边仍有话要说，从而告知另一方不要抢夺话轮，同时交际另一方即听话人也会从该话语标记的使用连同语调上判断说话人话还没有说完，从而让说话人继续占有话轮，不会在停顿处错误的认为说话者在放弃话轮而接续，甚至抢夺话轮。例如：

（8）文刚：这有什么麻烦的啊，**我跟你讲**，这可是有步骤的，第一步，先把外皮撕了。（《每日农经》2009）

（9）霍德明：张鸿你刚刚提到了这么多的例子，**我跟你讲**，司法制度它是有个滞后性的，20多年前，咱们自行车社会很少听说过醉酒驾车，甚至致死的这个状况。（《今日观察》2009）

例（8）中发话人在说了"这有什么麻烦的啊"后使用了话语标记"我跟你讲"，表示其后仍有话语要说，而且说的话语跟"麻烦"与否或程度相关。"这可是有步骤的"则是后接的内容，表示因为"有步骤"而不麻烦。例（9）也是用于话轮内部的一个例子，前后接续关系明显。说话者在说了"提到了这么多的例子"后，用话语标记来宣示自己话还没说完，听话人也不会认为讲话人的话语已经结束，因此说话人的这一话轮得以保持。

用于话轮首位的"我跟你讲"使用比例达45%，表明话轮接续与抢夺也是主要用法。说话人在对话过程中，抓住对话另一方的说话间隙，或是直接打断另一方的话轮，用此话语标记直接占据话轮。例如：

（10）——刘思伽：你自己现在每天？

——李松：**我跟你讲**，我现在既不抽烟也不喝酒，但是我本来有一个恶习，就是我很爱喝咖啡，因为我原来是在华尔街做期权交易的，所以我每天一大早到华尔街去上班，我原来一天喝三大杯咖啡，一直想戒都戒不掉。（《行家》2009）

（11）——5399：我人生路遭遇抢行了。

——王佳一：**我跟你讲**，塞翁失马，说不定有更好的机遇在等待你。（《一路畅通》2009）

例（10）和例（11）两个例子都是"我跟你讲"在话轮首位做话语标记的用法。例（10）中，前一个话轮只是半吊子话，话还没说完接话人就用话语标记"我跟你讲"快速接过话轮，抢夺痕迹明显。例（11）中对前一话轮接续虽不像例（10）那样急迫，但话轮占据力量强大。这两个例子也显示，一旦接话人使用了这一话语标记，另一方一般不会打断说话人话语。

用于话轮尾部的"我跟你讲"只占4%，说明说话人不用此话语标记放弃话轮。听话人只能根据话轮尾部停顿来判断说话人话轮结束。例如前面的例（5）。再如：

（12）——陈君薗：我写的是失去自我，我觉得可能很多的毕业生也会像我这样怕一辈子只做一颗螺丝钉，然后就完了，我只知道我是一颗螺丝钉，我不知道我还是我。

——主持人：他要都告诉你你又失去自我了，**我跟你讲**。（《头脑风暴》2007）

例（12）中，"我跟你讲"末尾不会拖长，也不会有任何犹豫。结句的时候，如果没有停顿或其他示意，听话另一方不会承接话轮。

6.4.4.3　接续功能研究

以上分析显示，话语标记"我跟你讲"在话轮中的位置不同，功能也不同。除了作为话轮抢占、保持和受让这些语篇控制手段外，其功能还体现在对话题的承接、转移和逆反。

1）轮内功能分析

从轮内用法上看，主要以主题顺接功能为主，话题转移次之，逆接用法最少。数据如下：

表2. 轮内主题接续方式分布表

话题接续方式	顺接	逆接	转移	合计
实例数量	53	4	11	68
所占份额	78%	6%	16%	100%

整体而言，"我跟你讲"用在话轮内部时，多数用于话题顺接。这里所说的话题，主要是指说话人在本话轮内确立的话题。也就是说，一个话轮内部，说话人使用"我跟你讲"之前的部分谈论的话题和话语标记后面所谈论的话题是一个。比如：

（13）窦文涛：聊点人民群众的事了。**我跟你讲**，上次袁立做客《锵锵三人行》的时候，我留下的最后一个记忆就是袁立说，我坐你们《锵锵三人行》之后，我整天在博客上删评论，怎么那么多骂我的。（《锵锵三人行》2007）

这个例子中，说话人挑起话题"聊人民群众的事"，其后对该话题进行延展叙述。话语标记"我跟你讲"在这里起到顺接功能。听话人在听到该话语标记后，很自然地会期待说话人对提起的话题继续阐述。上面的例（9）也属于这种类型。

此外，话题顺接还有一种形式：对前面一个或几个的话轮中建立的话题进行顺接，即说话人沿着上一个发话人的话题进行延伸。如下面的例（14）：

（14）——兰萱：对，体制素质够好的话，所以我是蛮同意你讲的是一开始给他一些压力，否则的话，目前马英九这一批人。

——赵少康：骄傲了。

——兰萱：没错，他自己跟他找的那些人，都是有一点点自恃甚高。

——赵少康：博士、教授、大学校长。

——兰萱：一开始就掌声不断的话，**我跟你讲**，他的脖子都抬到天上去了，像个长颈鹿一样了，所以我觉得给他一点点挫折是好的，只是说这个挫折当中，他是不是真正看到问题，我觉得这点很重要。（《骇客赵少康》2008）

本例中，话语标记"我跟你讲"在话轮内部进行小话题"掌声不断"的顺接；同时我们也可以看到，它也顺接了前面几个话轮中发起的大话题"骄傲了"。

话题逆接与话题顺接正相反，这时的"我跟你讲"接续的是对轮内小话题和前面话轮形成的大话题的否定或逆转。这种情况虽然有，但使用的实例较少，共计4例，只占总用法的6%。这说明这种用法不是主要用法。人们说话时，不太喜欢用"我跟你讲"这个话语标记来表示转折或者否定。

（15）——记者文刚：你发现了吗？过去情人节送礼物不是巧克力就是玫瑰花，没什么创意。

——记者刘畅：对。今年的玫瑰花颜色特别多，红色、黄色、粉色还有…

——文刚：别说了，**我跟你讲**，今年情人节的礼品已经是多元化的发展趋势，不是光玫瑰花一枝独秀，这么跟你说吧，人家"玩"的是创意。懂吗？（《每日农经》2009）

上例中，"我跟你讲"后面接续的内容是对前面话题"没创意"的否定，即"人家玩的是创意"，同时也否定了上一个话轮的话题"今年的玫瑰"，使用的话语是"不是光玫瑰花一枝独秀"。语篇中，其前后的话题虽然没有发生变化，一直都是"情人节礼品"的"创意"问题，但是发生了相反的转折，从"没创意"到"玩的是创意"，从而实现了话题的逆接。

有一种情况稍微复杂一些：从话轮内部来看，"我跟你讲"起顺接作用，而从跨话轮角度看则是起逆接作用，我们这里也将其纳入逆接功能。下面的例子就是这种情况：

（16）——文刚：逛农交会就是好啊，还能品尝。

——雨浓：这可是海参啊，做起来更麻烦。

——文刚：这有什么麻烦的啊，**我跟你讲**，这可是有步骤的，第一步，先把外皮撕了。

——雨浓：哎。

——文刚：第二步——

——雨浓：你怎么吃了？（《每日农经》2009）

这里的"我跟你讲"位于话轮内部，可以看出轮内前后话题一致，即"不麻烦"。但从前一话轮来看，它的作用则是逆接，是对"做起来更麻烦"的否定。这里边涉及到话语标记的影响范围和语境的关系问题，限于篇幅将另立文章探讨。

话题转移功能是指原本谈论某一个话题，但随着"我跟你讲"的使用，话语转移到另外一个话题之上。这类功能的实例有 11 个，占比为 16%。例如：

（17）——窦文涛：……我觉得怎么这个美国总统大选选情就跟股市似的。比如说到前几天，这个奥巴马到什么49%，但是呢麦凯恩44%，但是又有一个什么族群，他们占到了6%，这6%到时候很有可能倾向麦凯恩，这样的话，麦凯恩还是有一线生机，说的就跟股票似的涨涨跌跌。

——李灵：是，所以现在整个的选情，就是扑朔迷离。**我跟你讲**，现在族群的分裂，特别是海外的华人特别不安心。

——窦文涛：我正想了解这华人怎么想的？（《锵锵三人行》2008）

本来前面谈的话题是"美国总统大选选情"，但是后面却说"族群分裂"，从而进一步说到"海外华人特别不安心"，话题发生了转移，转到了华人群体的态度上。当然，这个新话题是在原来基础上发生偏转的，所以依然多少带有原话题的痕迹。在谈话的过程中，这种转移可能是暂时的。例如下面这个例子，话题的转移也可以看成是话题的回归：

（18）——主持人袁岳：你们认识对面这些人吗？十年以后，你们想做中间的哪一位？

——文亨利：这个想都不用想，我做比尔盖茨。

……

——主持人袁岳：您做过职业经理人吗？除了这个创业之外。

——王少剑：大部分生涯一直是职业经理人。

——主持人袁岳：所以你的意思是说，企事业是蛮想也去创过业的。这话不能让你董事长听见。

——王少剑：我把我现在的工作，就是当做创业。

——主持人袁岳：这个董事长爱听的，**我跟你讲**。李二钢你选谁？

（《头脑风暴》2007）

这个例子中的"我跟你讲"虽然也出现在话轮内部，但是与前面的小句联系紧密，而其后的小句由于与前面的小句不相干，所以话题转换了，却与前面的话题没有关联迹象。然而从前面较远的话轮可知，转换的话题实际上是旧话题的回归。听话人不会对所转话题感到突兀。

2）轮首功能分析

位于轮首的话语标记"我跟你讲"是对前一个或几个话轮所具有的话题的接续。按照话题顺接、话题逆接和话题转移三种功能进行判断和统计，数据见下表。

表3. 轮首主题接续方式分布表

话题接续方式	顺接	逆接	转移	合计
实例数量	44	9	7	60
所占份额	73%	15%	12%	100%

从表3来看，顺接功能依然是话语标记"我跟你讲"用于轮首时的主要功能，而话题逆接和话题转移两种功能也有一定数量的使用实例。比较表2和表3可知，轮首的用法整体上比轮内的用法稍微灵活一些。

245

上文的例（10）和例（11）就是顺接功能的用法。下面是话题逆接的例子：

（19）——主持人：戚老，我最后一个问题，刚才您说一个汇报的这么一个机制，这个汇报肯定是天上有东西的这些国家互相汇报，但是现在能做到这一点吗？

——戚发轫：**我跟你讲**，现在不是汇报，是叫预报，就像哪一天坏天了，今天要下雨了，我们现在空间的环境可以预报了，但是空间的碎片，现在应该说对一些个别的、重大的，我们现在可以做得到，但是天上成千上万，现在我们一个国家还是有困难的。（《新闻1＋1》2009）

例子中"我跟你讲"所接话题是对前一话轮中的话题"汇报"的否定。前一个话轮中主持人说"这个汇报……"，并顺着这个话题提问，而使用"我跟你讲"的戚发轫，不但没有直接回答问题，而且以否定来矫正话题"不是汇报，是叫预报"。再看话题转移的例子：

（20）——王小丫：对，这个时候我就不用去想着别的，再去做点别的兼职什么的，我就一门心思地扑在教育事业上了。

——陈伟鸿：**我跟你讲**，这个马校长在周部长面前有点紧张，所以他可能想到你这个想法，但不敢说，咱们在现场征集一个大胆的，真的说我的钱要花在哪儿呢？（《对话》2007）

本例和例（10）、例（19）不同。对话中陈伟鸿没有接着王小丫的话题"一门心思地扑在教育事业上"说下去，而是将话题转移到"马校长"身上。和例（17）一样，"我跟你讲"引起的话题转移也是有迹可循的，即话题定是基于前文语境而来，不会产生全新的话题。

例（19）的话轮接续中，前一话轮以问题结尾，后一话轮以"我跟你讲"接续。这种情况，在60个例子中就有16个，其中话题顺接的9个，话题逆接的4个，话题转移的3个。这说明，如果说话人甲在表示肯定意义时，接话者乙采用"我跟你讲"直接进行逆接或转移的情况很少。倒是说话人甲有疑问时，接话者乙处理的灵活性很高。

3）轮尾功能分析

246

用于轮尾的实例只有 4 个。"我跟你讲"置于轮尾,表示话语结束,其后无话,因此只与前面的话题有关系。产生关联的话题可能与"我跟你讲"在同一个话轮内,如已经提取的例(5),此时这个话语标记失去了语篇功能,只有人际功能。例(5)中,从语感和语气上判断,"我跟你讲"与后半句"马英九这个话,我觉得周美青要打他"联系更紧密。前半句间接引用马英九的话,而且有"马英九就说"这个发话人指向,因此"我跟你讲"就很难和这部分建立联系。像例(21)这样说话,从语感上不顺畅。如果"我跟你讲"是联系的本话轮前后话题的接续标记,则应该用于话轮内部,而不是话轮尾部,如例(22)。

(21)**我跟你讲**,马英九就说,不知道她有这么伟大的潜能,这样,甚至还说我三十年前娶对了人,马英九这个话,我觉得周美青要打他。(自拟)

(22)马英九就说,不知道她有这么伟大的潜能,这样,甚至还说我三十年前娶对了人,**我跟你讲**,马英九这个话,我觉得周美青要打他。(自拟)

例(22)中的"我跟你讲"处在话轮内部、前后半句中间,会有不同解读。因为前后半句不处在一个意群,"我跟你讲"要不就和"甚至还说我三十年前娶对了人"联系紧密,要不就和"马英九这个话,我觉得周美青要打他"联系紧密,语气上会有差异。后一种情况,和例(5)的功能相同。还有例(23)这种情况。

(23)马英九就说,不知道她有这么伟大的潜能,这样,甚至还说我三十年前娶对了人,马英九这个话,**我跟你讲**,我觉得周美青要打他。(自拟)

显然,这个用法在功能和语感上,与例(5)无差别,在语气和情感表现方面稍有不同。

包括例(12)在内的其余实例和例(5)不同,都体现着前后话轮话题的接续。再如:

(24)——观众:如果什么时候我觉得买的是自主品牌特有面子的时候,肯定是中国品牌最好的时候。

——李书福：很快，**我跟你讲**。(《对话》2009)

通过这两个实例可以判断，虽然"我跟你讲"用在了轮尾，但都顺接了上一个话轮的话题。这样使用此话语标记要求话轮的长度短，以便保持"我跟你讲"与话题联系的紧密性。

6.4.4.4　主观性分析

本节通过从语料库中提取使用实例进行分析统计，得到结论如下：字串"我跟你讲"以单独小句出现时是话语标记用法，并且只使用在口语对话之中；在整个话语标记体系中，话语标记"我跟你讲"排在第89位，使用相对比较活跃；在交际过程中，它经常出现在话轮轮首和话轮内部，很少使用在话轮尾部；在话题接续上，顺接功能是主要功能，话题逆接与话题转移居于次要地位。在研究过程中我们也发现，"我跟你讲"同与之相似的"我跟你说"存在差异，需待仔细分析，而其人际功能也值得我们进一步探索。

主观性是话语标记"我跟你讲"的重要方面。鉴于"我跟你讲"主要用于顺接话题，那么很明显，其在主观性体系中的模式维度上，就体现着顺承关系。从形式维度上看，它属于句子类型，是实意句子虚化后的结果。从关联维度上看，虽然它关联了谈话双方，但是其主要取向还是说话人自己"我"，是说话者自己提请对方注意，并加强后续内容的主观性。用了这个话语标记，主观性明显加强，因此它本身的主观性程度非常高。在类别维度上，主观情感倾向于欢喜，当然如果是上下级，有一种威严在里边。我们这里只采用上文设计的几种情感类型，而实际上情感类型要比目前所列要复杂得多。比如我们说悲伤，在目前我们的体系里边还没有。当然，情感实际上是太复杂了，还有各种情感交织的情况，比如有喜有悲、又喜又悲、惊喜交加，等等。甚至有时候会百感交集。因此，这里我们只能采用近似类型。对于"我跟你讲"，在使用这个话语标记时候，大多情况下，是心平气和的喜乐情感中进行的。当然这是针对这个话语标记的大多数情况下的。我们认为，仍然会有特殊情况存在。比如：

(25)　——A：我就是要这样子坐着，什么也不干，看谁能把我怎么样！

——B：(生气地说) **我跟你讲**，如果你再这样下去，咱们各走各的。(自拟)

从上例不难看出，这种情况的使用也是有的，它表示了一种愤怒的情感。只不过这不是该话语标记的主要功能而已。从主观倾向上看，"我跟你讲"表示的是正面的态度；从主观认知和主观猜测上看，它强调了自己主观上的真值和真意。在主观意愿方面，这个话语标记所表达的意愿，是强调后面的话语，因此，是一种积极主动的要求对方接受的情感态度。

6.5　本章小结

本章主要讨论了主观意义倾向的计算方法和实验研究，并基于浅层篇章结构对评论文的情感倾向进行了计算设计，同时进行了大量的实验进行实用化尝试，接着对新词语的发现方法进行了尝试，最后对话语标记的主观性进行的大胆探索。话语标记对计算口语的主观性至关重要。在我们的探索中，目前只论述了其本身的主观倾向性，进一步将其作为参数加入到口语对话的主观倾向性的计算中去，是下一步研究的重要任务。

第七章 展 望

本章内容提要：构建语体语料库，从中提取限定的话语标记，是本章的主要内容。其中涉及到语料的选择、语料库的规模、提取话语标记的实验、最后话语标记集合的获得。

7.1 工作总结

本研究首先对国内外话语标记研究的历史进行了详细的梳理，分析了以往研究的角度和方法，阐明了本研究的视角、目的和意义，并对研究方法进行构想。然后，论文简述了语体研究的过往，对专家学者争论的焦点——语体分类——进行了分析，总结了共识，为本文的语体选择找到了理论依据。接下来论文对话语标记的定义进行了详述，对各家观点进行了分析，在前人的基础上总结出话语标记的八大特性，给出了定义，并依据理论分析对本文研究的话语标记范围进行了界定。在提出话语标记依据语体分类的设想后，也对两种语体用话语标记的关系进行了预测，并依托前述理论开始构建两个语体语料库。为验证研究思路是否可行，及早发现问题、为后续的研究奠定基础，我们从两个 5.6 千万字的语料库中分别随机抽取出 1/10 语料来构成两个小型语料库进行试验。试验后，在所得数据基础上编制了话语标记过滤提取软件和实例提取软件，获得各个话语标记集及实例库，然后对两种语体用话语标记进行全面对比分析。最后通过计算得到带自身 DM 率和口语度的话语标记集合，并利用该集合对文本的语体进行测算，检验话语标记在语篇语体分类中的有效性。

本研究的另一个方面就是对话语标记的主观性进行分析判断和探索。话语标记对于说话人的主观性有重要体现，而且有的话语标记本身就是情感态度的表达。在前人的研究成果的基础上，我们构建了新的话语主观性的体系，并把该体系运用到语料库的标记中去，尝试着将情感分析自动化。为检验我们的设想，运用自编软件对评论性语篇进行整体主观倾向性分析,结果表明,我们的设计是有效的。另外,本文还尝试了新词语的发现,并对200个活跃的话语标记按照主观倾向性体现进行了标注和分析,并以独立小句"来"和"我跟你讲"为例予以说明。研究表明,主观倾向性体系完全可以运用到话语标记研究当中。

总结整个研究,具体成果有以下几个方面:

1)探索了新的研究模式。本研究一改以往对话语标记先分析性质、再进行分类、然后以举例的形式对几个话语标记进行功能分析的研究模式,在给定定义、限定研究范围之后,在大规模语料库中对所有的话语标记进行过滤提取。在得到所有话语标记后,反过来进行分类研究和功能标注。这种研究模式能对整个研究范围内话语标记的使用情况有全盘的认识和了解,从而能有效地看清规定语体内所使用的全部话语标记的特点。这种模式的建立,为以后其他语体的话语标记研究提供了参考。

2)拓宽了话语标记研究领域。对不同语体用话语标记进行对比研究是一个比较新的研究视角。以往人们认为,话语标记只是口语语体中才有的语言现象,很少有人从其他语体角度进行分析、研究和对比。本研究以语体理论和话语标记理论为支撑,构建了两个不同语体的语料库进行话语标记的全方位对比研究,检验前人的观点。为了能增加对比研究的科学性,在语体的选择、语体语料库的构建上都进行了严格限制。研究结果表明:话语标记并非只用在口语语体之中,其他语体中也存在着话语标记;两种语体间话语标记的使用是一种交叉关系,而非包含关系。整体上看,本研究拓宽了话语标记研究领域,为进一步多角度研究话语标记提供了依据。

3)总结了话语标记新特性并给话语标记进行语体分类。本研究通过观察提取到的话语标记,分析了话语标记具有的五个特性:开放性;创造性;多样性;模糊性;多功能性。话语标记不是一个封闭的集合;短小的话语标记可以组合使用,有的实意字串在特定条件下会转化为话语标记;话语标记符合原型理论,有原型和多个变体,并在一个家族内部具有家族相似性;话语标记在程序意义与概念意义上并不是完全对立的,之间存在模糊性;话语标记与功能间是多对多的关系,使用上比较复杂。在对语体用话语标记整体研究的基础上,本文尝试对话语标记进行语体分类。该分类第一层是语体,第二层是位置,第三层是功能。功能分类是在韩礼德的三大元功能基础上进行的,认为话语标记只具有语篇功能和人际功能。在语篇内，主要是话题的接续（包括顺接和逆接）、转移、来源和总结，人际上主要是从说话人角度分为话语分点、话语态度、话语角度、提请注意和思维过程。总之，话语标记的特性论述和语体分类是本研究的成果之一。

4）对两种语体用话语标记进行了全方位对比。语体的差异是由语言的使用造成的，而在语体形成之后又限制着语言的使用。本研究在全面提取两种语体用话语标记的基础上，考察了它们在话语标记种类、话语标记实例数量、话语标记功能类型、话语标记在位置上的分布这些方面上的差异，并从用字特色、所体现出的创造性和多样性上进行了对比。这种全方位对比研究，能使我们较全面地掌握话语标记所体现出来的语体特征，进一步了解语体对话语标记使用的归约限制作用。研究结果显示，大量的话语标记使用在隶属于口语语体的访谈对话文本之中，新闻独白中使用的种类数量远远低于访谈对话。在使用上，两种语体都倾向于使用短字串话语标记，这符合语言经济原则。从功能上说，新闻独白不使用思维过程功能类型的话语标记，这反映了新闻独白的书面语体色彩的本质。在位置上，访谈对话在话轮首位、内部和尾部话语标记使用上差异不大，新闻独白则表现出较大差异。

5）编制了可广泛应用的过滤提取程序和实例库构建程序。本研究首先编制了话语标记过滤提取程序并验证了其可行性。该程序考虑了话语标记的用字用词特征，并在研究的基础上可以进一步完善。这样，就为其他语体的话语标记研究提供了软件上的支持，为话语标记过滤提取实现全自动打下了基础。本研究还编制了话语标记实例库构建程序，对存在话语标记的句子、句群或段落，或存在话语标记的话轮进行一定范围的截取建库，并同时标明其位置、实例数和文件数。该程序也可以用于其他话语标记的实例提取建库中，也为以后的研究和应用提供了方便。

6）构建了两个语体语料库、一个话语标记种类库和一个话语标记实例库。两个语体语料库是本研究的基础，同时也可以用于其他方面的研究。两种语体用话语标记种类库和两种语体用话语标记实例库的建立也是本研究取得的重要成果。本文对比研究中所使用的所有数据都是来源于这两个库。话语标记种类库包含了形式上不同的所有话语标记，并对每一个话语标记都进行了兼类、功能总类、功能类型、位置数量的标注，统计了实例总数、文本数、各种功能的实例数和实例在位置上的分布。话语标记实例库是话语标记种类库中各种数据的来源，库中以格式化的形式提取了每一个话语标记的所有实例，同时注明了出处以便核对。另外，实例库中自动标注了位置类型和实例总数与文本总数。应该说，这两个库为本研究提供了数据，也对以后研究其他语体用话语标记具有重大应用价值。因为通过话语标记种类库，可以知道整个语言中话语标记大致有哪些，那么，我们就可以先直接检测现有话语标记，然后运用过滤提取程序寻找其他话语标记。

7）编制了以话语标记为参数的语体度测量软件。将研究成果用于对文本按语体自动分类是整个研究中的重要一环。在取得的话语标记集的基础上，本文计算了话语标记自身 DM 率、话语标记口语度、语体语篇话语标记平均密度，并用前两个参数建立公式然后应用到计算当中。经过封闭测试和开放测试的检验，证明软件效率和准确率都比较高，话语标记可以作为重要参数参与文本按语体自动聚类，同时也证明了本研究的实用价值。

8）构建了可以操作的语言主观倾向性的体系。主观倾向性本身非常复杂，不管是从系统选取的角度看还是从颗粒度来看，都很难把握。我们构建的体系，综合考虑了语言主观性的类别、程度、形式、成分、关联、模式六个维度，目前来看还是比较全面的。在每个维度下，又进行了进一步的类别划分，比如在类别维度下，划分了 6 个次类别。因此，该系统为以后的研究打下了坚实基础。同时，不仅仅针对本研究，对于语言主观倾向性的哲学建构也是大有裨益的。另外，如何根据具体的研究目标选择不同的颗粒度，比如程度维度的选择，本研究也提出了具体方案。

9）在本书中我们提出一种基于浅层篇章结构的评论文倾向性分析方法。方法的提出是由于汉语评论文的特点使得可以利用情感主题句表示其浅层篇章结构。该方法采用基于 n 元词语匹配的方法识别主题，通过对比与主题的语义相似度大小和进行主客观分类抽取出候选主题情感句，计算其中相似度最高的若干个句子的倾向性，将其平均值作为评论文的整体倾向性。基于浅层篇章结构的评论文倾向性分析方法避免了进行完全篇章结构分析，排除了与主题无关的主观性信息，实验结果表明，该方法准确率较高，切实可行。这个方法可以进一步应用到所有评论文中，甚至应用到网络的舆情监测上。

10）对 200 个活跃的话语标记进行了主观倾向性分析。这是将话语标记理论和主观倾向性理论相结合的初步探索。话语标记的性质决定了其自身的主观倾向，而其连接功能又限制了前后语句的主观倾向性的走向。我们的探索为进一步研究话语标记对整个句子或者话轮的主观倾向性的影响打下了基础。另外，本研究可以作为蓝本应用到整个话语标记体系中，对全部话语标记进行主观倾向性研究。200 个话语标记的主观倾向性又值得逐个仔细分析和研究，本书中的实例，就是这方面研究的大胆尝试。

11）本书还利用自编程序对词语新义的自动发现进行了研究。其原理就是利用词语的超常搭配，并通过模拟人在识别新义时的大脑反应。比如与动词的超常搭配可以计算出其新义的度值。这项研究为进一步研究句子的主观倾向性提供了准确性保障。如果不知道新义，如何能判定一个句子的主观倾向性呢？也只有理解了句子的意义，并判定了整体倾向程度，才能最终得到句子和篇章的倾向性。

7.2 应用价值

如果说研究是手段，那么应用就是目的。把取得的成果应用到实践当中，是本研究从最开始就一直考虑的问题。除了构建的语体语料库可以用于其他研究应用之外，我们取得的话语标记种类库和实例库，也为进一步应用提供了基础。文本按语体自动分类本就是将成果进行实践应用的一个例子。此外，几个编制好的程序也可以用到具体的实践当中。下面我们从自然语言处理和第二语言教学两个角度来探讨本研究的应用价值。

在自然语言处理上，不管是自然语言理解还是自然语言生成，话语标记都起着举足轻重的作用。早期在自然语言处理中对话语标记应用是很少的。比如说最初的图灵测试曾有这样的对话设计：

（1）问：请给我写出有关"第四号桥"主题的十四行诗。

答：不要问我这道题，我从来不会写诗。

问：34957 加 70764 等于多少？

答：（停 30 秒后）105721。

问：你会下国际象棋吗？

答：是的。

问：我在我的 K1 处有棋子 K；你仅在 K6 处有棋子 K，在 R1 处有棋子 R。现在轮到你走,你应该下那步棋?

答:(**停 15 秒钟后**)棋子 R 走到 R8 处,将军!

(以上语料取自冯志伟先生《自然语言处理》课程讲义)

对话中我们发现有两处非常关键的地方,一处是停顿 30 秒,一处停顿 15 秒。应该说,在现实的对话中,是不会存在答话人连句话都没有就让问话人这样长时间等待的,除非问话人知道答话人在现实语境中立刻转身去用笔计算,或者立刻拿出棋盘来摆弄棋子进行实际模拟。这里如果加上我们统计出的最常用的思维过程功能类型的话语标记就会好得多。比如:

(2)问:34957 加 70764 等于多少?

答:**嗯,这个,我想的话**,嗯,(稍停)105721。

问:我在我的 K1 处有棋子 K;你仅在 K6 处有棋子 K,在 R1 处有棋子 R。现在轮到你走,你应该下那步棋?

答:**嗯,我想的话**,呃,棋子 R 走到 R8 处,将军!

在添加了话语标记之后再看可知其中变化:一个是谈话交际不会立刻中断,使问话人知道"我"在思考;一个是话语更具人性,语言显得更亲切自然。本例体现了自然语言生成中合理选用话语标记的重要性,而本研究为这样的话语生成提供了可能性。各种话语标记的选择,在给定语体、前言后语的逻辑关系或者所需话语标记的功能后,完全可以在本研究构建的话语标记种类库中寻找,然后匹配。当然这需要对思维过程功能类型的话语标记进一步细致研究,比如说语音层面。但不管怎么说,本研究已经为这种应用打下了基础。

在自然语言理解方面,话语标记的处理也有一定价值。比如下面这个例子这个例子选自宗成庆先生在 2010 年北京语言大学举办的语言信息处理与汉语知识研讨会上宣读的报告《自动化所近期相关研究进展》。实例中,如果不对口语中出现的各种话语标记进行预处理,那么翻译出来的句子很不容易理解,比如第一句。在经过预处理之后,句式简明,每一句的基本意也没有丢失,翻译出来的句子质量明显提高,向实用迈出了重要一步。但是不难发现,经过预处理的句子还是多少有些丢失了许多自然语言中应有的意义。比如两个"啊"的使用。第一个"啊"表示一种肯定态度，意思相当于"我明白了"，译成英语相当于"I see"。第二个"啊"表示一种犹豫态度，或者是一种思维过程，英语中最常用的是"ehn"。但由于在预处理阶段去掉了这些标记，那么这种意思就在译文中反映不出来了。反之，如果在翻译中加上这些英语对应话语标记的译文，会使得翻译的语言更自然。本研究也为这样的应用提供了基础。因为要完成自然口语的真实对译，话语标记的理解与翻译是必不可少的。这样就要知道每种话语标记的功能和逻辑意义，以及该话语标记在另一种语言中是否存在着对应表达。本研究提供了话语标记功能类型表，而且研究模式也完全可以应用到外语中的话语标记研究，提取某种外语中一定范围内的所有话语标记，然后进行对比，最终实现对译。即使在汉语内部的处理上，本研究成果也是十分有用的。汉语口语中充斥着大量话语标记，临时拼凑的也时常出现。如何对这些话语标记进行判断，最后对功能进行定性，这些都是本研究中所涉及的话题，并为完成这些任务铺平了道路。

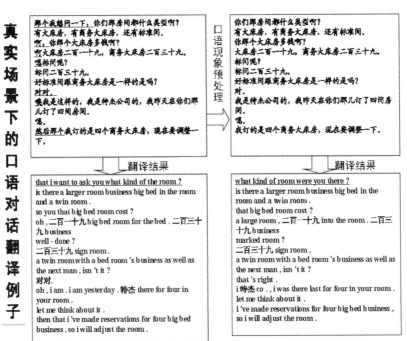

以上都是我们在自然语言处理中对本研究成果如何应用的构想，更多展望请参考本章最后一节。

而主观倾向性研究这些内容，为语篇情感计算奠定了基础。像"这个东西很漂亮"之类的句子，计算其情感将为分析句子的真正意义和真正意图就成为可能。主观倾向性的计算中，主要难度在于类别上。如果我们能从人脸识别上判断一个人的喜怒哀乐，那么根据语言的用词用语去判断就成了重要辅助手段。本研究的重要意义那么就在于为情感判断提供了可能。

在第二语言教学上，本研究也可以为话语标记学习与教学做出指导。

在教学内容上，我们的研究提供了可靠的教学内容参照表。既然话语标记是句子与句子之间、句群与句群之间、段落与段落（话轮与话轮）之间、章节与章节之间、话语与思维之间、甚至思维与语境之间关系纽带的外显表达，那么掌握话语标记就是一个人理解话语意义和说话人意图必不可少的学习内容。学习内容的确定是第一步。本研究成果就为这项学习和教学提供了重要数据。首先，话语标记类型表给出了口语中出现的一些重要话语标记，这样，汉语教学就有一个可参考的范围；其次实例库可以用来在教学中进行实例分析研究，或者让同学们去演练实践，以提高教学效率；还有就是应用话语标记提取程序和两个语料库，去查找超过本文限定范围的话语标记，也可以直接使用该程序在语料库中检索并提取例句。

在教学安排上，本研究也提供了重要信息。比如在第五章中，本文曾从覆盖率的角度对比分析了两种语体用话语标记的差异。从研究结果看，话语标记的活跃程度是不一样的。因此在第二语言教学上，应该首先讲授那些活跃程度比较高的话语标记。这样安排教学，很容易使学生们提高理解力，在实践中广泛应用，回过头来又刺激学习兴趣，能达到事半功倍的效果。另外，本研究也表明，那些单纯话语标记容易理解也容易记忆，在活跃度优先的基础上，首先安排讲授单纯话语标记符合认知规律。另外，根据本研究成果，我们也很容易找到话语标记教学的难点所在，那就是多兼话语标记——既有多种功能又有时候做话语标记有时候不做话语标记。对于这类话语标记，教学中可以结合实例库，反复的讲解其功能用法，并可以追回到原文中去寻找大语境帮助学生掌握其用法。

另外，由于本研究是从语体角度着手的，那么在教学上就要区分口语话语标记和书面话语标记教学。教学时可以考虑先讲授共用话语标记，这样学生们先掌握通用的话语标记。然后，在教学过程中开始有意识的给学生们对话语标记进行语体区分。同时，口语语体用话语标记可以在口语和听力教学中讲解和使用并反复操练，书面语体用的可以在阅读和写作过程中予以例示说明并进行实践练习。这种有意识的区分教学对学生的听说读写会帮助极大，因为话语标记与语境相连，激活认知语境自然会对语言的输入和理解起到重要的辅助作用。此外，有效的按语体掌握话语标记之后，学生就不会说话时像机器人一样一句一顿晦涩难懂，写作时又是满篇大白话没有深度令人啼笑皆非。

当然针对话语标记在教学中最难的，也可能是自然语言处理中最难的，就是教会学生创造性的使用话语标记，并能理解别人创造的话语标记。本论文中也探讨了话语标记创造性的问题，但由于这个问题并不是本研究的重点，所以并没有展开。但是，这个问题是应该受到重视的。比如：

（3）A：**但是这个我跟你怎么说呢**，我吧还是比较痛恨那些无赖的。

B：你跟我说哪个啊？另外，你怎么跟我说是你自己的事情，我怎么知道？

在 A 使用了这个随机创造的话语标记后，如果听话人不理解，很难说不会产生 B 这样的回答，那么交际就失败了。如果要完成交际，必须让学生掌握创造规律：哪些话语标记可以组合，哪些又不可以轻易组合。比如：

（4）我原来计划今天去国家图书馆的，**那么但是**，由于有朋友来，就没有去。

像例（4）这样的两个话语标记用在一起，显然是不能接受的。

本研究指明了体现话语标记创造性的几个方面，并把最基础的话语标记都提取了出来，如果能进一步研究其组合规律和韵律模式，必将大幅提升学生理解和使用临时创造的话语标记能力。

教学中对话语主观倾向性的培养是重要的一个方面，特别是在对外汉语教学中。一个学习汉语的人，不能只停留在字面的意思之上。学习外语，就必须懂得话语背后的弦外之音。主观倾向蕴含在话语之中，有时候就成了一种弦外之音。喜欢的倾向就是通过词汇的选择而表达出来的。当然，表达某种倾向，可选词汇非常的多，体会这些词语的倾向性，对形成良好的语感帮助非常大。

当然，这需要对主观倾向性随时都有良好的把握。而且这种培养应该是伴随着意义学习的。教师随时运用本书中的相应理论去教学，必能起到事半功倍的效果。

7.3　不足与差距

本研究是选择新闻独白语料和访谈对话语料来进行对比研究。虽然新闻独白隶属于书面语体，访谈对话隶属于口语语体，但毕竟都是比较特殊的语体类型。这两种语体在多大程度上代表了普遍认同的书面语体和口语语体本身就是一个很难解决、不容易说清的问题。因此，本研究中话语标记语体分类、语体间话语标记集合关系能否应用到其他语体之间，或者全面推及到书面语体和口语语体之上，对此我们是没有把握的。我们只能说，本研究一定程度的反映了语体间话语标记使用的特点。

其次，为增加两种语体的可比性，本文在语料库的建设上是以《新闻联播》和《鲁豫有约》为样本进行选材的。我们也知道，如果只使用这两个栏目的语料应该是最好的，但是为保证语料有一定规模，我们就必须去遴选和这两个栏目语体色彩相近的栏目语料加以补充，这势必造成语料在纯度上有偏差，从而影响我们的对比精度。

另外，研究中对语料的处理采用的是用正则表达式进行匹配选取或剔除的方法，并且为了保证语料的纯净，本文还以栏目为单元大致考察了文本转写模式并进行处理。但是由于各个栏目甚至各期节目文本转写时采用的方法大相径庭，有的开头结尾都不一致，这样在语料过滤提取后就会有杂质残留。这就迫使我们在后续工作中予以尽量化解，从而增加了工作量。

还有就是，情感有时候从词语表面很难判断。丢失了语气和语音语调的词语，有时候会发生情感偏离。更难的，可能就是修辞手段的使用，或者反讽、反语等等，这就是目前只从词汇角度去判断主观倾向性所不能达到的了。

最后，本研究方法上虽然采用了计算机辅助形式，但实际人工工作量还是巨大的，这就要求我们将来进一步研究开发话语标记全自动提取程序，以提高工作效率。

7.4 工作展望

话语标记是具有独立韵律的单位，主要在语用层面起作用，体现了语体特征。本文从语体角度对话语标记进行计量研究，并应用到语体度的计算和文本聚类上。从计算语言学的其它角度来看，下一步的研究工作包括：

首先，构建话语标记的语音模型，即对每一个话语标记的语音韵律模式进行研究，同那些不做话语标记时的情况和模式进行对比，建立话语标记语音韵律库。这个库的建立，将有助于语音识别和语音合成，使机器能进一步"说人话、懂人语"。

其次，构建话语标记的分词标注单位。话语标记形式上比较固定，在其存在的句内不做成分。就分词标注、语法成分标注甚至语法分析而言，把话语标记看成一个整体并在语法层面独立出来，将有助于增进语法分析精度，提高机器翻译质量。

再次，构建话语标记的链接结构关系框架。话语标记在语篇层面上的功能，主要在语篇的连贯性和整体性上。语篇中，前言与后语之间的关系（起承转合等）、说话者与所说话语的关系（观点、态度等）、话语和语境的关系（人际关系等）的体现，也靠话语标记。因此，该框架的建立将有助于计算语言学中的语篇理解、生成，观点评价及连贯性测评。

其他也较有价值的研究领域包括：

1）话语标记与修辞结构理论及语篇结构的自动标注

2）话语标记的功能类型的自动判定；

3）话语标记在话语情感自动分析中的连接模式研究。

计算语言学之外的其它方面，本文认为，未来的研究还可以在以下领域深入展开：

一是各语言间话语标记使用的对比研究。语言间的差异表现在概念和对概念的表达上，当然也表现在话语标记的使用上。比如日语中的"あの/あのさ"：

（5）**あのさ**、なんかお前と一緒にこうやって天井見るの好きなんだ

よな。(【日本电台倾听】世界末日前夜)

在汉语中,我们有具有相同功能的话语标记"那个":

(6)陈:**那个**,几乎所有有点能力的中学都办了补习班。

但是在英语中,我们找不到功能对应的话语标记。再比如汉语中常用作缓和语气的话语标记"对吧",英语中有相同功能做话语标记的"right",在日语中没有对应的形式。

(7)谭先生:这其实是很挑战性的话。对,其实他在挑战我,我到底怎么看他,**对吧**。那我的回答是我说,是的,我会非常难受……

(8)Neo:You're the Oracle?
Oracle:Bingo. Not quite what you were expecting,**right**?(美国俚语网)

那么,不同语言间在话语标记使用的种类上,到底存在什么样的差别?相同语境下,会否都使用话语标记?使用的量上又有什么不同?这些都是很有价值的研究课题。

二是方言间以及方言内部的话语标记研究。话语标记的使用,或多或少的带有个人或地域色彩,方言之间的差别也会体现在话语标记的使用上。如北方方言中的"我说":

(9)**我说**咱们能不能快点,不抓紧赶不上火车了。

在廉江方言中很少用"我说"这个话语标记,而是使用"讲"来完成这个功能:

(10)(听完局长诉苦后说)**讲**李局啊,你辛苦无辛苦我无知。(林华勇、马喆,2007)

再比如在安徽蒙城方言中,常用"可是的"做应声话语标记,以表示听话人在注意倾听，在别的方言中很少见。

（11）我今个碰到一个老同学喽。——**可是的**。——那个同学变老了。——**可是的**。（胡利华，2008）

那么，哪些话语标记是全民族通用的？哪些不是？通用程度如何？各个方言内部又都有哪些话语标记？有交集吗？这些课题也值得我们去大力发掘和研究。

总的来看，话语标记的研究目前呈如火如荼之势，国内外话语标记的研究热潮一浪高过一浪，研究也走向了多角度、跨学科，研究领域从语言学扩展到其他外国语、文学、文化科教、哲学宗教、政治法律，研究队伍也不断壮大。随着研究进一步展开，对话语标记的认识会愈加深化。总之，话语标记研究方兴未艾，前景一片广阔。人们对于语言表达主观性的形式、方式、机制、规律、特点、差异等方方面面的问题所知尚浅，认识仍待深入。比如，语言中主观性表达的分布状况如何，各级语言单位在表达主观性上分别具有怎样的特点和规律，不同语言或同一语言的不同文体在表达主观性时有何差异，等等。对这些问题的回答和解决都有赖于对大量真实文本的有效统计和分析，本文的工作有望为这些研究提供一定的帮助，从而共同推动领域研究的发展。

参考文献

［1］ Andrei Popescu – Belis & Sandrine Zufferey. 2006. Automatic Identification of Discourse Markers in Multiparty Dialogues ［A］, ISSCO Working Paper 6.

［2］ B. Pang, L. Lee, and S. Vaithyanathan. 2002. Thumbs up? Sentiment Classification using Machine Learning Techniques ［A］. In：Proceedings of EMNLP – 02, the Conference on Empirical Methods in Natural Language Processing ［C］. Philadelphia, USA：79 – 86.

［3］ Blakemore, D. 1987. Semantic Constraints on Relevance ［M］. Oxford：Blackwell.

［4］ Blakemore, D. 1992. Understanding Utterances ［M］. Oxford：Blackwell.

［5］ Blakemore, D. 2002. Relevance and Linguistic Meaning：The semantics and pragmatics of discourse markers ［M］. Cambridge：Cambridge University Press.

［6］ Blakemore, D. 2002. Relevance and Linguistic Meaning：The semantics and pragmatics of discourse markers ［M］. Cambridge：Cambridge University Press.

［7］ Brinton, J. L. 1996. Pragmatic Markers in English：Grammaticalization and Discourse Functions ［M］. Berlin：Mouton de Gruyter.

［8］ Briton, Laural J. Pragmatic Markers in English：Grammaticalization and Disourse Functions ［M］. New York：Mouton de Gruyter, 1996.

［9］ C. Wang, J. Lu, G. Zhang. 2005. A semantic classification approach for online Product reviews ［A］. In：Proceedings of the 2005 IEEE/WIC/ACM International Conference on web intelligence ［C］. Hongkong, China：276 – 279.

［10］ Chalker,S. 2001. 连词［M］. 刘万存译. 北京：外文出版社

［11］ Clark, H. & Fox Tree, J. 2002. Using uh and um in Spontaneous Speaking ［J］. Cognition（1）

［12］ Ding, X., Liu, B. and Yu, P. S. 2008. A holistic lexicon – based approach to opinion mining ［A］. Proceedings of the international conference on Web search and web data mining（WSDM' 08）. NY, USA：231 – 240.

［13］ Erman, B. 1987. Pragmatic Expressions in English：A Study of you know, you see and I mean in Face – to – face Conversation ［M］. Stockholm：Almqvist and Wiksell.

［14］ Fischer, K. 2006. Approaches to Discourse Particles ［M］. Amsterdam：Elsevier Science.

［15］ Fox Tree, J. 2001. Listeners' Uses of um and uh in Speech Comprehension ［J］.

Memory and Cognition（2）．

［16］ Fraser，B. 1987. Pragmatic formatives［A］．Verschueren，J. and Bertuccelli‐Papi，M. The Pragmatic Perspective［C］．Amsterdam：Benjamins. Pp179‐194.

［17］ Fraser，B. 1988. Types of English Disxouirse Markers［J］．Acta Linguistica Hungarica 38（1‐4）：19‐33.

［18］ Fraser，B. 1990. An Approach to Discourse Markers［J］．Journal of Pragmatics. 14（3）：219‐236.

［19］ Fraser，B. 1996. Pragmatic Markers［J］．Pragmatics 6（2）．

［20］ Fraser，B. 1997. Contrastive Discourse Markers in English［A］．Ziv，Y. and Jucker，A. Pramatics and beyond：Discourse Markers［C］．Amsterdam：Benjamins.

［21］ Fraser，B. 1999. What Are Discourse Markers［J］．Journal of Pragmatics 31（7）：931‐952.

［22］ Fries，C. C. 1952. The Structure of English［M］．New York：Harcourt Brace.

［23］ González，Montserrat. 2004. Pragmatic Markers in Oral Narrative：the Case of English and Catalan［M］．Amsterdam：John Benjamins Publishing Co.

［24］ H. Yu and V. Hatzivassiloglou. 2003. Towards Answering Opinion Questions：Separating Facts from Opinions and Identifying the Polarity of Opinion Sentences［A］．In：M. Collins and M. Steedman（eds）：Proceedings of EMNLP‐03，8th Conference on Empirical Methods in Natural Language Processing［C］．Sapporo，Japan：129‐136.

［25］ Halliday，M. A. K. & Hasan，R. 1976. Cohesion in English［M］．London：Longman.

［26］ Halliday，M. A. K.，2000，An Introduction to Functional Grammar［M］．Beijing：Foreign Language Teaching and Research Press.

［27］ Hatzivassiloglou，V. and McKeown，K. R. 1997. Predicting the Semantic Orientation of Adjectives［A］．Proceedings of the 35th Annual Meeting of the Association for Computational Linguistics. Madrid，Spain：174‐181.

［28］ Heeman，P. A. & Allan，J. F. 1999. Speech Repairs，Intonational Phrases and Discourse Markers：Modeling Speakers Utterances in Spoken Dialogue［J］．Computational Linguistics 25（4）：1‐45.

［29］ Hirschberg，J. & Litman，D. 1993. Empirical Studies on the Disambiguation of Cue Phrases［J］．Computational Linguistics 19（3）：501‐530.

［30］ Hölker，K. 1991. Französisch：Partikelforschung［Research on French particles］．Lexikon der Romanistischen Linguistik［Lexicon of Romance Linguistics］，6 Tübingen：Niemeyer：77‐88.

［31］ J. Wiebe，E. Riloff. 2005. Creating Subjective and Objective Sentence Classifiers from Unannotated Text［A］．In：Proceedings of CICLING［C］，Mexico City，Mexico：486‐497.

［32］ J. Wiebe. 2000. Learning subjective adjectives from corpora ［A］. In： Proceeding of the 17th National Conference on Artificial intelligence. Menlo Park ［C］. Calif. AAAI Press：735 − 740.

［33］ J. Yi, T. Nasukawa, R. Bunescu, and W. Niblack. 2003. Sentiment Analyzer：Extracting Sentiments about a Given Topic using Natural Language Processing Techniques ［A］. In：Proceedings of the 3rd IEEE International Conference on Data Mining （ICDM − 2003） ［C］. Melbourne, Florida：427 − 434.

［34］ Jucker, Andreas H. & Ziv, Y. 1998. Discourse Markers ［M］. Amsterdam： John Benjamins Publishing Company.

［35］ Jucker, Andreas H. 1993. The Discourse Marker well： A Relevance − theoretical Account ［J］. Journal of Pragmatics 19.

［36］ Kim, S. − M. and Hovy, E. 2004. Determining the Sentiment of Opinions ［C］ // Proceedings of the COLING Conference 2004, Geneva：1367 − 1373.

［37］ Knott, A. & Dale, R. 1994. Using Linguistic Phenomena to Motivate a Set of Coherence Relations ［J］. Discourse Processes 18 （1）.

［38］ Leech, G. 1993. Corpus annotation schemes, Literary and Linguistic Computing, 8 （4）：275 − 81.

［39］ Lenk, U. 1998. Discourse Markers and Global Coherence in Conversation ［J］. Journal of Pragmatics 30：245 − 257.

［40］ Levinson, S. C. 1983. Pragmatics ［M］. Cambridge：Cambridge University Press.

［41］ Litman, D. 1996. Cue Phrase Classification Using Machine Learning ［J］. Journal of Article Intelligence Research 5：53 − 94.

［42］ Lun − Wei Ku, Tung − Ho Wu, L − i Ying Lee and Hsin − His Chen. 2005. Construction of an Evaluation Corpus for Opinion Extraction ［C］ //Proceedings of NTCIR − 5 Workshop Meeting, Tokyo, Japan.

［43］ M. Hu, B. Liu. 2004. Mining and summarizing customer reviews ［A］. In Proceedings of the 10th ACM SIGKDD ［C］. Seattle, USA：168 − 177.

［44］ Martin, J. R. 2000. Beyond Exchange：APPRAISAL Systems in English ［C］, in Evaluation in Text, Hunston, S. & Thompson, G. （eds）, Oxford：Oxford University Press：142 − 175.

［45］ Martin,J. R. and White, P. R. R. 2005. The Language of Evaluation：Appraisal in English ［M］, New York：Palgrave Macmillan.

［46］ McCarthy, J. 1993. Notes on Formalizing Context ［J］. In IJCAI, Pp555 − 562.

［47］ Noriko O. Onodera. 2004. Japanese Discourse Markers ［M］. Aoyama Gakuin University.

［48］ Osgood,C. E., G. J. Suci, and P. H. Tannenbaum. 1957. The Measurement of Meaning. Urbana：University of Illinois Press.

［49］ Ostman, J. O. 1982. The Symbiotic Relationship between Pragmatic Particles and Impromptu Speech ［A］. Enksvst, N. Impromptu Speech: A Symposium ［C］. Abo: Abo Akademi. Pp 147 – 177.

［50］ Ostman, J. O. 1995. Pragmatic Particles Twenty Years after ［A］. In: B Warvik et al. , Organization in Discourse ［C］: Proceedings from the Turku Conference, Anglicana Turkuensia 14.

［51］ P. D. Turney. 2002. Thumbs Up or Thumbs Down? Semantic Orientation Applied to Unsupervised Classification of Reviews ［A］. In: Proceedings of ACL – 02, 40th Annual Meeting of the Association for Computational Linguistics ［C］. USA: 417 – 424.

［52］ Pang, B. and Lee, L. 2005. Seeing stars: Exploiting class relationships for sentiment categorization with respect to rating scales ［A］. Proceedings of ACL 2005. Ann Arbor, MI, USA: 115 – 124.

［53］ Polanyi, L. & Scha, R. 1983. The Syntax of Discourse ［J］. Text 3: pp. 261 – 270.

［54］ Quirk, R. , Greenbaum, S. , Leech, G. and Svartvik, J. 1985. A Comprehensive Grammar of the English Language ［M］. London: Longman.

［55］ Read, J. , Hope, D. and Carroll, J. 2007. Annotating expressions of appraisal in English ［A］. Proceedings of Linguistic Annotation Workshop, ACL 2007. Prague, Czech: 93 – 100.

［56］ Redeker, G. 1990. Ideational and Pragmatic Markers of Discourse Structure ［J］. Journal of Pragmatics 14.

［57］ Redeker,G. 1991. Review article: Linguistic Markers of Discourse Structure ［J］. Linguistics 29 (6) .

［58］ S. – M. Kim and E. Hovy. 2004. Determining the Sentiment of Opinions ［A］. In: Proceedings of COLING – 04, the Conference on Computational Linguistics (COLING – 2004) ［C］. Geneva, Switzerland: 1367 – 1373.

［59］ Schiffrin, D. 1987. Discourse Markers ［M］. Cambridge University Press.

［60］ Schourup, L. 1999. Discourse Markers ［J］. Lingua (107): 230 – 234.

［61］ Schourup, L. 2004. Lookit and the history of look – forms ［A］. Kageyama, T. & Kishimoto, H. Nihonga no Bunseki to Gengo Ruikei ［C］. Tokyo: Kuroshio Press: 543 – 558.

［62］ Schwartz, R. L. , Phoenix, T. & Foy, B. D. 2008. Learning Perl (Fifth Edition) ［M］. New York: O' Reilly Media, Inc.

［63］ Siegel, E. V. & McKeown, K. R. 1994. Emergent Linguistic Rules from Inducing Decision Trees: Disambiguating Discourse Clue Words ［A］. The Proceedings of AAAI 1994 (12th National Conference on Articial Intelligence) . Vol. 1. ［C］. AAAI Press, Seattle, WA: 820 – 826.

〔64〕 Simone Müller. 2005. Discourse Markers in Native and Non‐native English Discourse 〔M〕. Amsterdam：John Benjamins Publishing Company.

〔65〕 Taboada，M. and Grieve，J. 2004. Analyzing Appraisal Automatically 〔A〕//Proceedings of American Association for Artificial Intelligence Spring Symposium on Exploring Attitude and Affect in Text，Stanford，USA：158－161.

〔66〕 Taboada，M.，Brooke，J.，et al. 2011. Lexicon‐Based Methods for Sentiment Analysis 〔J〕. Computational Linguistics，37（2）：267－307.

〔67〕 Talmy，L. 1985. Lexicalization Patterns：Semantic Structure in Lexical Forms 〔A〕. In：T. Shopen（ed.）. Language Typology and Syntactic Description 〔C〕，Vol. Ⅲ：Grammatical Categories and the Lexicon. Cambridge：Cambridge University Press.

〔68〕 Talmy，L. 2010. Ten Lectures on Cognitive Semantics 〔M〕. 北京：外语教学与研究出版社。

〔69〕 Travis，Catherine E. 2005. Discourse Markers in Colombian Spanish：a study in polysemy 〔M〕. Berlin：Mouton de Gruyter.

〔70〕 TSou，B.（邹嘉彦），et al. 2005. Polarity classification of celebrity coverage in the Chinese Press 〔A〕. Proceedings of the 2005 International Conference on Intelligence Analysis. Pp. 137－142.

〔71〕 Turney，P. D. 2002. Thumbs up or thumbs down? Semantic orientation applied to unsupervised classification of reviews 〔A〕. Proceedings of the 40th Annual Meeting of the Association for Computational Linguistics. Pp. 417－424.

〔72〕 Urgelles‐Col，M. 2010. The Syntax and Semantics of Discourse Markers 〔M〕. London：Continuum.

〔73〕 Wiebe，J.，Wilson，T. and Cardie，C. 2005. Annotating expressions of opinions and emotions in language 〔J〕. Language Resources and Evaluation，39（2－3）：165－210.

〔74〕 Wiebe，J.，Wilson，T.，and Cardie，C. 2005. Annotating expressions of opinions and emotions in language 〔J〕. Language Resources and Evaluation39（2－3）：165－210.

〔75〕 Wierzbicka，A. 1992. The Semantics of Interjection 〔J〕. Journal of Pragmatics 18.

〔76〕 Wilson，T.，Wiebe，J. and Hwa，R. 2004. Just how mad are you? Finding strong and weak opinion clauses 〔A〕. Proceedings of the 19th national conference on Artifical intelligence（AAAI 2004）. San Jose，CA，USA：761－769.

〔77〕 安娜，2008，基于传媒语言语料库的话语标记研究 〔D〕，中国传媒大学博士学位论文。

〔78〕 蔡玮，2010，新"新闻语体"研究 〔M〕，上海：学林出版社。

〔79〕 曹国军，2004，当代汉语中的旧词新义现象论略 〔J〕，《语文学刊》第6期。

〔80〕 曾传禄，2008，也谈"V来V去"格式及其语法化 〔J〕，《语言教学与研究》第6期。

[81] 曾昭聪，2011，汉语词源学史研究的方法问题［J］，《烟台大学学报》（哲学社会科学版）第 3 期。

[82] 陈安慧，2007，话语标记语 so 的语用功能辨析［J］，《科教文汇》7 月中旬刊。

[83] 陈昌来，2011，由代动词"来"构成的述宾短语及数量词的功能［J］，《河南大学学报》（社会科学版）第 1 期。

[84] 陈丽君，2010，话语标记"我给你说"的演变过程［J］，《浙江师范大学学报》（社会科学版）第 6 期。

[85] 陈满华，2010，"X 哪来的？"和"哪来的 X？"的构式差异及相关问题［J］，《汉语学习》第 1 期。

[86] 陈望道，2008，修辞学发凡［M］，上海：复旦大学出版社。

[87] 陈晓蕾，2010，"人称代词 + 来 2 + V（P）"构式语义分析——以"我来 2V（P）"为例［J］，《云南师范大学学报》（对外汉语教学与研究版）第 3 期。

[88] 陈新仁，2002，从话语标记看首词重复的含义解读［J］，《解放军外国语学院学报》第 3 期。

[89] 陈颖，2008，现代汉语传信范畴研究［D］，南京师范大学博士学位论文。

[90] 陈忠，2007，复合趋向补语中"来/去"的句法分布顺序及其理据［J］，《当代语言学》第 1 期。

[91] 崔晓玲，2013，基于汉语网络新闻评论的情感语料库标注研究［J］，《北京邮电大学学报》（社会科学版）第 6 期。

[92] 党蕾、张蕾，2010，一种基于知网的中文句子情感倾向判别方法。《计算机应用研究》第 4 期。

[93] 邓骏捷，2000，语体分类新论［J］，《修辞学习》第 3 期。

[94] 丁金国，2009，基于语料库的语体风格研究——兼论量化与质化的关系［J］，《烟台大学学报》（哲学社会科学版）第 2 期。

[95] 丁金国，2009，语体风格分析纲要［M］，广州：暨南大学出版社。

[96] 董秀芳，2007，汉语书面语中的话语标记"只见"［J］，《南开语言学刊》第 2 期。

[97] 董秀芳，2010，来源于完整小句的话语标记"我告诉你"［J］，《语言科学》第 3 期。

[98] 方梅，2000，自然口语中弱化连词的话语标记功能［J］，《中国语文》第 5 期。

[99] 冯光武，2004，汉语语用标记语的语义、语用分析［J］，《现代外语》第 1 期。

[100] 冯光武，2005，语用标记语和语义/语用界面［J］，《外语学刊》第 3 期。

[101] 干敏，2012，作为话语标记的"我跟你说"［J］，《文学教育》（上）第 3 期。

[102] 高华，2009，"好不好"附加问的话语情态研究［J］，《深圳大学学报》（人文社会科学版）第 4 期。

[103] 高维军、姚天顺、黎邦洋、陈伟光、邹嘉彦，2000，机器学习在汉语关联词语识别中的应用［J］，《中文信息学报》第 3 期。

[104] 龚玲莉，2008，基于语料库的中国学生使用话语标记 well 的跟踪调查［J］，

《合肥工业大学学报》（社会科学版）第 6 期。

［105］郭风岚，2009，北京话语标记"这个"、"那个"的社会语言学分析［J］，《中国语文》第 5 期。

［106］郝琳，2009，语用标记语"不是我说你"［J］，《汉语学习》第 6 期。

［107］何自然，2006，认知语用学［M］，上海：上海外语教育出版社。

［108］何自然、莫爱萍，2002，话语标记语与语言使用的照应［J］，《广东外语外贸大学学报》第 1 期。

［109］何自然、冉永平，1999，话语联系语的语用制约性［J］，《外语教学与研究》第 3 期。

［110］衡仁权，2005，话语标记与 and 在会话互动中的语用功能［J］，《山东外语教学》第 4 期。

［111］侯国金，2012，"来"的语用化刍议［J］，《外国语文》第 4 期。

［112］侯敏，2010，语言资源建设与语言生活监测相关术语简介［J］，《术语标准化与信息技术》第 2 期。

［113］侯敏等，2006，传媒有声语言语料加工体系研究［R］，中国传媒大学 211 工程项目。

［114］胡利华，2008，安徽蒙城方言的"可"字句［J］，《方言》第 3 期。

［115］胡裕树，1995，现代汉语［M］，上海：上海教育出版社。

［116］胡壮麟，2004，认知隐喻学［M］，北京：北京大学出版社。

［117］黄大网，2001a，话语标记研究综述［J］，《福建外语》第 1 期。

［118］黄大网，2001b，《语用学》杂志话语标记专辑（1998）介绍［J］，《当代语言学》第 2 期。

［119］黄国文，1988，语篇分析概要［M］，长沙：湖南教育出版社。

［120］黄伟、刘海涛，2009，汉语语体的计量特征在文本聚类中的应用［J］，《计算机工程与应用》第 29 期。

［121］贾自艳、史忠植，2004，基于概率统计技术和规则方法的新词发现［J］，《计算机工程》第 20 期。

［122］阚明刚，2011，几个语体参数的定量对比研究［J］，《语文学刊》第 9 期。

［123］阚明刚，2012a，话语标记的计量研究与自动过滤提取［J］，《计算机工程与应用》第 12 期。

［124］阚明刚，2012b，话语标记研究综述［J］，《现代语文》（语言研究版）第 12 期

［125］阚明刚、侯敏，2013，话语标记语体对比及其对汉语教学的启示［J］，《语言教学与研究》第 6 期。

［126］阚明刚、颜伟，2015，独立小句"来"研究［J］，《语言教学与研究》第 6 期。

［127］黎锦熙，1992，新著国语文法［M］，北京：商务印书馆。

［128］黎运汉，1989，现代汉语语体修辞学［M］，南宁：广西教育出版社。

[129] 黎运汉、盛永生，2009，汉语语体修辞［M］，广州：暨南大学出版社。

[130] 李钝、曹付元、曹元大、万月亮，2008，基于短语模式的文本情感分类研［J］，《计算机科学》第4期。

[131] 李民、陈新仁，2007，英语专业学生习得话语标记语 WELL 语用功能之实证研究［J］，《外语教学与研究》第1期。

[132] 李熙宗，2004，关于语体的定义［J］，《烟台大学学报》第4期。

[133] 李咸菊，2009，北京话话语标记"是不是"、"是吧"探析［J］，《语言教学与研究》第2期。

[134] 李想，2002，论电视新闻语体的多元发展［A］，集团化：城市电视新闻的对策［C］，北京：北京广播学院出版社，pp.176。

[135] 李亚军，2004，九十年代以来旧词新义探析［D］，石家庄：河北师范大学。

[136] 李勇忠，2003，语用标记与话语连贯［J］，《外语与外语教学》第1期。

[137] 李宗江，2009，"看你"类话语标记分析［J］，《语言科学》第3期。

[138] 李佐丰等，2007，广播电视语体研究回顾［J］，《现代传播》第1期。

[139] 李佐文，2003，话语联系语对连贯关系的标示［J］，《山东外语教学》第1期。

[140] 梁奇、郑方、徐明星、吴文虎，2006，基于 trigram 语体特征分类的语言模型自适应方法［J］，《中文信息学报》第4期。

[141] 梁银峰，2004，汉语事态助词"来"的产生时代及其来源［J］，《中国语文》第4期。

[142] 梁银峰，2005，汉语动向补语"来"、"去"的形成过程［J］，《语言科学》第6期。

[143] 廖秋忠，1992，廖秋忠文集［M］，北京：北京语言学院出版社。

[144] 林华勇、马喆，2007，廉江方言言说义动词"讲"的语法化，《中国语文》第2期。

[145] 刘凤霞，1995，话语标记——句间的韧带［J］，《宁夏农学院学报》第1期。

[146] 刘华，2006，一种快速获取领域新词语的新方法［J］，《中文信息学报》第5期。

[147] 刘瑾，2009，语言主观性概念探析［J］，《西安外国语大学学报》第3期。

[148] 刘康、赵军，2008，基于层叠 CRFs 模型的句子褒贬度分析研究［J］，《中文信息学报》第1期。

[149] 刘丽艳，2005，口语交际中的话语标记［D］，浙江大学博士论文。

[150] 刘丽艳，2011，汉语话语标记研究［M］.北京：北京语言大学出版社。

[151] 刘亮，2009，现代汉语推测范畴及其表达手段研究［D］，北京：中国传媒大学。

[152] 刘群、李素建，2002，基于《知网》的词汇语义相似度计算［J］，《中文计算语言学》第72期。

［153］刘群、李素建，2002，基于《知网》的词汇语义相似度计算［A］，第三届汉语词汇语义学研讨会［C］，台北：4－7。

［154］刘永华、高建平，2007，汉语口语中的话语标记"别说"［J］，《语言与翻译》（汉语）第2期。

［155］龙国富，2005，从中古佛经看事态助词"来"及其语法化［J］，《语言科学》第1期。

［156］吕叔湘，1982，中国文法要略［M］，北京：商务印书馆。

［157］吕叔湘，1999，现代汉语八百词［M］，北京：商务印书馆。

［158］马建忠，1983，马氏文通［M］，北京：商务印书馆。

［159］马萧，2003，话语标记语的语用功能语翻译［J］，《中国翻译》第5期。

［160］毛浩然、吉灵娟，2009，well、now、then 的话语标记功能［J］，《北京科技大学学报》第2期。

［161］孟晓亮、侯敏，2009，话语标记的语体特征研究及应用［J］，《中文信息学报》第4期。

［162］缪素琴，2005，话语标记语 why 的语用功能分析［J］，《上海师范大学学报》第3期。

［163］莫爱萍，2004，话语标记语的关联认知研究［J］，《语言与翻译》第4期。

［164］莫彭玲、王政红，1992，现代汉语语体教程［M］，南京：南京大学出版社。

［165］彭宣维、杨晓军、何中清，2012，汉英对应评价意义语料库［J］，《外语电化教学》第9期。

［166］权彤、于国栋，2014，中日"知识优先"评价比较研究——以话语标记"我跟你讲"和"よ"为例［J］，《科学技术哲学研究》第3期。

［167］冉永平，1995，试析话语中 well 的语用功能［J］，《四川外语学院学报》第3期。

［168］冉永平，2000a，话语标记的语用研究［D］，广东外语外贸大学。

［169］冉永平，2000b，话语标记语的语用学研究综述［J］，《外语研究》第4期。

［170］冉永平，2002，话语标记语 y'know 的语用增量辨析［J］，《解放军外国语学院学报》第4期。

［171］冉永平，2003，话语标记语 well 的语用语用功能［J］，《外国语》第3期。

［172］邵敬敏，2001，现代汉语通论［M］，上海：上海教育出版社。

［173］沈家煊，2001，语言的"主观性"和"主观化"［J］，《外语教学与研究》第4期。

［174］沈家煊，2009，汉语的主观性和汉语语法教学［J］，《汉语学习》第4期。

［175］盛永生，2000，电信语体及其特征［J］，《暨南学报》（哲学社会科学版）第3期。

［176］盛永生，2004，新时期语体研究中的争论［J］，《修辞学习》第2期。

[177] 司红霞，2009，现代汉语插入语研究［M］，长春：东北师范大学。

[178] 宋鸿彦、刘军、姚天昉等，2009，汉语意见型主观性文本标注语料库的构建［J］，《中文信息处理》第2期。

[179] 宋培杰，2004，新时期旧词新义研究［D］，武汉：华中科技大学。

[180] 孙茂松、黄昌宁等，1997，汉语搭配定量分析初探［J］，《中国语文》第1期。

[181] 谭松波，中文情感挖掘语料［DB/OL］．（2010 – 06 – 29）［2013 – 07 – 20］．http：//www. searchforum. org. cn/tansongbo/corpus – senti. htm

[182] 唐青叶，2009，语篇语言学［M］，上海：上海大学出版社。

[183] 陶虹印，1999，试论语体分类的语法学意义［J］，《当代语言学》第3期。

[184] 陶虹印、刘娅琼，2010，从语体差异到语法差异［J］，《当代修辞学》第1期，第2期。

[185] 王德春，1987，语体略论［M］，福建教育出版社。

[186] 王德春、陈瑞端，2000，语体论［M］，南宁：广西教育出版社。

[187] 于福祥，1981，俄语话语结构分析［M］，北京：外语教学与研究出版社。

[188] 王根、赵军，2007，基于多重冗余标记CRFs的句子情感分析研究［J］，《中文信息学报》第5期。

[189] 王力，1985，《中国现代语法》。北京：商务印书馆。

[190] 王零，2006，话语标记you know的语用功能［J］，《语文学刊》第12期。

[191] 王培敏，2010，"来 + VP"的语义特征与演变机制［J］，《湖北经济学院学报》（人文社会科学版）第3期。

[192] 王素格、杨安娜、李德玉，2009，基于汉语情感词表的句子情感倾向分类研究［J］，《计算机工程与应用》第24期。

[193] 温锁林，2001，现代汉语语用平面研究［M］，北京：北京图书馆出版社。

[194] 文旭，2007，运动动词"来/去"的语用意义及其指示条件，《外语教学与研究》（外国语文双月刊）第2期。

[195] 吴礼权，2003，基于计算分析的法律语体修辞特征研究［J］，《云南师范大学学报》第6期。

[196] 吴为章、田小琳，2002，汉语句群［M］，北京：商务印书馆。

[197] 相原真莉子，2010，失去位移义"来"的核心功能［J］，《世界汉语教学》第1期。

[198] 谢晓明、王宇波，2006，"很不"和"不很"对形容词的量性规约［J］，《湘潭大学学报》（哲学社会科学版）第5期。

[199] 刑福义，2011，事实终判："来"字概数结构形义辩证［J］，《语言研究》第1期。

[200] 邢福义，1995，小句中枢说［J］，《中国语文》第6期。

[201] 邢福义，1997，汉语语法学［M］，长春：东北师范大学出版社。

［202］徐捷，2009，中国英语学习者话语标记语 you know 习得实证研究［J］，《外语教学理论与实践》第 3 期。

［203］徐赳赳，2010，现代汉语篇章语言学［M］，北京：商务印书馆。

［204］徐丽欣，2009，基于语料库的对中国学生英语口语中话语标记语使用的研究［J］，《山西农业大学学报》（社会科学版）第 1 期。

［205］徐琳宏、林鸿飞、潘宇等，2008，情感词汇本体的构造［J］，《情报学报》第 2 期。

［206］徐琳宏、林鸿飞、赵晶，2008，情感语料库的构建和分析［J］，《中文信息学报》第 1 期。

［207］徐琳宏、林鸿飞等，2008，情感词汇本体的构造［J］，《情报学报》第 2 期。

［208］许家金，2009a，汉语自然话语中"然后"的话语功能分析［J］，《外语研究》第 2 期。

［209］许家金，2009b，话语标记的现场即席观［J］，《外语学刊》第 2 期。

［210］许家金，2009c，青少年汉语口语中话语标记的话语功能研究［M］，北京：外语教学与研究出版社。

［211］杨江，2011，语言文字舆情自动监测的基本方法和关键技术研究。中国传媒大学文学院博士学位论文。

［212］杨江、侯敏，2013，基于规则的汉语句子语义倾向计算［J］，《当代语言学》第 4 期。

［213］杨江、侯敏、王宁，2011，基于浅层篇章结构的评论文倾向性分析［J］，《中文信息学报》第 2 期。

［214］杨江、李薇、彭石玉，2014，汉语语义倾向语料库的建设［J］，《中文信息学报》第 5 期。

［215］杨江、赵晗冰，2013，语言监测中的词语新义自动发现［J］，《湖南科技大学学报》（社会科学版）第 1 期。Ⅴ［216］杨芸、李剑锋等，2008，基于实例的汉语语义超常搭配的自动发现［J］，《计算机科学》第 9 期。

［217］姚柏舟，2004，旧词形融入新词义问题的研究［D］，上海：复旦大学。

［218］姚天昉、程希文等，2008，文本意见挖掘综述［J］，《中文信息学报》第 3 期。

［219］叶南薰，1983，复指和插说［M］，上海：上海教育出版社。

［220］殷树林，2012，现代汉语话语标记研究［M］，北京：中国社会科学出版社。

［221］于海飞，2006，话轮转换中的话语标记［D］，山东大学博士学位论文。

［222］袁晖、李熙宗，2005，汉语语体概论［M］，北京：商务印书馆。

［223］袁咏，2008，英语专业学生朗读中话语标记语的韵律模式——一项基于语料库的纵深研究［J］，《解放军外国语学院学报》第 1 期。

［224］张帆，2013，话语标记"我告诉你"研究［D］，江西师范大学。

［225］张寒冰，2013，"来"的"代动用法"再考察［J］，《汉语学习》第 4 期。

[226] 张晶，2014，汉语中的话语标记"我跟你说"[J]，《现代语文》（学术综合版）第 9 期。

[227] 张丽萍，2009，论法庭情境中话语标记语——从法庭话语的"我（们）认为"谈起 [J]，《南京理工大学学报》（社会科学版）第 1 期。

[228] 张普，2000，中文信息处理专题研究——主持人的话 [J]，《语言文字应用》第 2 期。

[229] 张旺熹、姚京晶，2009，汉语人称代词类话语标记系统的主观性差异 [J]，《汉语学习》第 3 期。

[230] 张谊生，2000a，《现代汉语副词研究》。上海：学林出版社。

[231] 张谊生，2000b，现代汉语虚词 [M]，上海：华东师范大学出版社。

[232] 张勇、何婷婷，2006，基于质子串分解的中文术语自动抽取 [J]，《计算机工程》第 3 期。

[233] 张玉强，2005，基于传媒语言语料库的口语词语自动提取研究 [D]，中国传媒大学博士学位论文。

[234] 赵刚，2003，日语的话语标记及其功能和特征 [J]，《日语学习与研究》第 2 期。

[235] 赵黎明，2004，旧词新义及新旧近义词汇用法略考 [J]，《黑龙江社会科学》第 6 期。

[236] 赵询思，2008，汉语语言情感表达手段与对外汉语教学 [D]，南宁：广西大学。

[237] 赵妍妍、秦兵、车万翔、刘挺，2010，基于句法路径的情感评价单元识别 [J]，《软件学报》第 8 期。

[238] 赵元任，2001，汉语口语语法 [M]，北京：商务印书馆。

[239] 郑家恒、李文花，2002，基于构词法的网络新词自动识别初探 [J]，《山西大学学报》（自然科学版）第 2 期。

[240] 郑颐寿，1992，鼎立：电信体的崛起 [A]，张静等，修辞学论文集（第六辑）[C]，洛阳：河南大学出版社。

[241] 郑颐寿，2008，辞章体裁风格学 [M]，广州：暨南大学出版社。

[242] 中国语言生活状况报告课题组，2006，中国语言生活状况报告（2006）[R]，北京：商务印书馆。

[243] 周莹，2009，话语标记 you know 的话语功能探析 [J]，《语文学刊》第 1 期。

[244] 朱德熙，1982，语法讲义 [M]，北京：商务印书馆。

[245] 朱嫣岚、闵锦、周雅倩、黄萱菁、吴立德，2006，基于 HowNet 的词汇语义倾向计算 [J]，《中文信息学报》第 1 期。

[246] 左双菊，2009，"来"的代动词用法考察及其在第二语言教学中的应用 [J]，《云南师范大学学报》（对外汉语教学与研究版）第 3 期。

后　记

本书的内容，是基于国家社科基金青年项目"基于语义方法的汉语文本情感自动分析研究"（课题编号：11CYY032）、河北省社会科学基金项目"英语同义词语体对比研究及平台建设"（课题编号：HB14YY026）以及2016年度河北省社会科学发展研究课题"网络新词语文化聚类与发展趋势研究"（编号：201603010103）三个项目的研究内容撰写的，并整合了教育部人文社科项目"基于语体的话语标记研究"（课题编号：YZYS10-16）的研究成果。前两个项目都在2016年结题，随后我们把这些研究中的成果汇总，写成了现在这本书。应该说，这本书是两位作者多年研究的结晶，也是对过往研究的总结。

语言貌似简单，若不深究，即不会"弃我去"，也不会"乱我心"。可是细细揣摩，则其中奥妙无穷尽矣。从内观之，语言自有自己的音、形、意，三者浑然一体，不管怎么看，都是牵一发而动全身；从外观之，语言运用于所有可以应用到的领域，不管怎么控制，也是无孔不入而各行其是。于是乎，研究语言，或音或形或意，或将这几个方面两两相交或嵌套重叠，又从不同的角度、运用不同的理论、采用不同方法予以抽筋拔骨、钩沉索引；探究应用，或教或学或测，或杂而糅之，又从环境、主题、对象、工具、效率、效果等方面寻其必至、找其固然。然而语言现象之纷繁复杂、语言理论之千头万绪、研究工具之推陈出新，往往使得我们的研究以偏概全、挂一漏万、难以恒久。

更不可控的还有对控制语言的语言即"元语言"研究。当然，难上加难的是"元元语言"。没有实在意义，只表达情感意义，或者只具有语篇功能的话语标记就包含这样的一类。控制思维过程、控制情感态度的另一类话语标记也难以琢磨。情感态度本身和语言一样复杂难解，将其二者合而讨论，我们也只能说斗胆尝试了。程度、功能、形式、类别，这些属于主观倾向性的维度，嵌入各类话语标记，目前所做的分析也只是按照本书的模式初步尝试，简单地分段分类分步骤去做。

我们运用了定性方法、定量方法、语料库方法、规则的方法，找规律、制字典、编软件、做实验，终于有了目前的成果。现在拿出来，虽说课题已结，而且还拿了优秀等级，但依然内心忐忑、战战兢兢。因为知道，即便如此，也只是研究了冰山之一角，在语言这座山侧，打了一个小孔罢了。或者说，有些方法，无法克服自身的缺陷而难以尽善尽美。比如语料库的方法，就存在着这样的疑问：多大规模的言语集合即语料库，可以代表我们要研究的整个语言？诸如此类。

不管怎么说，我们还是把这些内容拿出来了。从内容上，本书是阶段性的结尾，也是新阶段的开头。总结以往研究，找到不足，然后继续前进，这就是本书的魅力和途径吧。知道我们的研究终将被后来人补充、丰富或者推翻，但我们依然怀着无限的敬意走在科学研究的路上。或许，那个不远的将来的后来人可能就是我们自己，但目前终究留下了自己的脚印。身处其中，我们了解自己的不足，也预想着下一步的研究，勾画着探索的蓝图。

此刻，我们还是要感谢那些一直给我们帮助的人。首先是曾经教导我们的各位老师：侯敏教授、冯志伟教授、刘海涛教授。没有他们的指教，我们现在可能还在原地踏步，或者，不知道在什么地方转筋呢。其次是曾一起生活、学习的师兄师弟师姐师妹们。学习的认真、生活的乐趣、有张有弛的节奏与各方各面的相互帮助为我们的研究提供了不少的资源和动力。第三也要感谢我们现在的同事和朋友们，当我们有因为研究无法推进而苦恼的时候，总能找他们谈一谈、说一说，从而得到鼓励和支持。最后，特别要感谢的是我们的家人。在做科研的过程中，长辈的慈善笑脸、爱人的理解目光、孩子的甜甜话语，都是本书能成的重要原因。在筚路蓝缕的路上，能有他们的陪伴和照顾，是我们最大的幸福和快乐。

在这个小小的语言领域中，我们希望能尽快颠覆自己，也希望能很快有人来突破我们的成果。语言研究世界中的微星，愿与宇宙中的光芒同辉。

作　者

丙申年四月二十